À mon frère Jo,
qui nous a quittés tragiquement cette année.

Édition : Émilie Mongrain
Design graphique : Josée Amyotte
Infographie : Andréa Joseph
Révision : Caroline Hugny
Correction : Brigitte Lépine

Données de catalogage disponibles auprès de
Bibliothèque et Archives nationales du Québec

DISTRIBUTEURS EXCLUSIFS :
Pour le Canada et les États-Unis :
MESSAGERIES ADP inc.*
2315, rue de la Province
Longueuil, Québec J4G 1G4
Téléphone : 450-640-1237
Télécopieur : 450-674-6237
Internet : www.messageries-adp.com
*   filiale du Groupe Sogides inc.,
               filiale de Québecor Média inc.
Pour la France et les autres pays :
INTERFORUM editis
Immeuble Paryseine, 3, allée de la Seine
94854 Ivry CEDEX
Téléphone : 33 (0) 1 49 59 11 56/91
Télécopieur : 33 (0) 1 49 59 11 33
Service commandes France Métropolitaine
Téléphone : 33 (0) 2 38 32 71 00
Télécopieur : 33 (0) 2 38 32 71 28
Internet : www.interforum.fr
Service commandes Export – DOM-TOM
Télécopieur : 33 (0) 2 38 32 78 86
Internet : www.interforum.fr
Courriel : cdes-export@interforum.fr
Pour la Suisse :
INTERFORUM editis SUISSE
Route André Piller 33A, 1762 Givisiez – Suisse
Téléphone : 41 (0) 26 460 80 60
Télécopieur : 41 (0) 26 460 80 68
Internet : www.interforumsuisse.ch
Courriel : office@interforumsuisse.ch
Distributeur : OLF S.A.
ZI. 3, Corminboeuf
Route André Piller 33A, 1762 Givisiez – Suisse
Commandes :
Téléphone : 41 (0) 26 467 53 33
Télécopieur : 41 (0) 26 467 54 66
Internet : www.olf.ch
Courriel : information@olf.ch
Pour la Belgique et le Luxembourg :
INTERFORUM BENELUX S.A.
Fond Jean-Pâques, 6
B-1348 Louvain-La-Neuve
Téléphone : 32 (0) 10 42 03 20
Télécopieur : 32 (0) 10 41 20 24
Internet : www.interforum.be
Courriel : info@interforum.be

11–15

Imprimé au Canada

Dépôt légal : 2015
Bibliothèque et Archives nationales du
Québec
ISBN 978–2–7619–4397–0

Gouvernement du Québec – Programme de crédit
d'impôt pour l'édition de livres – Gestion SODEC
– www.sodec.gouv.qc.ca

L'Éditeur bénéficie du soutien de la Société de
développement des entreprises culturelles du
Québec pour son programme d'édition.

Conseil des Arts   Canada Council
du Canada   for the Arts

Nous remercions le Conseil des Arts du Canada de
l'aide accordée à notre programme de publication.

Nous reconnaissons l'aide financière du gouvernement du Canada par l'entremise du Fonds du
livre du Canada pour nos activités d'édition.

JACQUES ORHON

Le vin snob

**Propos décapants
sur un milieu qui a tendance
à se prendre au sérieux**

En fait, le snobisme est
la comédie douloureuse qu'un individu
se joue à lui-même.

Raphaël Enthoven, philosophe français

Avant-propos

Après plus de 44 ans dans les métiers du vin, je me dis fréquemment que je suis privilégié. Privilégié d'abord d'avoir pu faire d'une profession une passion, une ardeur enthousiaste que j'ai appris toutefois à canaliser pour qu'elle ne devienne pas dévorante, en m'intéressant à une multitude de sujets, parfois connexes, tantôt à mille lieues du divin nectar. Heureux aussi d'avoir pu garder ma liberté de pensée et d'action pendant toutes ces années, mais surtout chanceux (*fortunato* en italien, ce qui veut tout dire…) d'avoir préservé une propension à l'empathie; faculté dont tellement de gens, hélas, semblent dépourvus, qu'on en vient à se demander s'ils connaissent ne serait-ce que l'existence du mot. Chaque jour, j'apprécie cette prédisposition à la découverte, de temps en temps à l'émerveillement, à tout le moins cette capacité d'apprécier la beauté des choses, de se laisser fasciner par la splendeur des lieux, et de s'imprégner de cette richesse que sont nos différences. Et tout cela, en continuant à apprendre, ce qui n'est pas le moindre des atouts. Quand on va de vignoble en vignoble, comment rester de marbre devant des panoramas à couper le souffle, ou indifférent à des paysages bucoliques d'une vraie douceur qui invitent à la simplicité et à la lenteur, avantage certain à une époque où tout va trop vite et dans tous les sens? D'ailleurs, je crois que j'aime profondément le vin, assurément davantage à mon âge qu'à mes débuts. Je l'aime tout autant pour le bien-être physique qu'il procure – et non pour son pouvoir enivrant – que pour toutes ses autres vertus. Le vin nous permet de nous garder en santé, de palper le plaisir des sens, de voyager, au sens propre comme au figuré, d'être à l'écoute, et, élément fédérateur s'il en est, il détient le pouvoir ultime, celui de nous rassembler, de nous permettre de rencontrer des personnes uniques, de partager des instants de bonheur et de célébrer la vie.

J'ai écrit dans mon livre *Entre les vignes*, en guise de prémisse inconsciente à cet ouvrage, que je n'aimais pas le vin snob, sans vouloir bien entendu désacraliser ce monde teinté de poésie. Que le vin n'avait rien d'ennuyant, qu'il ne devait pas être élitiste, et que je trouvais plutôt rafraîchissant, avec la part de mystère dont il est auréolé, de ne pouvoir tout expliquer, à une époque où l'on peut soi-disant tout savoir. Je le pense encore plus fort aujourd'hui.

Sans compter que lorsqu'on croise des blasés de la vie, tout particulièrement dans le petit milieu, feutré on peut le dire, de la bouteille et de la fourchette, ces gens qui adoptent une attitude hautaine pour mieux cacher peut-être un manque de culture, d'expérience, de jugement et de distance, on peut se poser des questions, faire des constats… Et se dire que ce genre de posture éloigne trop souvent celles et ceux qui ont envie de s'intéresser au vin en toute simplicité. Je reprends ici une phrase de Raphaël Enthoven (professeur de philosophie qui signe la citation de cet avant-propos): «Le snobisme est un choc des incultures qui repose sur la conviction qu'être, c'est intégrer ou bien exclure. En être ou ne pas en être, là est l'enjeu.»

C'est ce qui m'amène, en premier lieu, à vous proposer sans prétention et le sourire en coin, ce nouveau livre qui est le fruit d'une modeste cogitation, une sorte d'inventaire ou un état des lieux qui s'est amorcé tout naturellement par une observation quasi quotidienne puisque le vin est mon métier, mais également parce que ce vin, *Monseigneur Le Vin* me disait un vieil ami, même quand j'aimerais m'en dispenser, je le retrouve inévitablement sur ma route, dans mes moments de loisir et dans ma vie sociale. Imaginez un peu, il est partout!

La deuxième raison se trouve certainement dans le profond décalage qui existe entre l'importance qu'on lui donne aujourd'hui et la futilité qu'il peut revêtir, quand on reste attentif à ce qui se passe autour de nous sur notre planète, un tantinet déboussolée. Et ce terrible décalage, hélas, fait fuir les œnophiles en devenir. Peut-être cette importance démesurée vient-elle du fait que ce qui se passe dans le monde – les conflits armés, les guerres de religion, le chaos engendré par le terrorisme, mais aussi les accidents et les catastrophes naturelles – ne saisit notre imaginaire que le temps, très court, d'un téléjournal ou d'un fil de presse sur Internet. Un vague sentiment d'impuissance nous assaille sur le coup, puis passent les nuits et les jours qui relèguent fatalement les images les plus sombres dans la case de l'oubli. La routine du quotidien reprend ses droits et suffit d'ordinaire à gommer de notre mémoire ces événements qui nous ont pourtant touchés. Mais tant que l'on n'est pas concerné… En passant, je songe à cette réflexion qui m'a traversé l'esprit alors que j'étais en reportage à Pantelleria (une île sicilienne à 70 kilomètres des côtes tunisiennes, connue pour son passito, où la plupart des mots pour désigner les vins et les villages sont en arabe), et que des innocents venaient, à quelques centaines de kilomètres de là, de se faire trancher le cou au nom d'Allah : il serait peut-être judicieux – et urgent – de remplacer chaque fusil, chaque mitraillette, chaque couteau assassin par une bouteille de vin. Je suis peut-être naïf à mes heures, idéaliste sans aucun doute, mais on peut rêver, non ?

En fait, ce qui me taraude à chaque fois, c'est de constater, au-delà de l'impasse que l'on fait sur notre statut de bien nanti, la légèreté des petites choses de la vie à côté du malheur des autres. Je ne veux pas piquer ici une crisette teintée de morale à cinq sous, mais combien, et cela à longueur d'année, s'excitent le poil des jambes pour des vétilles, ou se prennent la tête en sifflant un grand cru ? J'en vois plusieurs dans notre milieu, ici et ailleurs sur la planète, aussi bien du côté des professionnels que des œnophiles, qui affichent un air un brin condescendant, parfois méprisant, et qui se prennent à ce point au sérieux qu'ils en oublient le vrai sens des choses et le plaisir de rire, occultant du même coup la simple faculté de relativiser.

Qu'y a-t-il de pire, en matière de vin, que de se rendre aux extrêmes et d'en rajouter alors que ça peut être si simple ? On peut bien sûr défendre des idées et des principes, améliorer des façons de faire et mettre des fois les points sur les « i », surtout dans un contexte professionnel, mais la promotion et la connaissance des produits afin de boire intelligemment ne devraient pas empêcher la souplesse dans la pensée, la modestie dans le propos, le recul et la mesure dans l'action. À ce que je sache, on ne fait pas dans la médecine nucléaire, et comme ma mère me l'a si bien appris, beaucoup d'humour et un peu de fantaisie, dans le sens de l'imagination et de l'originalité, n'ont jamais fait obstacle à la rigueur, à la précision du discours. Diverses personnes m'ont confié avoir été si intimidées par ce snobisme qu'elles se sont détachées du plaisir du vin, et c'est bien regrettable.

D'autre part, je me suis déjà posé la question du bien-fondé de gagner ma vie avec ce produit communément apparenté au monde du luxe – un mot dont je me méfie puisque je partage sans réserve la pensée de Sacha Guitry qui disait que le luxe est une affaire d'argent, et l'élégance une question d'éducation. Je pense à ce propriétaire bordelais alléguant, non sans raison, qu'il n'y a pas un vin sur terre dont les mérites justifient de payer plus de 100 $. Je pense en outre à ceux qui croient encore qu'il est nécessaire de dépenser une fortune pour boire bon, oubliant que le vin, aussi grand soit-il, n'est en fait que du jus de raisin fermenté. Il faut bien admettre, quand on pense à tous ceux qui vivent, plutôt qui survivent avec 50 $ par mois, que le prix de certains flacons confine au scandale et à l'injustice. Je ne veux pas faire pleurer dans les chaumières, mais peut-on garder un cœur de pierre à la vue de cette fillette qui vit dans un total dénuement – c'était en Argentine, dans la sublime vallée du Rio Calchaqui où des autochtones tentent de produire du vin – et qui vous sourit malgré l'indicible tristesse qui persiste dans le fond de ses yeux?

Pourtant, et ce n'est pas pour me déculpabiliser, mais j'ai l'intime conviction que le vin fait partie d'une économie mondiale qui mettrait des millions de gens au chômage si on en arrêtait la production.

La troisième raison enfin, et non la moindre, réside dans le fait que bien souvent, il se dit tout et son contraire sur le noble nectar. Et ce n'est pas le phénomène de mode, tel que je l'explique dans le premier chapitre, qui va arranger la situation. Certes, je ne peux que me réjouir de voir le vin se démocratiser, contre toute attente, ici et là, faire fureur au Japon et titiller si fort les Chinois, friands du bon goût à la française et flairant la bonne affaire au point d'investir des sommes colossales chez eux et dans les meilleurs terroirs européens. Mais il suffit qu'un journal ou un blogue sorte une nouvelle à son sujet pour entendre ou lire des propos fort éloignés de la réalité. Je me méfie toujours des affirmations à l'em-porte-pièce. C'est irritant, par exemple, d'entendre un consomma-teur clamer que le vin des grandes maisons n'est pas bon par définition, un producteur prétendre que son vin mérite un prix élevé parce qu'il a dépensé des millions dans sa nouvelle cave, ou un vigneron décréter que la biodynamie, c'est de la bouillie pour les chats, négligeant tout autant le sens de la nuance que l'ama-teur qui ne jure que par le vin nature.

Cela dit, ceux qui aimeraient me voir passer, au fil de ces pages, pour le pisse-vinaigre de service seront déçus. Je crois être aussi passionné qu'enthousiaste, optimiste et positif, mais je ne pense pas être le seul à vouloir remettre quelques pendules à l'heure, ne serait-ce que pour le bénéfice de ceux qui ont du mal à se retrouver dans cet univers de plus en plus complexe. Évidem-ment, loin de moi l'idée de laisser sous-entendre que je détiens une part de vérité, ce serait tomber dans le piège de ce que je condamne. Chacun a droit à son opinion et je ne fais que partager la mienne, mais si vérité il y a, c'est encore dans le fond du verre qu'on peut la trouver. Qui suis-je, de toute façon, pour me per-mettre de donner des leçons ? Sans fausse modestie, je ne suis dupe de rien, pas même de ma propre ignorance !

Je m'emploie donc, tout au long de ce livre, à apporter un éclairage que je crois le bon, de temps à autre avec ironie et un soupçon de dérision, avec en toile de fond mes doutes et mes cer-titudes, nés du bon et parfois du mauvais usage de ma profession.

Je ne veux pas vous raconter des bobards ni écrire pour une petite clique d'initiés. C'est à l'adresse du plus grand nombre que j'ai pris la peine, avant de prendre la plume, de vérifier les faits et d'in-terroger plusieurs protagonistes de notre industrie. J'invite d'ailleurs avec beaucoup de tendresse et un gros clin d'œil tous les parvenus du bouchon, les bobos du goulot, ainsi que les buveurs d'étiquettes et les opportunistes de la bouteille, à un peu de retenue et d'humilité devant leur flacon préféré. Quant à tous les vrais amoureux du vin et celles et ceux qui sauront le devenir un jour, c'est avant tout pour vous que j'ai rédigé ce gentil pamphlet, et que je me suis laissé aller, avec autant de plaisir que de franchise assumée.

Le snobisme ne donne pas le goût,
mais il supplée au manque d'opinion.

Alfred Capus, romancier et dramaturge français

Le snobisme du vin

Qu'ont en commun les sushis, Barcelone, le porto et les *bed and breakfast*? Rien! Quoique l'on pourrait toujours manger des sushis à Barcelone, tout en buvant du porto et en dormant dans un B & B. Je prends ces quelques exemples pour illustrer l'hypothèse qu'il y a souvent une pointe de snobisme dans le fait de dire que l'on aime quelque chose parce que la masse déclare: «Les sushis? J'adooooore!» (Même si la personne n'en a jamais vraiment mangé de vrais ni de bons.) «Barcelone? J'adooooore!» (Même si elle n'y a jamais mis les pieds; je n'exagère même pas puisque j'en ai rencontré deux qui m'ont fait le coup…) «Le porto? J'adooooore!» (Même si la plupart des consommateurs n'ont pas la moindre idée de ce qui sépare un vintage d'un tawny.) «Un B & B? J'adooooore!» Or, Paul Valéry disait: «Le vrai snob est celui qui craint d'avouer qu'il s'ennuie quand il s'ennuie; et qu'il s'amuse quand il s'amuse.» Cela m'a pris un peu de temps, mais j'ose dire maintenant que je n'aime pas aller dans les B & B – et pourtant j'en ai fréquenté – et j'assume au contraire mes goûts pour quelque chose qui n'est pas branché, et même carrément ringard (soi-disant…).

Le vin est-il devenu snob?

Ce premier chapitre est en quelque sorte la clef de voûte de ce livre, qui, comme je l'explique dans mon avant-propos, est sans aucun doute le fruit d'une réflexion forgée au fil des ans, et qui me fait m'interroger: le vin est-il devenu snob? Oui, en quelque sorte, et même si je ne vais pas me faire que des copains (mais j'en ai déjà beaucoup…), je pense que notre microcosme viti-vinicole, au-delà du vin lui-même évidemment, a une propension à se prendre au sérieux – et le décalage est grand entre ceux, peu nombreux en fait, qui en font partie, et monsieur et madame Tout-le-monde à qui on essaye de refiler le pire et le meilleur – de raconter tout et son contraire, de faire feu de tout bois, sous le mercantile prétexte de vendre, et de vendre encore. Quand on connaît l'allégation de l'auteur Raphaël Enthoven: «Le snobisme est moins une affaire de contenu qu'une affaire de forme. Ce n'est pas la nature de ses opinions qui fait le snob, mais l'importance qu'il leur accorde. Peu importe le préjugé. Le snobisme dépend du crédit qu'on lui fait, du sérieux qu'on se donne. Ce n'est pas la hauteur qui fait le snobisme, c'est le snobisme qui fait la bassesse», on comprend mieux.

C'est vrai qu'à bourlinguer d'un endroit à l'autre du globe, de l'Ancien Monde où l'on confond encore traditions et règles archaïques, au Nouveau Monde où se mêlent parfois bonnes idées et idées reçues, nouvelles tendances et effets de mode, je constate qu'il reste encore du chemin à parcourir, autant chez ceux qui croulent sous le poids des mauvaises habitudes que chez ceux qui pensent tout révolutionner.

Je dois avouer que je n'ai guère eu de mal à m'engouffrer dans ce chapitre puisque j'ai toujours été, depuis l'adolescence, allergique aux phénomènes de mode. Entendons-nous bien. Si une nouveauté me convient parce qu'elle comble mes attentes, si un objet me fascine parce que je le trouve beau, je suis parmi les premiers à m'y intéresser. Non pas parce qu'il est du dernier cri, mais bien parce qu'il me plaît, qu'il répond à mes besoins et correspond à ma personnalité. Et le vin, qui n'a jamais tant été en vogue et sujet à toutes les attentions et aux polémiques, des plus pertinentes aux plus stériles, n'y échappe pas. Il suffit de regarder la flopée de sites Web et de blogues (il y a de tout, des bons et des moins bons qui confinent à la blague; voir le chapitre *ÉcriVins*, p. 111), les courriels dont nous sommes inondés, les échanges sur les réseaux sociaux et les lignes ouvertes à la radio, pour se convaincre que le vin est sujet de toutes les attentions, des plus louables aux plus tordues. Il est tellement à la mode qu'on assiste à des dérapages de toutes sortes. Même si a priori, je n'ai rien contre les initiatives qui encouragent sa découverte et en conséquence une consommation réfléchie, en particulier lorsque c'est fait intelligemment, j'ai l'impression que l'on ne sait plus quoi inventer. J'ai surtout la conviction que certaines personnes, opportunistes dirait-on, profitent de cet engouement pour imaginer n'importe quoi et tenter, au mieux, de s'en mettre plein les poches, au pire, de se faire quelques sous.

Innovations et dérives

Des aérateurs savamment sophistiqués aux 150 types de tire-bouchons, tous plus géniaux les uns que les autres (voir p. 205), en passant par les vins orange (une boisson produite principalement dans le nord-est de l'Italie, sorte de vin blanc vinifié comme un rouge, issu d'une macération prolongée des peaux du raisin, lui conférant après plusieurs semaines une teinte orangée), les initiatives les plus farfelues nous sont présentées… et voilà que l'on nous offre maintenant de faire notre vin nous-mêmes, par l'intermédiaire d'Internet ! Créer son vin sans bouger de chez soi ! C'est en effet ce que proposait un site Web américain aux internautes du monde entier. Sur le site, dixit le communiqué, une interface permettait aux « cyber-vignerons » de gérer l'élaboration de leur vin depuis la récolte jusqu'à la mise en bouteille. Chaque client devait prendre une trentaine de décisions tout au long du processus : choix du cépage, date de la récolte, type de fermentation et d'élevage, assemblage ou non, aspect de la bouteille et de l'étiquette. Il pouvait suivre chaque étape grâce à un système de web-cams. Ce service, qui montre bien, et de pathétique façon, qu'il y en a quand même qui n'ont vraiment rien compris au fabuleux monde du vin, était dispensé par une *winery* de la jolie région de Sonoma, spécialisée dans le vin « à la carte ». Clientèle visée : les amateurs éclairés (à la lampe de poche ?), les restaurateurs, les détaillants et les œnologues indépendants. Bon, l'affaire a mal viré et a déclaré faillite en 2012, laissant sur le carreau des clients qui s'étaient découvert des talents de courtiers afin de mieux revendre leurs fameuses cuvées à prix d'or. Mais entre-temps, le concept s'est exporté en France en 2009, dans le Bordelais, à Saint-Émilion plus exactement. Après la liquidation de la société mère californienne, la compagnie est entrée dans la maison de négoce Viniv, créée en 2011 et qui fait partie de la société de participation JMC Domaines Jean-Michel Cazes, connue pour ses châteaux Lynch-Bages et Les Ormes de Pez. On peut se consoler en se disant que les clients (beaucoup d'Américains et d'Asiatiques, et peu de Français), tant que l'aventure durera, achèteront des cuvées vinifiées quand même dans les règles de l'art.

D'ailleurs, du côté de la production en général, je me demande s'il n'y a pas un peu de snobisme – en plus d'une forte dose d'opportunisme, et d'une bonne mise de fonds – à vouloir s'improviser vigneron, ici et ailleurs sur la planète. Je devrais ajouter les mots *inconscience* et *ignorance* quand on sait le travail, l'abnégation et les remises en question que cela exige. Faire de soi un Mondavi, cela n'arrive pas tous les jours. En plus de l'aisance financière et d'un flair réservé aux plus malins, encore faut-il, en matière de vin, avoir un terroir collé à des écosystèmes et à un environnement favorables, posséder la connaissance – c'est vrai que l'on peut bien s'entourer si on en a les moyens – et le temps. Car, en supposant que tous ces éléments soient réunis, ce qui hélas n'est pas toujours le cas, la vigne, tout comme le vin, a besoin de temps pour s'exprimer. Et le temps, ça coûte cher, très cher !

Heureusement, d'autres savent innover avec intelligence, sur Internet principalement, avec par exemple en France My Vitibox, qui propose en ligne des vins de bonne qualité, ou Vinatis, un caviste qui propose un large éventail de vins à commander sur le Net, et même depuis peu, à rabais, des bouteilles aux étiquettes abîmées. Il s'agit d'une excellente idée quand on sait, c'est ainsi qu'ils le disent, que la vraie beauté du vin se trouve dans son écrin. La vogue des bars à vins qui proposent de bonnes cuvées au verre constitue également une approche intelligente de la découverte et du plaisir œnologique, en autant que le commerçant soit bien équipé pour garder la fraîcheur de ses produits, et qu'il n'appuie pas trop fort sur le crayon quand il calcule ses prix de vente. On peut se réjouir de ces innovations, mais il sera important de savoir les maîtriser.

N'est-on pas, cependant, passé d'un extrême à l'autre ? D'une période obscure, indigente et tristounette, nous atteignons aujourd'hui au Québec des records au rayon des activités qui tournent autour du vin, à en rendre jaloux nos amis français, suisses, espagnols et italiens. Quand on sait à quoi le vin se résumait il y a quelques décennies, ce n'est plus à son égard de l'amour, mais de la rage, façon de dire les choses! Et avec l'intérêt grandissant des Québécois pour la divine boisson, on assiste fatalement à toutes ces dérives que la mode a engendrées. Les formations (en sommellerie notamment) se sont multipliées, même si aujourd'hui les emplois stagnent et que l'offre en personnel qualifié dépasse les besoins. Quelquefois, cela va dans toutes les directions (les programmes, parfois, se chevauchent) et de plus en plus dans la dilution (on dit souvent que trop c'est comme pas assez) au grand désespoir de ceux qui veulent se faire une place au soleil. Comme partout ailleurs, et c'est pour cela qu'il faut être vigilant, la mode s'installe de façon insidieuse. Dans les médias, par exemple, peu à peu, le vin qui est pour ainsi dire interdit de petit écran en France (voir le chapitre *Le vin et la santé*, p. 247), est servi au Québec peu importe l'émission, parfois très bien, souvent sans discernement, parce que cela fait chic. Pour ma part, je me réjouis à chaque fois de sa présence à la télé quand c'est fait avec simplicité et que l'on ne raconte pas des stupidités.

Faussaires et contrefaçon

Une autre manifestation du snobisme dans le milieu du vin consiste à tomber à pieds joints dans le piège de l'étiquette au point de se faire arnaquer tel un jeune débutant. Peut-être est-ce grâce à la « barrière naturelle » imposée par notre monopole, mais il semble que nous ayons été préservés il y a quelques années de l'arrivée sur nos tables – et dans nos caves – de faux crus prestigieux du Bordelais et de Bourgogne qui ont été vendus lors de grandes ventes à New York ou chez Christie's à Londres. Ce qui est étonnant, c'est que peu de gens semblent s'être manifestés après s'être fait berner. La fraude serait restée impunie, n'eût été la croisade contre les escrocs de la bouteille d'un producteur bourguignon, Laurent Ponsot, depuis qu'il a découvert le pot aux roses il y a 20 ans déjà. C'est en 2008 qu'il décide de mener bataille contre un certain Rudy Kurniawan en interrompant personnellement la vente aux enchères au cours de laquelle son Clos

Saint-Denis 1959 était proposé… alors qu'il n'en produit que depuis 1982. Après quatre années d'enquête du FBI, l'indonésien Kurniawan a été mis sous les verrous pour faux et usage de faux. Mais il n'est pas le seul faussaire à sévir en usant de tous les subterfuges possibles : impression de fausses étiquettes et utilisation de très bons vins, bien sûr, mais aussi gravure des flacons, récupération de vrais vieux bouchons et même incorporation de dépôts de vieux millésimes.

Curieusement, tant du côté de certains propriétaires de crus célèbres – il n'y a pas mieux que la spéculation pour faire monter les prix – que de celui de grands collectionneurs et d'experts en dégustation renommés, c'est presque le mutisme. Sans doute sont-ils bien ennuyés – c'est un euphémisme – d'avoir été trompés de façon aussi éclatante que la robe chatoyante d'un faux petrus 1961 (parmi les exceptions, le magnat américain Bill Koch a porté plainte, avec en conséquence les scandales que l'on a découverts peu à peu). La contrefaçon, dans de nombreux secteurs d'activité, ne date pas d'hier et il est aisé d'imaginer qu'elle ne cessera pas de sitôt. À preuve les ennuis de la maison M. Chapoutier, figure rhodanienne s'il en est, qui découvre un jour avec stupéfaction qu'un entrepreneur du textile use de sa signature pour ses vêtements vendus sur le marché chinois. Eh oui, c'est du n'importe quoi et ce n'est pas fini !

Saveurs du mois et pense-bêtes

Enfin, en beaucoup moins grave (quoique… puisque l'image, encore une fois, prévaut sur la notion de qualité), il y a ces cuvées qui font l'actualité comme ces Fifty Shades of Grey, gamme de vins californiens que l'auteur E. L. James a lancée dans la foulée du film inspiré de son œuvre. Tout cela ressemble aux Folie à Deux, Ménage à Trois et bien d'autres, dont les vertus, si elles existent, se cachent assurément dans l'approche commerciale, en tout cas plus que dans la terre dont ils sont supposés provenir.

Dans un même ordre d'idées, je constate que les animaux continuent de sévir sur les étiquettes de vins. C'est vrai qu'il est mignon le petit chaton sur le calendrier, et le koala vu à la télé, oh là là qu'il est beau ! Et le chien de la voisine qui laisse des petits souvenirs sur le trottoir, il n'est pas adorable? Et celui du beau-frère quand il vient à la maison sans avoir été invité (je parle du chien...), il n'est pas mignon quand il essuie ses grosses pattes sur mes pantalons de toile écrue? Les gens adorent tellement les animaux que les experts marketing du vin ont flairé la bonne affaire. Il n'y a qu'à penser au porc-épic du Porcupine Ridge sud-africain, au Yellow Tail australien qui a pour emblème un kangourou, sans oublier les petits pingouins du même pays qui se sont installés dans notre environnement œnologique il y a quelques années. Oubliés les Wild Pig, French Rabbit et autres Bad Dog, mais je viens quand même de tomber sur une autre série australienne avec le Butcher's Gold illustré d'un bœuf en bonne santé, le vin du golfeur Greg Norman affublé d'un requin blanc, en référence à son surnom, et quelques Turkey Flat pour accompagner la dinde. Plus loin, on a le choix entre un gentil renard sur des étiquettes de Gray Fox (j'espère que le vin n'est pas *foxé*... terme explicite pour décrire un vin aux fortes odeurs animales), les chevaux de 14 Hands Winery, les très jolis oiseaux du Catalan Albet I Noya, sans oublier les populaires Gato Negro du chili et le Sangre de Toro espagnol de Miguel Torres, avec son petit taureau en guise de colifichet...

L'art d'être snob

Le snobisme, dont le photographe Marcel Natkin disait qu'il est une manière, pour les gens sans personnalité, de s'en donner une, c'est aussi dans l'univers du vin:

    ✳ **Tomber dans le piège des tendances même si les vins ne sont pas terribles.** Aujourd'hui, plusieurs ne jurent que par le bio et les vins nature. Parfois, c'est très bon (nature, bio et biodynamie), parfois ce n'est pas sérieux. Consultez les chapitres *Bio ou pas, encore faut-il que ce soit bon!* et *Tous les goûts sont dans le nature... même les mauvais!* aux p. 119 et 131 pour mieux comprendre le fond de ma pensée.

- **Avoir un cellier avec 10 000 bouteilles** alors qu'on va en écouler au mieux 12 à 15 par semaine, si l'on reçoit passablement. Ce qui ferait environ 600 à 800 bouteilles par année. C'est beaucoup! Ce qui me fait rire, c'est de constater que ceux qui en sont les heureux propriétaires sont souvent des gens qui en ont les moyens parce qu'ils font de bonnes affaires et gèrent de grandes entreprises. Mais là, en matière de gestion, ce n'est pas très fort!

- **Acheter des vins ou du champagne au nom connu et ronflant** mais qui ne sont pas très bons (eh oui, ça arrive) et qui coûteront 25 $ ou 30 $ de plus qu'un autre vin ou un excellent champagne dont le nom n'a pas la même réputation. Il suffira de se fier aux recommandations d'un bon guide. C'est notre boulot à nous, auteurs, journalistes, chroniqueurs, de recommander les bonnes maisons qui ne sont pas nécessairement connues du grand public.

- **N'acheter que des vins inconnus.** Contrairement au point précédent, il semble de bon ton pour plusieurs de n'acheter que des cuvées (en général aux noms qui sortent des sentiers battus) produites par des vignerons dont on a rarement entendu parler, même parmi les professionnels, tout en tapant sans discernement sur les vins de facture, dirons-nous, plus classiques. N'est-ce pas là une forme de snobisme à l'envers que de faire semblant d'ignorer les valeurs sûres sous prétexte qu'elles sont connues? À ce sujet, je vous propose de vous rendre au chapitre *Producteurs et vignerons, les bons… et les moins bons!*, p. 179, dans lequel je vous invite à la nuance dans vos choix. Une maison connue et de bonne dimension a plus souvent les moyens d'atteindre l'excellence qu'un petit producteur-artisan animé de bonnes intentions mais dont le vin vous laissera sur votre soif parce qu'il n'a pu aller au bout de son idéal. La réalité est un peu la même avec certaines appellations d'origine dont on voudrait nous faire croire que la qualité est garantie parce que la production est minime. Ça ne marche pas à tous les coups!

🦋 **Ne privilégier que les cépages à la mode.** On en parle tellement qu'on en arrive à oublier qu'un cépage, ce n'est pas une marque de commerce. Une variété de raisin donne ce qu'elle peut, en fonction d'un terroir et des exigences de celui qui la cultive. Malheureusement, sous le vocable d'un cépage en particulier, on peut trouver dans le verre le meilleur ou le plus douteux. «J'ai du pinot grigio au verre!» «Ah oui? J'adooooore!» «Encore un peu de prosecco dans votre flûte?» «Ah oui, j'adooooore!» «Tenez, j'ai un viognier mis en bouteille spécialement pour vous.» «Du viognier? Ah oui, j'adoooore!» Pour mieux comprendre, rendez-vous au chapitre *Des cépages et des caricatures*, p. 147.

🦋 **Ne parler, au contraire, que de cépages inconnus,** juste pour se faire remarquer, et qui sont si peu plantés, que le commun des mortels ne pourra jamais s'en procurer: «Tu ne connais pas le bulutüzümü? Ni le nikitaner traube? Franchement, t'es nul!» (le premier est une vraie variété turque, et le second vient de Crimée).

🦋 **Fréquenter les cocktails dînatoires ou les mini-buffets** où l'on se dandine assiette dans une main et verre dans l'autre, cherchant désespérément un banc, une chaise, une marche, un escalier pour coller son postérieur, jonglant tant bien que mal avec la verrine et la fourchette en plastique qui tombe à tous les coups, pendant que l'on essaye de rattraper la petite serviette qui vient de s'envoler pour atterrir sous le talon haut de la jolie passante au décolleté plongeant, lui-même responsable sans doute de cette situation. Mais personne ne réagit, on s'envoie de beaux sourires tout en buvant un vin tiédi que l'on aurait critiqué dans d'autres circonstances, et qui n'a rien à voir avec la multitude de saveurs qui s'entremêlent, sans aucune harmonie. «Un petit pressé de foie gras au scorsonère? Il n'est pas piqué des vers... Vous connaissez le scorsonère?» «Ah non, mais j'adoooore!».

- ❧ **Payer très cher pour des objets qui portent un nom ou une marque** dont on fait la publicité, sans rougir et avec un plaisir non dissimulé… Il s'agit sans doute là, et pas seulement dans le monde du vin, du summum de la bêtise snobinarde.

- ❧ **Se donner des airs intellos** en devisant sur tel vin ou tel cépage sans en connaître les tenants et aboutissants. Personnellement, je suis évidemment pour l'importance de développer ses connaissances, mais vouloir beurrer épais pour suppléer à un manque flagrant de culture, c'est toujours dangereux.

LES INTELLOS? PAS POUR MOI!

Isabelle Legeron, Master of Wine française installée en Angleterre, livrait son point de vue à ce sujet dans une entrevue menée par Elisabeth Franck-Dumas pour le journal *Libération* (10 septembre 2012):

> C'est en Angleterre que j'ai découvert l'aspect, disons, «intello» du vin. En arrivant, je ne savais même pas qu'un bourgogne était fait avec du chardonnay. [...] Au fil des années, je m'étais rendu compte que le vin était devenu pour moi un exercice intellectuel, je n'y prenais plus de plaisir. C'est d'ailleurs ce que je reproche à mon corps de métier et aux professionnels du vin. Beaucoup sont dans ce milieu pour le style de vie agréable qu'il procure, les soirées, les visites dans les vignobles, la dégustation pour noter et mettre dans des cases, faire des verticales de Petrus... [...] Je crois que le milieu du vin est suréduqué. Il y a cette idée qu'il faut s'y connaître en vin pour l'apprécier, ce qui est idiot. Je touche énormément de consommateurs grâce à mes dégustations, et c'est avec les gens qui s'y connaissent le moins que je m'amuse le plus, ils sont plus ouverts d'esprit.

✻ **Vouloir à tout prix spéculer.** C'est vrai que des collectionneurs se constituent de bonnes caves pour spéculer, mais quand même, il y a risque de pertes. Quand on compare le vin à des œuvres d'art, on oublie trop souvent qu'il ne s'agit pas d'un tableau de maître, et qu'il se détériore à partir d'un certain moment. Alors soit, et je l'encourage fortement, se constituer une bonne réserve est une excellente idée ; 500, 600, ou 1 000 bouteilles pourquoi pas, mais après, comme on dit chez nous, il ne faut pas capoter….

✻ **Ne jurer que par les vins de garage.** C'est un concept un peu périmé ! Il s'agit de vins rouges produits à petite échelle, concentrés, aux prix élevés à l'extrême, à l'image de la longueur de leur passage en fûts neufs. Les Anglo-Saxons leur ont attribué des notes stratosphériques mais la mode, 25 ans plus tard, s'est quelque peu dégonflée. Ouf ! C'est dans le Bordelais que l'histoire commence au début des années 1990 avec un saint-émilion grand cru : Château de Valandraud, qui existe toujours. Deux petites anecdotes au sujet des vins de garage : la première, très personnelle à propos du Pin, le pomerol du Belge Jacques Thienpont, toujours très recherché et très cher (3 040 $ le 2010, 750 ml à la SAQ en 2015), peut-être parce qu'il a été en fait le premier dans les années 1980, et surtout parce qu'il est très bon. La vie a fait que par un lien familial et professionnel, j'ai eu accès à ce nectar recherché (du 1989 et du 1990 ; c'était en 1995) apporté sans façon à la maison, à des milliers de kilomètres de la petite parcelle de moins de deux hectares. Un bon souvenir ! La seconde : la mode était si forte que je suis tombé un jour chez un grand producteur d'Uruguay qui était tout fier de nous servir sa cuvée appelée tout simplement : Grand Cru Garage ! L'étiquette était plus impressionnante que le vin, et avec mes collègues, on a bien rigolé…

LE SAUTERNES QUI PÉTILLE

Puisqu'on ne sait plus trop quoi inventer pour se démarquer et vendre son vin, le risque est parfois élevé de tomber dans le crime de lèse-majesté. C'est ainsi que nous pourrions voir le nouveau cocktail «très chic et revisité sans trop d'amertume», pour reprendre les mots de la sommelière québécoise Laura Vidal, un mélange moitié sauternes, moitié perrier, avec un zeste d'agrume et des glaçons. Pour en avoir discuté avec Michel Garat, une des personnes à l'origine de cette pétil-lante invention, il faut peut-être y voir un clin d'œil afin d'amener une clientèle jeune à découvrir ainsi les vertus du grand vin liquoreux. L'histoire a commencé il y a trois ans, quand Michel était le gérant du château Bastor-Lamontagne (il agit aujourd'hui en tant que consul-tant) et qu'il a créé le So Sauternes, une cuvée moins sucrée, élevée en cuve inox, basée sur le fruit et la fraîcheur, et logée maintenant dans un flacon avec capsule à vis. Très bien pour l'apéritif! Pardon, l'apéro! Quand les Cathiard (château Smith Haut Lafitte) se sont joints à la famille Moulin pour racheter en juillet 2014 plusieurs propriétés dont ce château de Sauternes, Florence Cathiard, qui ne manque pas d'ima-gination, a suggéré cette union pour le moins originale. Et j'ai goûté à cet élixir aux bulles liquoreuses. Ce n'est pas mauvais du tout, sachant en plus que le château Rayne Vigneau (cru classé) devrait se joindre

Yes my dear! C'est british et c'est chic!

On peut dire que le recours à l'anglais et aux anglicismes pour vendre sa salade s'est généralisé en France. On peut mettre sur le dos de l'ignorance cette fichue habitude de nombreux organismes et maisons françaises de nous envoyer (au Québec) des communi-qués rédigés uniquement en anglais; mais il n'empêche que, voyant les anglophones faire la pluie et le beau temps dans le monde du vin, les Français pensent que c'est en parlant en anglais qu'ils vont s'en sortir, alors que c'est par leur spécificité, sans tomber dans les lieux communs, qu'ils sauront se distinguer. J'ai fait ma petite enquête et il semblerait que l'anglais, c'est beau-coup pour faire chic, et surtout moins plouc[1]. Eh bien, et cela n'en-

sous peu au projet de la marque commune So Sauternes, avec des sélections issues de jeunes vignes. Bien sûr qu'avec ce cocktail il y a «dilution, mais qui renforce les arômes et conserve l'ADN du sauternes. Ce n'est pas une blague, c'est bon!» ajoute notre ami Michel.

Avec une telle approche, je ne vous dis pas les levées de bouclier. Certains parlent d'un vin haut de gamme et élitiste qui se vend mal. Peut-être que les sommeliers n'ont pas fait leur travail jusqu'au bout. Pour ma part, je pose la question: les vins de ce type (sauternes, barsac, monbazillac, etc.), trop souvent largués aux oubliettes, au mieux condamnés à côtoyer foie gras et desserts, ne seraient-ils pas plutôt figés dans une image passéiste qui les ringardise à côté des autres vins sucrés de la planète (vins de glace, vendanges tardives, vini santi, etc.) beaucoup plus à la mode certes, mais qui sont souvent beaucoup plus chers, et, n'hésitons pas à le dire, parfois moins bons, ou manquant d'équilibre. Je connais des vins de glace canadiens qui profitent de la renommée de ceux qui travaillent bien pour vendre à des prix abusifs des cuvées qui n'ont aucun intérêt tant la finesse, la subtilité et l'équilibre ne sont pas au rendez-vous. Ce n'est pas parce que c'est écrit *Vin de glace* sur une étiquette que c'est automatiquement délicieux.

gage que moi, je trouve qu'on fait très plouc quand on parle une langue qu'on ne maîtrise pas, avec souvent un accent à couper au couteau, juste pour faire moderne et dans le vent. C'est un peu comme une femme qui tient à tout prix à porter des talons aiguilles. La pauvre, en plus d'une allure qui donne l'impression qu'elle marche sur des œufs, pire encore, sur un champ de mines, elle souffre en se tordant les chevilles pendant que les autres se tordent de rire…

Pour revenir à la langue de Shakespeare, je viens d'apprendre que la cave coopérative de Saint-Tropez a mis en vente un rosé qui porte le nom de MIST, pour «*made in* Saint-Tropez». Bravo! Mais le vin cause problème – un peu – pour la clientèle anglo-saxonne puisque *mist* signifie en anglais « brume » ou « brouillard ». Pire encore pour la clientèle germanique qui se rebiffe avec raison devant une cuvée qui porte, en allemand, le joli nom de « fumier »... !

Et pas plus tard qu'hier, je reçois ma *newsletter* des Mots du vin, un site français qui me plaît puisqu'on y parle de vins et de mots. En plus, et ce n'est pas négligeable, il est tenu par une femme sympathique qui écrit bien (elle s'appelle Nadine Couraud ; www.les-mots-du-vin.fr). Or, à voir les anglicismes qui sévissent dans ses pages, j'en déduis qu'elle reprend *in extenso*, pour bien nous informer, les communiqués de presse qu'elle reçoit. J'y découvre que c'est à Beaune qu'aura lieu le prochain *wine track* sur les fraudes et les contrefaçons. Sur la page intitulée « Le Vin quotidien », j'ai le bonheur d'avoir des nouvelles du site My Vitibox et de la *start-up* Les Grappes ; que les Vignerons de Buzet, pas loin d'Agen, viennent d'obtenir le label *Bee friendly* sur leur vignoble de Gueyze, et que la société Vitirover ouvre son capital par le biais d'une opération de *crownfounding*. Pour faire changement, j'apprends dans la foulée, entre deux nouvelles, qu'on vient d'ouvrir un bar à vin au centre de soins palliatifs du CHU de Clermont-Ferrand...

Bon, ce n'est pas pour faire le *buzz*, mais j'ai un *brainstorming* pour une *master class* que je dois préparer, et ensuite un *after-work* au bureau de ma *holding*, suite à un *audit* qui s'est bien déroulé. Et puis demain, je suis invité pour le *lunch* à un *open house* à Pomerol, avant d'aller à Bordeaux assister à un *job dating* dédié aux métiers de la vitiviniculture. Je ferai d'abord un *stop* au *pressing* pour récupérer mes *jeans*, en même temps que les *leggings* de ma femme et le *sweat* de ma fille, puis j'irai au *discount* pour le cocktail de demain soir. Heureusement, j'ai ma *check list*, et je passerai peut-être par le *drive*. J'ai appelé la *baby sitter*, elle termine un *master* en *marketing* du vin pour faire plus tard du *consulting*. Je l'ai rassurée ; elle pourra regarder en *prime time* et en *live*, après l'émission *The Voice*, un *has been* sympathique qui va présenter son *best of*...

Le texte d'une de mes chansons, écrit il y a dix ans :

SI TU VEUX VIVRE VIEUX

Jadis, ils buvaient du vin
sans se poser trop de questions
et sortaient leur tire-bouchon
pour le plaisir, jamais en vain
Maintenant ça fait bien
de disserter sur un grand cru
par des propos incongrus
à l'oreille du béotien

REFRAIN
Comme le disait ma tante
il y a des choses plus importantes
si tu veux vivre vieux
ne te prends pas trop au sérieux

Il a lu dans le *wine spect*
qu'il ne faut pas se procurer
ces vins aux années suspectes
qui sont beaucoup trop dilués
On veut d'la confiture
des vins boisés et concentrés
et pas de demi-mesure
au diable la subtilité
REFRAIN

S'il n'a pas quatre-vingt-seize
une note venue on ne sait d'où
le vin est d'une fadaise
une vinasse de mauvais goût
boire une belle étiquette
à la place de son contenu
c'est pas mieux qu'une piquette
versée dans une bouche ingénue
REFRAIN

Nous qui prenons la plume
pour livrer nos impressions
faisons-le sans prétention
ça changera de la coutume
de ceux, qui ont parfois
une tendance à pontifier
et faire croire, comme les Gaulois
qu'ils détiennent la vérité
REFRAIN

Les idées reçues
sont des maladies contagieuses.

Esther Rochon, romancière québécoise

Mythes, clichés et idées reçues

C'est drôle, les années passent, et malgré l'information qui n'a jamais autant circulé, malgré l'intérêt des gens pour le vin, intérêt qui a décuplé depuis une vingtaine d'années, on entend encore les mêmes questions à ce sujet. On ne peut que s'en réjouir car c'est la preuve que les consommateurs deviennent amateurs, puis que les amateurs se transforment en œnophiles avertis. J'en déduis en outre que ceux qui posent des questions considèrent qu'ils n'ont pas la science infuse et qu'ils ont encore beaucoup à apprendre, une façon de voir qui fait défaut à certaines personnes... D'autant plus qu'il y a rarement de piètres questions, mais hélas parfois des réponses erronées ou trompeuses. Une jeune femme, de toute évidence instruite (et pharmacienne) m'avouait dernièrement qu'elle croyait, parce que quelqu'un de bien intentionné le lui avait affirmé, qu'il fallait acheter ses vins à la SAQ parce que les produits disponibles à l'épicerie étaient fabriqués – le mot prend ici tout son sens – avec de la poudre. Eh oui, on en est encore là! Et c'est sans doute pour cela que des a priori subsistent. Vestiges d'une époque révolue où tradition, poésie et vieilles habitudes l'emportaient sur la science et la réalité toute simple des choses, les mythes et les préjugés, tout comme les lieux communs, ont la couenne dure.

Ce qui est un peu pénible, ce sont ces déclarations lancées par des pseudo-connaisseurs qui se donnent de l'importance, non sans une pointe de snobisme, en se faisant passer pour des experts simplement parce qu'ils ont les moyens de s'acheter de bonnes bouteilles, ou parce qu'ils consultent un blogue ou une revue spécialisée. Ce n'est pas non plus parce qu'on a visité trois vignobles dans sa vie ou suivi un cours de 20 heures sur le vin que l'on sait tout à son sujet. Loin de là! Mon travail m'amène parfois à partager la table avec plusieurs de ces spécimens, peu importe le pays. Je les remercie secrètement, dois-je avouer, car leur prétention et leurs âneries déguisées en banalités, déclarations fallacieuses et autres poncifs, tant sur le vin que sur la gastronomie, me font bien rire. J'adore rire. Je suis servi!

Admettons que ces gens-là constituent une minorité; ils contribuent malgré tout, par leurs propos, à la propagation de stéréotypes, d'idées reçues ou inexactes. Or, peut-être que le pire dans tout cela, et Dieu m'en garde, est celui qui profite de sa véritable position d'expert ou de soi-disant expert pour faire donner les grandes orgues et laisser croire à son auditoire qu'il détient la vérité. De tout cela, bien sûr, et faisant allusion à un slogan bien connu, disons que la simplicité, encore une fois, a bien meilleur goût. Alors, pour démythifier certains aspects du vin, couper court aux divagations œnologiques, gommer les amalgames qui empoisonnent l'existence de l'honnête œnophile, et faire sauter les on-dit et les clichés inutiles et poussiéreux qui nous embrouillent l'esprit, je vous propose maintenant quelques questions… avec leurs réponses.

Est-on obligé, quand on a une cave ou un cellier, de tourner les bouteilles régulièrement?

Non, non et non! Surtout pas! À regarder ici et là des reportages sur le champagne où l'on voit encore des employés tourner les bouteilles (il s'agit du remuage qui dans les faits, à part pour les grands flacons, est complètement automatisé de nos jours), on dirait que s'est installée dans l'imaginaire collectif l'opinion que les bouteilles doivent être tournées régulièrement – quelqu'un m'a dit tous les jours – pour améliorer le vin. Un vieux mythe poussiéreux et suranné! On n'y touche pas!

On dit d'un vin qu'il est meilleur s'il vient d'un château, et qu'il est supérieur s'il est produit par un petit propriétaire plutôt que par un négociant. Qu'en penser?
À force de s'imposer des règles et des principes, on finit par se limiter et compliquer inutilement les choses. En effet, un vin de château dans une année faible, pas très bien vinifié et de surcroît mal entreposé, sera certainement moins bon qu'un vin de négoce issu d'une bonne année, bien vinifié et élevé par un négociant sérieux, puis conservé dans de bonnes conditions. Beaucoup trop de critères, de la taille de la vigne au choix du verre et à la température de service, influencent la qualité finale d'un vin pour que l'on tire des conclusions hâtives. En fait, la taille de l'exploitation n'a pas une grande influence sur la qualité d'un vin. Il y a des petits producteurs qui font des vins médiocres et d'autres, très souvent, des vins excellents même s'ils n'ont pas toujours les moyens de leurs ambitions. Le contraire existe aussi. De grandes entreprises ont une approche industrielle et navrante de leur production, mais de grandes maisons qui sont animées d'une philosophie qualitative à chaque étape du processus élaborent de très grandes cuvées. Je vous invite, pour aller plus loin à ce sujet, à vous rendre au chapitre *Producteurs et vignerons, les bons… et les moins bons,* p. 179.

Est-ce vrai que le vin s'améliore avec l'âge?

En réalité, qu'ils soient blancs, rosés ou rouges, la plupart des vins consommés régulièrement se boivent relativement jeunes (entre un et quatre ans), c'est-à-dire dans les jours, les semaines et les mois qui suivent leur commercialisation. Cependant, s'il est vrai que certains grands rouges peuvent vieillir en beauté 10, 15, 20 ans et plus, il est regrettable de constater que la plupart des grands blancs sont bus beaucoup trop jeunes. Prenons le cas du chablis, qui exige toujours quelques années avant de s'exprimer; avant, il est tout simplement fermé. En raison de la nature du sol où le chardonnay est cultivé, un petit chablis (c'est le nom de l'appellation) est très bon dans les deux ans. Un chablis s'apprécie à partir de 3 ou 4 ans, un chablis premier cru est délicieux dans les 6 à 8 ans, et l'on atteint des sommets avec un chablis grand cru de 8 à 10 ans. On se rend compte d'ailleurs que cette règle s'applique à beaucoup d'autres blancs secs, surtout ceux qui sont basés sur la minéralité, comme à Vouvray ou à Savennières. Quant aux vins doux, moelleux et liquoreux, l'évidence saute aux yeux puisqu'ils sont, grâce à leur richesse en sucre, aptes à passer à travers les années, surtout s'ils contiennent un bon taux d'acidité. Toutefois, il est bon de savoir que de nombreux producteurs n'insistent pas trop sur le potentiel de vieillissement de leurs vins pour la bonne raison qu'ils en produisent chaque année et qu'il faut que ça tourne. Quand on pense, hélas, que près de 60 % des vins sont bus dans les 24 heures qui suivent l'acte d'achat ! Quel gâchis ! Honnêtement, j'ai pris l'habitude pour mes rouges du « presque » quotidien d'ouvrir 3 à 4 ans plus tard des bouteilles que j'ai payées autour de 15, parfois 18 $. Le vin a donc environ quatre à cinq ans et on se régale.

Certaines bouteilles ne présentent pas d'indication de millésime. Est-ce vraiment autorisé ? Un vin est-il bon même si l'année des vendanges n'est pas mentionnée ?

Oui, bien sûr que c'est autorisé. La mention du millésime s'étant généralisée, on peut penser que c'est obligatoire, mais il n'en est rien. Le vin peut être bon, comme il peut ne pas l'être ; d'où l'importance de le goûter. Cela dit, l'indication du millésime nous renseigne sur la qualité « théorique et relative » du vin, dans la mesure où l'on connaît les caractéristiques du millésime en question. De plus, le millésime constitue la seule référence sur l'âge du vin, ce qui nous permet de connaître le moment idéal pour le savourer, et de savoir combien de temps encore il peut se conserver. Voir le chapitre *L'obsession du millésime*, p. 159.

On dit souvent qu'on devrait servir tous les vins rouges chambrés et les blancs bien froids. Qu'en est-il exactement ?

La température de service revêt une importance capitale. Bien trop souvent, et peu importe le contexte, les vins blancs sont servis trop froids, et les rouges trop chauds. Le froid paralyse le bouquet des vins blancs, et seuls ceux qui ont quelque chose à cacher méritent d'être servis glacés. Il est vrai cependant que les blancs très secs et légers supportent une bonne fraîcheur (8-10 °C) tandis que les vins plus complexes, fins et souples en bouche, sont mis en valeur à une température un peu plus élevée (12 °C). Cela est souvent plus frappant, c'est le cas de le dire, pour les rouges, et cette théorie de chambrer à tout prix est complètement dépassée. Chambrer! Voilà un mot galvaudé qui a perdu tout son sens aujourd'hui. Autrefois, chambrer signifiait apporter le vin de la cave très fraîche à l'antichambre (l'office de l'époque), relativement fraîche, avant de passer à la salle à manger, plus chaude et confortable. C'était une façon d'augmenter progressivement la température de service du vin. On en déduit que *chambré* ne signifie pas nécessairement *chaud*! C'est pourtant ce qui se fait encore dans des appartements ou dans les restaurants mal équipés : le vin ressemble à de la soupe, et ses charmes disparaissent du même coup car la chaleur souligne l'acidité et exacerbe les tanins et l'alcool, lequel à son tour écrase ou détruit la subtilité des arômes. On aura donc avantage à servir les rouges plus frais (entre 13 et 16 °C) puisqu'ils auront de toute façon le temps de se réchauffer. Je dois convenir cependant qu'au fil des ans, nous avons fait à ce sujet des progrès remarquables au Québec. Est-ce notre rapport quotidien à la température qui a convaincu les œnophiles d'ici? Il n'en demeure pas moins que bien des Européens devraient en prendre de la graine quand on voit ce qui se passe encore en France, en Italie, en Espagne, au Portugal, en Grèce… Voir le chapitre *Les jouets du vin*, p. 203.

Il y a parfois des cristaux de sucre collés sur le miroir du bouchon (la partie qui fait face au vin). Est-ce normal?

Pas de panique! Il ne s'agit pas de sucre, mais de cristaux de tartre, qui soit dit en passant, n'ont aucune incidence sur la qualité du vin. Celui-ci, peu importe sa couleur, contient de l'acide tartrique, lequel, au contact du froid, se cristallise et se précipite dans le liquide ou se colle sur le miroir du bouchon. Pour éviter ce désagrément, on provoque parfois un passage au froid, et une élimination par filtration de ces cristaux avant la mise en bouteille.

Au restaurant, les clients demandent très souvent au sommelier de laisser respirer le vin avant de le servir. Est-ce vraiment nécessaire ?

Pour répondre sur une note humoristique, certains préconisent d'ouvrir la bouteille pour faire respirer le vin, et si l'on constate avec effroi que le vin ne respire pas, de pratiquer immédiatement le bouche-à-bouche... Voici donc un mythe qui persiste, car à vrai dire, cela ne change rien au vin, même si l'intention de le faire respirer est louable et très poétique. Il est prouvé en effet qu'en ôtant le bouchon, le peu d'oxygène qui passe par le goulot dans une période variant entre 30 minutes et deux heures (ce qui est à peu près le cas au restaurant) n'influence en rien la qualité du vin. Au contraire, il serait imprudent de laisser le flacon ouvert quelques jours ; il y aurait risque évident d'oxydation. Par contre, et c'est ce qui fait toute la différence, nous avons pris la bonne habitude depuis quelques années de passer en carafe certains vins rouges un peu jeunes afin de les aérer. Dans ce cas, l'influence de l'air sur le vin est assez conséquente pour en améliorer sa qualité. Mais il ne faut pas confondre cette manipulation avec le décantage (ou décantation), qui consiste à éliminer les parties solides d'un vieux vin (lies, dépôts) en versant le vin clair dans une carafe. Je dois avouer, en ce qui me concerne, qu'avec le temps, je sers presque systématiquement mes vins en carafe, rouges et blancs. Ça leur fait du bien... et c'est très esthétique. Voir également les chapitres *Le poids des mots,* p. 43 et *Les jouets du vin,* p. 203.

J'ai acheté trois bouteilles de champagne à la naissance de mon fils, et je les ai gardées pour le jour de son mariage. Est-ce une bonne idée ?

C'est une bonne idée d'avoir acheté du champagne à la naissance de votre fils. Mais elle aurait été encore meilleure si vous l'aviez bu dans les mois qui ont suivi. En fait, un champagne peut merveilleusement bien vieillir s'il s'agit d'une grande cuvée, issue d'une maison réputée et dans ce cas d'un millésime exceptionnel, surtout s'il a été conservé quelques années dans des conditions idéales, et, ce qui est plus rare, dégorgé (expulsion du dépôt avant le bouchage final) quelques mois à un an avant sa consommation. En général, quand un champagne est en magasin, il y a peu d'intérêt, sauf cas particuliers, de le garder très longtemps dans sa cave, aussi bien contrôlée soit-elle. Quant à savoir si le mariage du fils aura bel et bien lieu un jour, c'est une autre histoire…

Puisque le champagne n'est pas toujours millésimé, comment sait-on si le vin n'est pas trop vieux?

Quand on ouvre un champagne encore fringant et plein de jeunesse, le bouchon juponne, c'est-à-dire que lorsqu'il sort de la bouteille, il prend une forme de jupon ou de champignon (voir le dessin ci-dessous). Lorsque le champagne est trop vieux, on dit du bouchon qu'il cheville (voir le dessin ci-dessous). Cela dit, de toute façon, une fois le flacon ouvert… c'est trop tard !

Bouchon qui juponne.   Bouchon qui cheville.

Il paraît que lorsque l'on retrouve la mention Blanc de blancs sur l'étiquette d'un vin, c'est qu'il est très bon. Est-ce vrai?

Non, pas vraiment ! Il n'y a rien qui permette de tirer cette conclusion. Presque tous les vins blancs sont issus de raisins blancs. Il est rare en effet de produire des vins blancs avec des raisins rouges ou noirs, sauf en Champagne par exemple, où les cépages pinot noir et pinot meunier sont largement utilisés. Dans ce cas, l'expression *Blanc de blancs* prend toute sa signification puisque le vin en question est issu uniquement du chardonnay. Et quand ce dernier est élaboré par une bonne maison, on tombe sur un vin aérien, délicat, aux bulles très fines, idéal pour l'apéritif ou pour accompagner des huîtres, des fruits de mer ou un poisson en sauce.

LE CHAMPAGNE... ON LE SABRE OU ON LE SABLE?

En fait, ce sont deux choses bien distinctes.

L'explication «la plus officielle» du mot *sabler,* employé pour signifier le service d'un champagne à l'occasion d'un événement, viendrait de l'analogie entre le geste de boire d'un seul coup le champagne et celui, dans l'industrie sidérurgique, de jeter d'un trait dans les moules de sable la matière en fusion. Une autre explication : le terme viendrait du fait qu'autrefois, pour pallier une mousse déficiente, on avait l'habitude, après avoir embué le verre, de saupoudrer l'intérieur des parois avec du sucre cristallisé. La mousse, au contact du sucre (qui fait penser à du sable), tenait alors plus longtemps. Quant au terme sabrer, il s'agit de l'utilisation parfois dangereuse, mais ô combien spectaculaire, du sabre ou d'un couteau assez solide pour ouvrir la bouteille en faisant sauter le bouchon avec le goulot brisé. Un mythe persiste à ce sujet : le champagne serait meilleur quand on le sabre. C'est faux ! C'est impressionnant mais pas vraiment nécessaire pour apprécier toute la finesse des bulles. Le choix du verre est beaucoup plus important.

La longueur du bouchon a-t-elle une influence sur la qualité du vin?

On peut dire que oui ! En fait, si le vin présente une certaine aptitude au vieillissement, le producteur choisit généralement des bouchons plus longs et de meilleure qualité, pour assurer au flacon une bonne étanchéité. Si le vin n'est pas de garde, c'est-à-dire s'il ne présente pas un bon potentiel de vieillissement, la longueur du bouchon aura peut-être moins d'importance que la qualité même du liège, surtout si l'on considère que son coût de production est proportionnel à sa longueur. Voir le chapitre *Pris dans un bouchon*, p. 167.

On dit que les vins sont de plus en plus bouchonnés. Qu'en est-il exactement ?

Il est vrai que les producteurs sont de plus en plus concernés par ces problèmes de bouchon. Mauvaise origine du liège ? Traitements mal adaptés ? C'est difficile à dire, et le risque, dans tout cela, c'est de remettre en cause l'utilisation de ce matériau aussi noble qu'efficace. Mais on peut avancer que globalement, il y a moins de vins réellement bouchonnés grâce, en partie, aux améliorations apportées chez les producteurs de liège et chez les bouchonniers. De plus, il est facile d'associer cette odeur de bouchon moisi avec celles de vieux bois et d'humidité rencontrées depuis quelques années dans certains vins, peu importe leur couleur. Il s'agit assez souvent dans ce cas d'un phénomène de dégradation microbienne de chlorophénols utilisés en tant que traitement de différents matériaux à base de bois (charpente des chais, palettes d'entreposage, etc.), responsable de composés malodorants perceptibles dans certains vins touchés. Voir le chapitre *Pris dans un bouchon*, p. 167.

Mon voisin m'a fait boire un cabernet sauvignon et un chardonnay fabriqués dans son sous-sol avec du concentré, et je n'en garde pas le meilleur souvenir. Est-ce normal docteur ?

Fabriquer ! Le mot est assez juste dans ce contexte ! Et vous avez raison de vous poser des questions. Le premier problème est de savoir s'il s'agit vraiment de cabernet sauvignon ou de chardonnay. Certains cépages sont tellement à la mode que l'on ferait croire n'importe quoi à n'importe qui. Le second, c'est que faire du vin en ajoutant de l'eau, cela laisse bien songeur. Dans nos rapports avec les autres, mettre de l'eau dans son vin, c'est plutôt une vertu ; faire croire que l'on fait du vin avec de l'eau ajoutée, c'est vraiment malhonnête. Quelqu'un, il y a très longtemps, a changé l'eau en vin, mais depuis ce jour miraculeux, on en a plus vraiment entendu parler… Et que dire des faux chiantis et autres chablis, ces piquettes qui font du tort aux producteurs, je dirais même du tord-boyaux…

Le rosé n'est-il qu'un vin de terrasse, comme certains le disent?

Un jour, quelqu'un (qui se prend pour un grand connaisseur) m'a servi le plus sérieusement du monde ce préjugé classique : « Le rosé, c'est pas du vrai vin, c'est juste bon pour les filles. » Chapeau le grand connaisseur ! C'est pourtant parfois le vin le plus difficile à faire, pas le plus complexe certes, mais le plus ingrat à vinifier. En fait, excepté en Champagne où l'on a encore le droit de procéder ainsi, le vin rosé est tout sauf un mélange de rouge et de blanc. Plusieurs techniques existent. En deux mots, disons que la première consiste à laisser macérer le jus avec ses peaux colorées jusqu'à la couleur désirée, assez intense habituellement. On ouvre alors les robinets ; il s'agit d'un rosé de saignée. La seconde fait intervenir le pressoir dès le début du processus. Les baies (rouges, bleues ou noires) sont pressées doucement et le jus en coulant se colore au contact des peaux, ce qui en fait un vin plus clair ; il s'agit d'un rosé de pressurage direct, appelé parfois vin gris. À table, le rosé n'a jamais été un compromis heureux entre une pièce de bœuf et un filet de sole, mais il reste un très joyeux compagnon de table. Les premiers feront d'agréables apéritifs et accompagneront des salades, des pizzas au basilic, une paella et des oursins, tandis que les seconds se feront un plaisir d'escorter des grillades, des brochettes de porc, sauce teriyaki et autres charcuteries gourmandes.

Quant à ceux qui pensent que l'on ne peut se procurer de bons rosés qu'en été, profitez-en justement pour vous faire une jolie réserve de flacons que vous servirez en automne et en hiver. N'ayez crainte, quelques mois plus tard, le vin sera encore très bon, et il vous apportera en prime un rayon de soleil teinté de Méditerranée. Le rosé n'a jamais été si populaire, diversifié et plutôt bien vinifié. Alors, profitons-en !

D'après ce qu'on entend, il semble que le porto accompagne bien tous les fromages. Est-ce vrai?

Faux et archifaux ! De l'habitude anglaise (et excellente) de marier le stilton avec un porto vintage, les gens en ont déduit que tous les styles de porto accompagnaient bien tous les fromages. Essayer un camembert escorté d'un vintage, ou un chavignol servi avec un tawny, montrera parfaitement le contraire. En fait, il existe quatre principaux types de ce merveilleux vin du Portugal : ruby, tawny, LBV (Late Bottled Vintage) et vintage. Ces deux derniers accompagnent les bleus (ou pâtes persillées) dans une harmonie de contrastes sucrés-salés. Quant au tawny, il y aura notamment possibilité d'association avec les desserts au chocolat.

Faut-il privilégier le blanc ou le rouge pour accompagner les fromages ?

Il s'agit peut-être d'une des plus grandes confusions gastronomiques en Europe, et en France principalement, où l'on continue, hélas, à servir presque systématiquement, même dans les grandes maisons et pour les plus belles occasions, du rouge avec les fromages, entre le plat et le dessert. Pourtant, même un grand cru encore jeune renforcera de ses tanins une amertume qui coupera le charme gustatif. Proposer un rouge corsé avec un sainte-maure relève de l'acrobatie. Même chose pour un comté qui ne saurait se passer du mystérieux vin jaune. Il est vrai qu'un vieux rouge aux tanins patinés peut tirer son épingle du jeu sur certains fromages, mais il y a tellement de splendides harmonies à envisager avec les blancs, secs, moelleux et liquoreux. Mariages de contrastes sucrés-salés avec ces derniers (un loupiac et un roquefort par exemple ; savoureuses alliances entre les blancs secs qui ont du gras et du caractère, comme un pinot gris de grand cru alsacien, avec une pâte molle à croûte fleurie ; sans oublier les blancs secs, vifs et fruités qui vont très bien avec les fromages de chèvre. On a bien fait quelques progrès ici et là, comme en Alsace et dans la Loire, où le blanc tient souvent le haut du pavé. Mais pour avoir la chance de me rendre régulièrement dans les moindres recoins de l'Hexagone, le rouge occupe la première place avec le fromage, à la maison et au restaurant, tout particulièrement dans les zones viticoles où cette couleur domine. Pour ma part, et c'est au Chili que j'en ai pris l'habitude, j'adore déguster en guise d'apéritif un bon verre de blanc sec d'une bonne vivacité, accompagné de quelques morceaux de fromage (du chèvre affiné ou des pâtes dures et semi-dures). Enfin, une suggestion à ceux qui se trompent à chaque fois, comme ce trois-étoilé Michelin qui a laissé servir dernièrement – à moins qu'on ne l'y ait obligé – un premier cru du Médoc 1985 avec des fromages qui n'appelaient que du blanc : ajoutez une entrée froide avec l'excellent blanc sec du château, et oubliez les fromages. De deux maux… le moindre !

On ramène souvent cet adage qui dit : « Blanc sur rouge, rien ne bouge, rouge sur blanc, tout fout le camp. » Est-il vrai ?

Voilà encore un vieux mythe poussiéreux qui a la couenne dure et qui aurait paraît-il des origines maritimes, rappelant la signalétique des feux aux abords d'un port. En fait, si l'on veut donner à cette expression l'idée que le blanc doit toujours être bu avant le rouge, la formulation « blanc puis rouge, rien ne bouge, rouge puis blanc, tout fout le camp », parfois employée, est plus juste. Mais il ne faut pas charrier ! C'est vrai, dans un contexte de repas, qu'on essaye de servir le blanc (éventuellement plus léger) avant les rouges (éventuellement plus corsés) mais c'est surtout parce que les plats le demandent. Ça peut donc marcher, mais quand on veut appliquer cette règle à tout coup et que l'on insiste pour servir un rouge qui ne va pas du tout avec les fromages (voir la question précédente), ça me fait légèrement sourire. Aussi, faut-il savoir sortir de ses fâcheuses habitudes… Une gradation logique et du gros bon sens contournent en général les difficultés. Enfin, dans un contexte professionnel, depuis des années, nous commençons par les rouges pour ne pas subir l'acidité des blancs si l'on fait le contraire, tout en profitant justement de cette fraîcheur dans les blancs qui est la bienvenue après la mâche et les tanins des rouges. Bon, entre nous, une bonne bière après une grosse dégustation est toujours la bienvenue !

Aucune substance consommable
n'a la même complicité
que le vin avec la parole.
Non seulement il délie les langues,
en rendant les buveurs bavards
ou poètes selon leur talent,
mais il est aussi le seul produit
dont la consommation exige
un commentaire, puisque savoir
en boire revient à savoir en parler.

Martine Courtois, auteure française, dans
Les mots du vin et de l'ivresse

Le poids des mots

Je nous vois encore, il y a une vingtaine d'années, à l'Auberge des Cèdres, dans les Laurentides, dont curieusement la propriété appartenait autrefois au fondateur de Lallemand, une des plus grandes entreprises de la planète spécialisées dans les levures du vin. Au cours d'une soirée pendant laquelle j'animais une dégustation, un personnage un peu particulier épiloguait à voix haute sur tout ce qui lui passait sous le nez… et surtout par la tête! Je ne sais pas pourquoi mais quand je me suis levé pour donner mon avis sur la première série de vins, je me suis adressé à lui: «Monsieur, je ne veux pas me faire l'avocat du diable, mais je crois que bla, bla, bla…» Il m'a regardé d'un air inquisiteur, et à la fin de mon intervention, s'est approché de moi et m'a dit: «Vous savez qui je suis?» Non, je ne savais pas qui il était. Me toisant d'un œil torve toute la soirée, il a su me la gâcher, surtout quand un ami m'a glissé discrètement à l'oreille qu'il s'agissait de l'avocat désigné de la pègre du moment. Ce soir-là, à cause de deux mots mal placés, je n'ai pas très bien mangé. «Les mots, les mots font mal les mots», chantait Béart…

Les mots du vin

Même s'il n'est pas question ici d'écarts de langage ni de grossièreté, disons que le vocabulaire du vin est souvent malmené, ce qui en pratique, et je dois le reconnaître, ne change pas grand-chose à son goût. Mais tout de même, un petit effort ne ferait pas de mal… J'ai déjà évoqué dans mon livre *Entre les vignes* que des personnes pensent encore que nous dégustons à l'aveuglette, c'est-à-dire sans discernement et sans analyse précise, alors que l'expression *déguster à l'aveugle,* tirée de l'anglais *blind tasting* qui signifie que l'on ne connaît pas le nom du vin, est évidemment plus juste. Par contre, et ce n'est pas nouveau, je préfère parler de *dégustation anonyme* ou *à l'anonyme,* puisqu'à preuve du contraire, je vois, de mes yeux, la robe du vin, dont je ne connais pas le nom.

Il existe de surcroît des néologismes, sans grande conséquence il est vrai, telle cette *champagnette* (pour un mousseux ordinaire), tombée en désuétude, mais péjorative vis-à-vis du champagne. C'est un peu la même chose, en France notamment, lorsque l'on parle de vin cuit, juste parce que l'on sait qu'un banyuls ou un maury a été exposé à la chaleur du soleil (on fera plutôt référence à un Vin Doux Naturel), et que l'on dit d'un vin oxydé qu'il est madérisé, ce qui n'est pas très sympa pour le vin de Madère, qui peut être très grand. J'ai dernièrement entendu le mot *copotage* pour traduire l'utilisation des copeaux dans l'élaboration de certains vins. Déjà que l'on *capote* en employant à qui mieux mieux le mot *compoté* dans la description des arômes… Au rayon des confusions, on entend parfois dire *muselière* pour le *muselet,* qui est le fil de fer maintenant le bouchon d'un vin effervescent. Ça n'empêche pas, il est vrai, de trouver des vins saute-bouchons qui ont du chien, tout autant que ceux qui les dégustent… À ce sujet, quand on apporte, après entente préalable, son vin dans un hôtel ou un restaurant, certains employés parlent de *débouchonnage.* Ce mot n'existe pas ! Il s'agit du débouchage, mais dans le jargon du métier, on utilisera l'expression *droit de bouchon.* Pour ce qui est de *bouchonné* et *bouchonner,* le premier est un adjectif qui fait référence à un vin défectueux, tandis que le second, verbe transitif, signifie au choix, mettre en tampon, couvrir de caresses – ou cajoler –, former un embouteillage dans la circulation routière, ou frotter un animal, comme un cheval. Confusion encore entre *fruité* et *sucré*: en effet, beaucoup de vins blancs et rouges sont secs et fruités sans pour autant être sucrés. Le fruit fait référence au caractère du vin qui peut offrir à la fois des senteurs et des saveurs fruitées. Lorsque le vin est sucré, c'est qu'il a gardé un taux de sucre résiduel élevé, ce qui le rend très doux en bouche.

Quant aux termes *carafer* et *carafage,* entrés dans le langage courant même si à ce jour ils n'existent pas, il serait préférable pour l'instant de leur substituer l'expression consacrée *passer en carafe*. Ces nouveaux mots pourraient cependant tout à fait prendre leur place dans un dictionnaire. Comme cette fameuse *typicité* employée longtemps sans que le mot ne soit reconnu et qui a été acceptée officiellement il y a quelques années. Enfin, on n'insistera jamais assez sur la méprise qui persiste encore entre l'œnologue et le sommelier (voir le chapitre *Œnologues et sommeliers*, p. 83).

Pour ce qui est de la qualité du langage, les spécialistes vous le diront : la richesse du vocabulaire chez les jeunes – et les moins jeunes – diminue à vue d'œil, tout comme dans les médias. C'est ainsi par exemple, et ce n'est pas la première fois que je le souligne, qu'on ne mange plus au Québec, eh non, on *bouffe* ! On ne demande plus à sa mère ce que l'on va manger ce soir, mais plutôt s'il reste quelque chose à bouffer dans le frigo (drôle d'endroit en passant pour se restaurer…). On ne parle que de boutte, même sur les ondes de la société d'État et dans les journaux réputés sérieux. Cela dit, je suis complètement d'accord avec le fait que notre langue évolue avec le temps, en s'adaptant aux rythmes des changements et de l'évolution de nos sociétés, en autant qu'elle s'enrichisse et non s'appauvrisse. Mais dès que l'on s'adresse à un public, quel qu'il soit, on a peut-être une petite responsabilité, et la possibilité de varier son vocabulaire ne serait pas superflue. Bref, bien parler, en tout cas en public, ne relève pas du snobisme ou de la prétention.

Les mots qui portent

Dans toutes les disciplines, sans aucun doute, des mots se pointent le nez et deviennent tendance. Le monde du vin n'y échappe pas, mais ce qui est amusant, parfois agaçant, pour ne pas dire carrément pénible quand on le vit au quotidien, c'est de remarquer l'utilisation excessive d'un mot à la mode. En voici des récents qui côtoient des moins nouveaux.

Brett : Pour *brettanomyces*. Odeurs animales désagréables de cuir, d'écurie, de sueur ou d'urine de cheval dans un vin. L'organisme responsable est souvent une levure du genre brettanomyces, très répandue, présente dans les chais ou des endroits mal nettoyés (caniveaux, robinets…) et parfois sur les raisins. L'absence totale n'est pas forcément recherchée, seuls importent le niveau de contamination et les moyens de contrôle. Parmi les facteurs aggravants, nous pouvons citer : un moût ou un vin riche en acides phénols, une hygiène mal maîtrisée, la présence de sucre résiduel, lors de fins de fermentation difficiles, des teneurs en SO_2 (sulfites) faibles, l'élevage en barrique et une mauvaise désinfection des fûts. (Source : Institut français de la vigne et du vin.)

À faibles doses, ces arômes sont parfois appréciés, mais on les considère en général comme un défaut. Dans notre petit cercle, de fervents dégustateurs en trouvent presque systématiquement, et on finit par se demander si ce n'est pas pour impressionner leur entourage… à un point tel qu'on a envie de leur remonter les BRETTelles.

Buvabilité : Néologisme de cave, dit-on. On a beaucoup parlé à une époque de vin de soif. En fait, ce mot semble issu de l'anglais *drinkability* et l'on ne va pas se plaindre, pour une fois qu'un mot français prend sa place, d'autant plus qu'il veut bien dire ce qu'il veut dire. On a oublié cependant l'adjectif *gouleyant* qui a pris un petit coup de vieux avec le temps.

Caudalie : Du latin *cauda* qui signifie « queue » ; relatif à la queue d'un animal, comme l'arête caudale du poisson. Unité de mesure de la persistance aromatique, ou longueur en bouche. On le dit moins maintenant mais je me souviens, dans une cave du sud de la France, d'un sommelier imbu de lui-même qui nous avait balancé le mot pendant deux heures. Ça s'est terminé en queue de poisson…

Cépage : On sait tous que ce mot entré dans le langage usuel de l'amateur de vin correspond au type de vigne, donc à la variété de raisin cultivée pour produire du vin. *Autochtone, noble, de cuve* ou *de table, teinturier, vinifera, hybride* sont autant de qualificatifs qui font la différence quand on passe de l'un à l'autre. Évidemment, le vin, dans l'inconscient collectif, est issu du raisin, même si on veut nous convaincre aujourd'hui que l'on peut élaborer des vins merveilleux avec les bleuets, les fraises et la tomate… Quant au cep, il s'agit du pied de vigne. (Voir le chapitre *Des cépages et des caricatures*, p. 147)

Complexe : Mot tellement général qu'il est souvent utilisé à toutes les sauces, surtout quand on ne sait pas quoi dire…

Croquant : Avec les vagues bio et nature est apparu ce terme, joli et mignon au demeurant, qui signifie bien que l'on a l'impression de croquer dans le raisin frais en dégustant le vin. On ne se gênera pas de l'employer dans le cas d'un vin corse quand ce dernier est élaboré avec le cépage rouge autochtone sciaccarellu, dont le nom fait référence à son aspect croquant ou « craquant sous la dent ».

Cru : Terme relié à l'originalité d'une production liée à un lieu géographique (terre, lieu-dit, village, domaine viticole). Employé depuis longtemps, il est bien installé dans le paysage viticole, souvent à raison, parfois à tort. C'est devenu un nom commun même si bien des professionnels ne savent pas qu'il date du XVe siècle et qu'il s'agit du substantif du verbe croître (qui a crû ici, dans le sens de *qui a poussé ici*).

Féminin : La définition « officielle » fait référence à un vin qui a du charme, de la grâce et de la souplesse. Ce concept désuet entretenu par les vieux machos pour décrire l'étoffe d'une bonne cuvée me fait rire car on connaît tous, hélas, des femmes qui semblent dépourvues de ces qualificatifs. En outre, cela sous-entend que ceux-ci ne peuvent être attribuées aux hommes, ce qui, convenons-en, est fort injuste… (voir « Le vin au féminin », p. 185).

Graphite : Espèce minérale, variété naturelle du carbone, et qui fait penser, à l'olfaction et en rétro-olfaction, au crayon à mine. Certains dégustateurs l'utilisent à tort et trop souvent. C'est vrai qu'il est rare, pour s'en assurer, de sucer la mine de plomb de son crayon…

LE TERROIR, ENCORE ET TOUJOURS LE TERROIR !

Les Bourguignons sont ceux qui expriment le plus justement dans les mots la notion du terroir puisqu'ils utilisent le terme *climats* quand ils parlent de leurs crus. En effet, la véritable définition du terroir englobe les notions climatiques et géologiques qui permettent, si l'on est chanceux ou talentueux, d'entrevoir dans le verre ce qu'on attend de l'expression d'un milieu viticole particulier. En voici un aperçu :

- Le chardonnay qui tire du sol crayeux de la Côte des Blancs toute la minéralité qui permet à un champagne d'évoluer subtilement dans le temps, tel un élixir de jeunesse.
- En Alsace, les cépages gewurztraminer et pinot gris qui ont développé après quelques années autant de grâce que de rondeurs sensuelles avec le grès rose du Kessler pour le premier, et le granit du Gloeckelberg pour le second.
- Le sauternes, un vin liquoreux, suave et onctueux qui exprime sur les bords du Ciron dans cet environnement exceptionnel, responsable de la pourriture noble, sa fabuleuse quintessence.
- Un corton-charlemagne de 10 ans qui affiche une insolente jeunesse, paré d'une couleur cristalline, d'un bouquet d'amandes grillées et de cannelle, avec du gras et de la puissance, et autant de fraîcheur que de rondeur. Et tout

Joli : Tout un chacun connaît la signification de cet adjectif, mais quand on l'utilise systématiquement pour décrire les arômes, la structure, les tanins, la longueur, la charpente, les saveurs, le boisé, etc., il est temps d'enrichir son vocabulaire. Il y a quelques années, j'ai dû moi-même m'en affranchir.

Malolactique : De fermentation malolactique, qui correspond à la transformation dans un vin, par dégradation biologique,

cela grâce à des petits rendements, des vignes d'âge vénérable (45 ans en moyenne), plantées sur un sol de marnes installé sur un socle calcaire dans lequel on trouve de nombreux coquillages fossiles, jouissant, bon an mal an, d'une exposition exceptionnelle.

🌿 Un brunello di montalcino de cinq ans qui possède une robe profonde et des saveurs épicées, une texture charnue, avec en équilibre une acidité qui participe au grain des tanins mûrs, et tout cela en partie grâce à un sol argilo-calcaire et une exposition idéale.

🌿 Enfin, qu'est-ce qui rapproche un cru de Pessac-Léognan et un cabernet sauvignon de Napa? La vallée de Napa, située au nord-est de San Francisco, et le vignoble bordelais partagent des similitudes. Les deux régions sont situées à peu près à la même latitude sur la côte ouest de leurs continents respectifs. Le cabernet sauvignon est le principal cépage planté dans ces zones qui se trouvent à environ 50 kilomètres de l'océan, près de grands estuaires. Cette proximité se traduit par un climat tempéré la nuit, préservant la fraîcheur dans les vins, les meilleurs venant de vignobles plantés sur des alluvions et des sols de graves (et de graviers) bien drainés.

de l'acide malique en acide lactique et en gaz carbonique. Elle se traduit par une diminution de l'acidité. Dans les années 1990, c'était répandu de demander au producteur si le vin avait fait sa *malo* (belle apocope pour faire chic et fin connaisseur...).

Minéralité : De minéral, rappelant l'odeur, au nez et en rétro-olfaction, de certains minéraux (silex, pierre à fusil, craie, tuffeau, schiste, graphite ; voir ce dernier mot p. 48), laissant sous-entendre la notion de pureté et de tension dans un vin. Peut s'appliquer à l'univers des saveurs quand on décèle en bouche une relative salinité, mais qui n'a pas de lien avec l'acidité. Le problème, c'est qu'il s'agit d'un élément subjectif qui pourrait être relié en outre aux sensations gustatives et tactiles. Nombreux sont ceux, avouons-le, qui utilisent ce mot à tout bout de champ même quand c'est carrément inapproprié, mais cela fait si bien dans les salons....

Pétrole : Odeur caractéristique dans certains vins issus du cépage riesling principalement. Toutefois, parce que le rapprochement avec les odeurs de carburant automobile est trop soutenu et qu'il s'agit plutôt de faire un lien avec la minéralité apportée par la nature du sol, on préférera employer le mot *hydrocarbure*. Cela dit, pétrole ou hydrocarbure, les deux mots risquant de faire fuir le client, on peut recourir au terme *minéral*, plus général, même si le facteur variétal y est pour quelque chose.

Réduit : Phénomène inverse de l'oxydation. Se dit de la réduction de plusieurs éléments du vin, dont le résultat correspond à l'apparition de composés soufrés, à cause, entre autres, d'une aération insuffisante du moût, ou d'un sulfitage excessif. À l'olfaction, cette anomalie se caractérise par une odeur de renfermé, d'ail, de chou cuit ou d'eau croupie. On peut parler aussi de *goût de réduit* mais tout cela n'est pas spécialement agréable... Et si le problème est minime, on peut le régler par une bonne aération, d'où l'utilisation de la carafe.

Ressenti : Ah le fameux ressenti ! Ce n'est pas seulement propre au monde du vin : on doit maintenant donner son ressenti sur l'ensemble des choses qui nous entourent. Pour ma part, j'aime bien faire une deuxième lecture (goûter à nouveau) pour exprimer ma position sur un vin, c'est donc vrai que c'est plus facile après l'avoir re-senti...

Sophistiqué : Ce mot vient de débarquer dans notre jargon. On veut sans doute dire *complexe* ou *raffiné*. Mais cela peut autant signifier *précieux* que *maniéré*. C'est très amusant quand on sait que ce mot était synonyme autrefois de *frelaté* en parlant d'un vin…

Terroir : À l'image du tiroir dans lequel on peut tout mettre, *terroir* reste un mot galvaudé, un mot fourre-tout qui vient de la terre, qui parfois ne veut rien dire, parfois en dit trop, et surtout qui est employé par des gens qui ne savent pas quoi dire.

Typicité : Employé *ad nauseam* au début des années 1990, ce terme qui se rapporte à l'ensemble des caractéristiques qui font la particularité d'un vin a été reconnu il n'y a pas très longtemps. Dans un même ordre d'idée, on pourrait se servir des adjectifs *typique*, *représentatif*, *distinctif*… Avouons qu'il veut bien dire ce qu'il veut dire.

Vendange en vert : Éclaircissement de la vigne en éliminant les grappes ou parties de grappes encore vertes afin d'obtenir une vendange de meilleure qualité. Le problème, c'est qu'après nous avoir rebattu les oreilles avec cette approche, des vignerons nous disent que ceux qui procèdent ainsi sont des gens qui ont mal travaillé avant (densités de plantation, engrais, taille, etc.).

Vibrant : Terme « qui exprime ou trahit une forte émotion, parfois un sentiment violent », précise *Le Robert*. Bon, en dégustation, grâce à une connotation positive, cela peut arriver, mais de là à trouver à tout coup un vin vibrant dans des cuvées modestes qui ne font que nous désaltérer, il ne faut pas charger la mule, comme on dit…

Viril : La définition « officielle » fait référence à un vin solide, charpenté, fort en alcool et assez tannique. J'explique à la p. 186 pourquoi j'ai des réserves sur ce terme.

Le charabia des contre-étiquettes

À l'image des restaurants dont il faut se méfier parce qu'ils proposent des cartes trop riches avec une multitude de plats, de sauces et d'à-côtés, soyez sur le qui-vive avec les flacons dotés d'une contre-étiquette qui en rajoute ou qui raconte n'importe quoi pour vanter les mérites d'un vin. « Élaboré dans le respect des traditions… », « Vinifié avec le plus grand soin », « Issu de nos meilleures parcelles », « Ce vin, qui a été amoureusement élevé dans nos caves millénaires, saura satisfaire même les palais les plus exigeants », « Bien que ce vin n'ait pas la remarquable définition des grands millésimes, il montre encore une jeunesse qui laisse présager une évolution gracieuse au cellier ». S'ils ont été rédigés correctement, ces commentaires qui relèvent des poncifs et des clichés ne veulent absolument rien dire, alors que quelques notions, comme le nom du ou des cépages à la base du vin, la nature géologique, en mots simples et directs, où la vigne a poussé, et la façon dont il a été élevé, suffiront amplement. Loin de moi l'envie, je vous assure, de vouloir débusquer les virgules mal placées et les allégories pompeuses qui séviront toujours ; je vous offre cependant, pour le plaisir, ces petits bijoux de charabia, de cacographie et autre sabir que j'ai glanés dernièrement, et qu'il est étonnant de voir fleurir encore malgré les exigences tatillonnes des autorités sur les termes autorisés et interdits en matière de législation[2].

Ce vin qui est tout

Dans le genre amphigouri[3], voici tout d'abord le texte d'un vin espagnol :

« Goutellettes (*sic*) de la nature. La terre vous remercie de votre choix et vous lui en êtes reconnaissant. […] Confère des saveurs longues en bouche ; la qualité de l'essence de la terre par le respect pour la nature et le plaisir de l'authenticité. »

Puis un bourgogne blanc, avec cette fois-ci une approche coquine (involontaire j'en suis sûr) :

« Extrait de son sol argilo-calcaire, notre chardonnay a caché sous sa robe jaune un bouquet floral et des notes de fruits tendres. »

D'Australie maintenant :

« Ceci est distinctement Shiraz, avec les couches de prune, de la framboise et du chocolat, etc. » Quand on en tient une couche, c'est cela qui arrive...

Celui-ci, directement de Napa :

« Ce cabernet sauvignon provident (*sic*) de la propriété familiale. La superficie de notre colline produit une petite récolte de raisins intensément aromatisés avec un caractère généreux. Luxuriants arômes de cerise noire, vanillin (*sic*) et une note d'expresso lui sont typique (*sic*). » Aromatisés à quoi ? On aime mieux ne pas le savoir !

Et voici l'un de mes préférés, tiré d'une contre-étiquette sud-africaine (merci à Manon, une conseillère de la SAQ qui l'a repéré) :

« Un mélange d'arômes de cerise noire rich (*sic*), de boîte à cigare et de menthe me (*sic*) en valeur la complexité du nez. [...] Délicieux avec une pièce de gibier braisé servie avec une purée de panais accompagnée d'une riche noire. Savourez ! » Tout un programme et une sacrée soirée en perspective !

Et un autre, d'Espagne :

« Seuls (*sic*) les grappes les plus mûrs (*sic*) sont choisies, produisant ainsi un vin d'une finesse et profondeur considérable. Le vin dégage des arômes intenses de cerises douces et prune noire avec une finale épicée qui rappelle le poivre blanc exotiques (*sic*). » Avec en prime les fautes d'orthographe !

Bien sûr, il n'est pas question ici de critiquer tous ces producteurs, dont ceux qui ne sont pas de langue française, et qui font un immense effort, bien souvent par traduction Internet interposée, pour communiquer avec nous, mais je crois que leurs agents pourraient les aider dans la rédaction de leurs descriptifs. D'autant plus que souvent, écrits beaucoup trop petits car on a gardé entre autres la version anglaise, ces textes sont presque illisibles. Et pourquoi le faire en trois ou quatre langues ? On me rétorquera qu'il s'agit d'économies d'impression. Disons plutôt économies de bouts de chandelles. Ou alors, si tel est le cas, s'abstenir tout simplement comme on le fait pour la plupart des bons vins, a fortiori les très grands, qui n'en ont pas besoin pour se vendre.

Ce vin qui va avec tout

Pour rester dans le même registre, on frôle ici le salmigondis[4] puisque le vin va avec presque tout…

Une appellation communale de la côte de Beaune :

« Idéal avec petits gibiers, viandes blanches, risottos, thon, pâtes sace (*sic*) à la viande, volailles, fromages… » Super pour le pique-nique familial !

Puis, de la Rioja :

« Fruité et avec des notes florales à roses et violettes (*sic*), ce vin savoureux et rond se marie fort bien avec tout (*sic*) types de viandes, des fromages et même avec des desserts au chocolat. » Alors, vous dis-je, pourquoi se casser la tête avec les accords vins et mets ?

En plus, à côté des termes à la mode tels que *minéral* et *vibrantes* dont je parle un peu plus haut, on trouve des phrases tarabiscotées qui ressemblent à celle-ci :

« Fait de tempranillo bien mûr avec des notes de fruits rouges, l'œnologue de la maison […] a voulu offrir aux consommateurs… » Sa femme ne doit pas s'ennuyer !

Bon, cela dit, je dois signaler que je vois quand même beaucoup de bonnes contre-étiquettes, parfois très bien rédigées, et qui, lorsqu'elles s'en tiennent à des faits ou des éléments précis (cépages, terroir, climat, etc.) renseignent le client à bon escient. Enfin, on se consolera en lisant ces commentaires de dégustation d'un magazine du LCBO, monopole de l'Ontario voisin, autant d'hyperboles qu'on en oublie que le vin est fait avec du raisin :

« Le délicieux chardonnay de_____ propose d'abondantes notes d'ananas, d'épices à gâteau, de miel et de citron Meyer, mises en relief par des nuances de fleur d'oranger et de vanille, et enveloppées de caramel écossais. La bouche est soyeuse, crémeuse, épicée et butyreuse, avec une vivacité qui aide à garder le vin frais. L'accord parfait pour un sandwich grillé au cheddar fumé et aux poires sur pain au levain ou pour un pain de maïs poêlé. »

Allez, ne boudons pas notre plaisir : « Les arômes de petits fruits noirs, de fines herbes rôties, d'épices mélangées et de grillé mènent à une bouche généreuse qui fait déferler vague sur vague de saveurs de tarte aux petits fruits et de gelée de groseille rouge à grappes agrémentées de note d'épices à gâteaux.» Un véritable feu d'artifice!

Et pour terminer: «Ce cabernet argentin révèle de subtils arômes de cèdre et d'encens et des notes vives de fruits rouges et noirs entremêlés d'un soupçon de cuir. La bouche révèle des tanins poussiéreux. Un très bon rapport qualité-prix!» À 23 $ la bouteille, c'est pas un peu cher pour mordre la poussière?

Le tout dans la même veine sur 65 pages, ce n'est peut-être pas bien grave, mais c'est plutôt consternant! C'est dans cette publication que fleurit notamment l'inesthétique mot *vinerie*. Encore une fois, on veut passer de l'anglais au français en se servant de raccourcis, souvent réducteurs, mais le résultat n'est pas toujours heureux. Je veux bien croire que la langue de Molière, qui est déjà très riche, est capable d'en prendre, mais le mot *winery* peut se traduire par cave, domaine, vignoble, maison, propriété, et j'en passe.

C'est généralement ceux
qui ont le nez creux qui trouvent
que l'argent n'a pas d'odeur.

Mirabeau, homme politique français

Le vin-dollar

Placements, fonds, investissements, capital, allocations, rentabilité, actions, cotes, spéculation, ces mots qui me donnent des boutons font pourtant bel et bien partie de notre petit milieu. Je me sens personnellement peu concerné puisque je n'ai jamais revendu le moindre flacon de ma cave – je préfère en donner – mais il en est ainsi chez l'hommo qui veut faire des affaires à tout prix, et il faut bien gagner sa croûte. À ce sujet, autant j'étais un assez bon vendeur quand j'étais sommelier, car j'étais dans mon élément et la clientèle venait à moi, si l'on peut dire, autant j'ai été un piètre marchand de vin dans ma courte vie de représentant sur la route. Imaginez, j'avais toujours peur de déranger ; en un mot, j'étais nul. Je ne suis pas davantage un spécialiste de la finance. J'ai appris à gérer les miennes, mais bien honnêtement, ne comptez pas sur moi pour vous retrouver dans les dédales de la Bourse... Bienvenue dans un tout autre monde, fascinant à maints égards, et réservé, entre autres, à ceux qui persistent à croire que ce qu'ils aiment dans le vin, c'est le profit qu'il procure.

On ne peut néanmoins passer sous silence l'impact économique considérable du vin dans nos sociétés, et la place qu'il a prise dans les relations internationales. Entre la gestion des domaines et des sites Web, les traités de libre-échange, la protection des appellations et des indications géographiques, les enquêtes anti-dumping et anti-subventions et les mesures de rétorsion qui en découlent, les vins et les spiritueux français et européens se retrouvent fréquemment au cœur de pénibles et délicates négociations diplomatiques avec des pays qui jouent maintenant dans la cour des grands, tant en termes de production que de distribution. Ainsi que le disait Joseph Chamberlain, ancien ministre du Commerce britannique, « le commerce est le plus grand de tous les intérêts politiques »…

De bonnes nouvelles, enfin !

En France, et l'on peut s'en réjouir, le vin est synonyme de richesse. Et dans les autres principaux pays producteurs (l'Italie, l'Espagne, le Portugal, l'Allemagne, les États-Unis, et la Chine qui s'approche à pas de géant), on constate qu'il représente un pan important de l'économie. Le vignoble hexagonal a pris du mieux avec un intérêt croissant des jeunes pour le métier de vigneron. Pourtant, avec une situation politique et économique instable et difficile, une météo changeante, de gros investissements, un métier exigeant et la concurrence internationale, rien n'est gagné d'avance. Mais le vin étant à la mode, les formations se sont multipliées et l'accès au foncier, dit-on de bonne source, a été amélioré. En plus de créer près de 600 000 emplois directs et indirects, le vin attire aussi les patrons de sociétés, banques, mutuelles, assurances, fonds de placement, qui n'hésitent pas à investir gros dans des vignobles célèbres, ou parfois moins connus, mais qui rapportent de bons dividendes (voir encadré p. 61). Et on ne peut ignorer les centres hospitaliers français. Ils seraient une bonne quinzaine à posséder autour de 300 hectares de vignes, et parmi eux les fameux Hospices de Beaune (en Bourgogne), visités par des milliers de touristes chaque année. Quand le sang de la terre, à défaut de perfusions aux accents baudelairiens, vient en aide aux patients et aux démunis !

Commercialisation et export, des mots et des chiffres[5]

Si le vin est autant présent dans l'univers représentatif de la France, c'est dû entre autres à l'étendue des surfaces de vigne sur le territoire, qui représente 755 000 hectares, ce qui serait l'équivalent de plus d'un million de stades de rugby. Synonyme « d'or rouge » pour certains, le ratio entre valeur et volumes de production est assez significatif : la viticulture représente 15 % de la valeur de la production agricole pour seulement 3 % des surfaces cultivées.

Cinquante-sept pour cent des vins produits en France sont des vins d'Appellation d'Origine Contrôlée (en 2012, il y avait 113 000 exploitations concernées par l'AOC, ou AOP); 33 % des vins produits sont des vins d'Indication Géographique Protégée (IGP) et 10 % des vins sont sans indication géographique.

La France est le premier pays exportateur de vin au monde en valeur. L'export représente 30 % de la commercialisation des vins français et 54 % des vins sont exportés sur le marché européen.

En termes de valeur à l'exportation de vins français, le Royaume-Uni est en première position avec 1 260 800 euros de vin français exportés, puis viennent les États-Unis avec 1 026 250 euros et enfin l'Allemagne avec 712 560 euros en 2013. En valeur, les plus grands importateurs de vins français (hors Europe) sont les États-Unis, puis la Chine.

En termes de volume, 46 % des vins français sont exportés hors de l'Europe, mais avec 17,2 % du volume (vins et spiritueux) exporté, l'Allemagne est le premier pays importateur avec 25 486 760 caisses de neuf litres de vin, suivi du Royaume-Uni (14,1 %) et de la Belgique (10,3 %). La Chine est au coude à coude avec les États-Unis puisqu'elle a reçu, en 2013, 8,7 % des volumes de vins français exportés. Les États-Unis en ont importé 8,6 %. En troisième position se trouve le Japon, avec 4,9 %. (Classement établi selon les chiffres des Douanes et la F.E.V.S.)

Le vin constitue le second secteur en termes d'excédent commercial derrière l'aéronautique et devant les parfums et la cosmétique. En effet, le chiffre d'affaires à l'export pour les vins enregistré en 2013 a atteint 7,6 milliards d'euros grâce à la vente de 13,7 millions d'hectolitres. Depuis 10 ans, en moyenne, les vins exportent en valeur l'équivalent de 150 rafales (avions de guerre) par an. Les régions en tête à l'export sont : la Champagne (30 % des exportations), Bordeaux (28 %) et la Bourgogne (10 %).

Le vin qui rapporte

Ce n'est pas d'hier que l'on investit dans le vin. Mais l'engouement pour ce dernier est tel depuis le début du troisième millénaire que l'on crée ici et là des fonds – les Anglo-Saxons en ont été les précurseurs et les Chinois s'y sont collés – basés sur le jeu très classique de l'offre et de la demande. Le mécanisme est simple : on va chercher de l'argent, on achète des crus qui vont prendre de la valeur et on les revend après avoir engendré des rendements beaucoup plus juteux qu'à la banque. Il paraît que la demande est considérable. « Pourquoi ne pas allier sa passion du vin à un placement financier ? », propose le site spécialisé ITW Investment. Et d'ajouter ensuite : « Le placement vin n'est plus réservé à des spécialistes éclairés mais s'ouvre aujourd'hui à tous les amateurs. En cinq ans, alors que la Bourse chutait, l'indice Liv-ex 100, qui sert de référence sur l'évolution des cours des grands vins français, a gagné 47 %. » Cavissima, un concurrent, précise dans sa publicité :

> Un grand cru, c'est avant tout un terroir privilégié. En France les régions de Bordeaux et de Bourgogne présentent des caractéristiques uniques, et la production de qualité donne aux vins une espérance de vie très longue. Avec le temps, on constate une augmentation de la qualité gustative, si le vieillissement est réalisé dans de parfaites conditions. Le vin de garde change alors progressivement de statut au cours de sa vie : tout d'abord objet de désir, de plaisir à la consommation, il devient un produit d'investissement puis objet de convoitise pour un collectionneur. Pourquoi le vin est-il intéressant pour investir ? Avec la consommation « naturelle » apparaît la raréfaction du produit en même temps que la bonification du vin augmente.

Mais attention, il en va des placements dans le jus de la treille comme à la Bourse. Cela fluctue. Les cours peuvent monter et baisser aussi inexorablement que le niveau d'un grand cru qui a été mal entreposé, ou bien au contraire qui a vieilli dans les meilleures conditions mais qui a subi, comme nous, pauvres mortels, les affres de l'âge, les tourments de la vie. C'est justement quand on veut comparer, en termes de valeur, les grands crus de la planète à des toiles de maître, que je souris, sachant que le vin le plus noble qui soit tournera de l'œil un jour ou l'autre, en vinaigre pour être précis. J'en suis désolé pour les collectionneurs, qui le savent très bien au demeurant, et la réalité est pire aujourd'hui puisque les vins sont élaborés différemment et prêts à boire plus rapidement. Mais bon! Il faut vivre avec son temps! Ce qui me gêne dans tout cela, c'est que l'on se serve de quelque chose d'émotif – la passion du vin – pour faire des affaires. Qu'importe! Spéculez, spéculez chers amis! Attention cependant aux bulles spéculatives qui vous font trembler d'inquiétude. Pour ma part, je dors tranquille car je préfère voir celles du champagne éclater en mon modeste palais...

Et quand en matière de vin tout tourne autour du fric, du blé ou de l'oseille, c'est selon, je me sens souvent tel un iconoclaste égaré qui n'a qu'une envie – je sais, c'est idiot! – celle de déclamer quelques vers de Baudelaire (issus de « L'âme du vin » dans *Les fleurs du mal*): « Homme, vers toi je pousse, ô cher déshérité,/ Sous ma prison de verre et mes cires vermeilles,/ Un chant plein de lumière et de fraternité! »

CINQ INVESTISSEURS INSTITUTIONNELS IMPORTANTS EN FRANCE

Investisseurs	Propriétés viticoles
Crédit Agricole	Ch. Grand-Puy Ducasse à Pauillac, Ch. Rayne-Vigneau à Sauternes, Ch. Meyney à Saint-Estèphe, Ch. de Santenay en Bourgogne, etc.
Axa Assurances	Châteaux Pibran et Pichon-Longueville Baron à Pauillac, Ch. Petit-Village à Pomerol, Ch. Suduiraut à Sauternes, le domaine d'Arlot en Bourgogne, mais également des propriétés dans le Languedoc, en Hongrie et dans le Douro au Portugal (Quinta do Noval)
Allianz Assurances	Plusieurs châteaux dans le Bordelais, dont le très connu château Larose-Trintaudon
Crédit Mutuel	Château Calon-Ségur à Saint-Estèphe
GDF (Gaz de France)	Château Lafaurie-Peyraguey à Sauternes

Vins et marketing : deux mondes parfois dos à dos

Qu'en est-il exactement au chapitre du marketing et de la communication ? J'écrivais dans une chronique il y a quelques années que les Français avaient toute une pente à remonter. Il suffisait de naviguer sur la Toile pour se rendre compte que le moindre petit domaine sud-africain ou néo-zélandais possédait un site Internet riche en informations et doté de jolies photos, ce qui n'était pas le cas, à ce moment-là, en Europe en général, et en France en particulier. À l'époque, le président d'une interprofession protégeant une AOC connue m'avait avoué candidement qu'ils n'avaient pas encore voté la création de leur propre site. Au même moment, je recevais d'une propriété du Chianti Classico une clef USB contenant une masse d'infos, dont des vidéos, des photos, des étiquettes et des descriptions détaillées de leur domaine et de leur production. Cela étant, bon nombre de producteurs aujourd'hui ne nous envoient plus leurs cartes de visite dans un format datant des années 1960, avec pour seul contact le numéro de télécopie dont personne ne se sert aujourd'hui, et même s'il en existe, assez réputés, qui ne sont pas sur la Toile, la situation s'est quand même sérieusement améliorée. On peut toujours suggérer aux frileux du Net d'embaucher des relationnistes de presse. Elles ne sont pas toutes excellentes – je le précise au féminin car ce sont souvent des femmes – mais il en existe d'exceptionnelles.

Il est vrai que les concepts et les méthodes de commercialisation qui ont accompagné ou précédé la société de consommation sont relativement récents. Dans un article publié sur le site Vitisphère. com, on rapporte que le premier poste de chef de produit a été créé en France pour un savon ; c'était en 1955 ! Mais dans le secteur vitivinicole, vins et marketing se sont longtemps ignorés. Jusqu'à la fin des années 1960, précise l'auteur : «Le vin était, pour une grande partie de la population française, un élément essentiel de l'alimentation au quotidien. Puis, le marché du vin s'est transformé. En 20 ans, la consommation a évolué vers une certaine recherche du plaisir, de la valorisation du statut social, de la garantie de l'origine, etc.

Au début des années 1990, la mondialisation a modifié la donne. La demande internationale est devenue supérieure à l'offre qui, de son côté, a diminué pour plusieurs raisons. Devant cette envolée, accentuée par l'ouverture des marchés et l'effet *french paradox*, de nombreux pays se sont lancés dans la production de vins». Ceux de l'hémisphère Sud (Australie, Argentine, Chili…) ont pris une part de marché considérable, la production nord-américaine fracasse encore des records et contre toute attente, la surface du vignoble européen se maintient car, malgré les primes à l'arrachage (des vignes), les viticulteurs ont moins arraché, et comme je l'écris au début de ce chapitre, les jeunes se laissent séduire davantage par les métiers de la vigne et du vin, ce qui est globalement une bonne nouvelle.

C'est donc dans un marché qui a sensiblement évolué que se situe cette «démarche marketing». Pourtant, celle-ci se heurte encore à des mentalités qui s'opposent justement à une gestion rigoureuse de la mise en marché. Dans bien des pays à forte tradition viticole, le producteur ne saisit pas toujours l'importance de la communication, même si Montesquieu, penseur et fin connaisseur du vin de Bordeaux au XVIIIᵉ siècle, écrivait fort justement que l'histoire du commerce est celle de la communication des peuples. Mais le contraire existe également en Californie et en Australie notamment, où les excès d'un marketing tapageur sont légion, avec une production de vins industriels, n'ayons pas peur des mots, faciles et flatteurs (avec une dose de sucre qui arrondit les angles et cache les défauts) qui ressemble à celle des sodas, faisant fi des origines, et arrivant sur le marché drapée d'une étiquette racoleuse. En plus, et je ne veux pas jeter de l'huile sur le feu, quand on y regarde bien, ils ne sont pas donnés…

Ce qui est réjouissant, c'est de voir le client, intéressé et informé tel qu'il l'est au Québec, chercher des vins de qualité issus d'un terroir qui exprime une personnalité et une forte identité. Par ailleurs, il veut que le message soit clair car il se méfie à juste titre du langage professionnel, parfois excessif… Pour une contre-étiquette invitante, précise et pertinente, combien sont dotées de commentaires sans intérêt, anodins ou pompeux, de descriptions approximatives, de traductions douteuses et d'affirmations erronées (voir le chapitre *Le poids des mots*, p. 43 à ce sujet)?

Les équipes de vente représenteraient moins de 30 % des effectifs dans la plupart des grandes exploitations vitivinicoles. Mais que dire des petits domaines familiaux où l'on a bien d'autres chats à fouetter que d'envoyer des communiqués ? Comme le précise l'article : « À force de produire sans objectifs commerciaux clairement définis, sans analyser les attentes et les besoins des consommateurs (mais plutôt en copiant sur le voisin), la viticulture se retrouve, récolte après récolte, avec des surplus de vins identiques, que l'on essaie de placer à tout prix. Au lieu d'aménager l'offre, on tente de forcer la demande. »

Heureusement, toujours en France, de nombreuses maisons ont compris l'importance d'une saine communication. Je pense d'abord aux régions qui se démarquent, le Bordelais et la Champagne en sont de bons exemples, et à tous ceux qui se déplacent et participent régulièrement aux salons et à divers événements. Pendant que certains nous envoient encore (au Québec) leurs communiqués rédigés uniquement en anglais, de modestes producteurs du Languedoc ou de la vallée du Rhône se fendent d'un concours radiophonique à Montréal à l'issue duquel deux couples chanceux viendront en France les visiter, tous frais payés. Et leurs sites Web sont invitants, ce qui n'est pas négligeable quand on sait qu'ils sont les plus consultés, avant ceux des cavistes et des marchands, des caves privées et de la grande distribution.

Enfin, on peut concéder que du côté des interprofessions, le soleil brille à nouveau dans la plupart des régions. Même si dans certaines, on est encore à couteaux tirés pour de futiles histoires de clochers, incapable de s'entendre et de s'unir pour mieux faire avancer sa cause, d'autres ont su mettre en place des équipes rajeunies, efficaces et plutôt percutantes, dans le bon sens du mot, pour ce qui est des relations, notamment avec l'international. Mon palmarès, dans le désordre : la vallée du Rhône, les vins de Bergerac, le Languedoc et le Roussillon, l'Alsace, les vins du Jura, les vins de Champagne et les vins du Luberon.

Le vin sur Internet

Signe des temps, les ventes de vin sur Internet ont explosé. Dans des pays, dont la France, l'Espagne ou l'Italie, où le marché du vin est libéralisé, on s'en donne à cœur joie. Cela compense, chez les Français, les conséquences catastrophiques de la loi Évin (limitant fortement, entre autres, toute publicité pour les vins et les alcools ; voir le chapitre *Le vin et la santé*, p. 247). Bien sûr, le commerce du vin au détail se porte toujours bien. Au pays des cavistes qui ont poussé tels des champignons au début des années 1980, l'inoxydable et incontournable enseigne Nicolas reste un gros joueur parmi les autres. Et l'on peut se faire plaisir aujourd'hui chez d'excellents détaillants (où les prix ne sont pas nécessairement doux, mais dont le choix, dans l'ensemble, est plus intéressant qu'en grande surface), qui ont mis leur passion du vin au service d'une clientèle avisée. Cependant, le commerce électronique de la dive bouteille prend une ampleur inattendue. Internet serait la troisième source d'information, après les cavistes et l'entourage du consommateur, sans parler de la prolifération des blogues et des forums, encouragés par les réseaux sociaux, et sans oublier les applications mobiles, des plus pédagogiques aux plus mercantiles. Un gros joueur comme Vente-privee.com (élu en 2015 meilleur site français de vente de vin en ligne), qui vend du vin sur son site depuis 2005, voit son chiffre d'affaires décoller, et plusieurs millions de bouteilles qui ont trouvé preneur. À la grande surprise des producteurs de grands crus, qui estiment qu'il s'agit là d'une bonne façon d'écouler leurs vins. C'est simple, en 2013, d'après Vin et Société, le marché de la vente de vin en ligne a progressé de 32 %, représentant ainsi 8 % des ventes totales de vin. Et c'est vrai que l'amateur éclairé peut faire de bonnes affaires en trouvant dans ces foires au vin virtuelles des petites pépites au rapport qualité-prix-plaisir insoupçonné. On peut mentionner également les sites Ventealapropriete, Vinatis, Cdiscount, Millésima, WineandCo et Lavinia. Seulement, après la retentissante faillite du site 1855.com (responsable également de ChateauOnline) qui a laissé sur le carreau 11 000 clients aux abois (pas de livraison de leurs vins et sans doute pas de remboursement), on ne saurait trop recommander la prudence. C'est ainsi que le site Vin-Malin vient de fermer ses portes à cause d'un énorme déficit lié aux coûts de gestion et d'exploitation dans ce marché réputé fragile.

Chez nous, au Québec, ce n'est pas la même affaire, et certains, dont des gens bien intentionnés, l'ont appris à leurs dépens. Il suffit de s'adresser à la RACJQ (Régie des alcools, des courses et des jeux) pour savoir que la vente du vin, en dehors du monopole de la SAQ, est complètement illégale (voir le chapitre *Le commerce des vins et des spiritueux*, p. 228).

Le tourisme du vin

Pour avoir fait partie, sans le savoir et bien humblement, des pionniers du tourisme vigneron au début des années 1980 en organisant des virées vitivinicoles en France, je suis convaincu – en tout cas, il faut le souhaiter – que cette activité se développera, pour le plaisir de tous les œnophiles, mais aussi pour celui de l'industrie qui ne pourra qu'en tirer des bénéfices. En fait, au début, et suivant en cela les traces de mon collègue Jules Roiseux, j'avais décidé de proposer des tournées dans les vignobles pour améliorer mon champ de connaissances, tout en facilitant matériellement mes propres découvertes et en partageant celles-ci avec un petit groupe d'amateurs. Je faisais ainsi d'une pierre trois coups. Depuis, l'œnotourisme s'est généralisé avec la Californie, le *Golden State* américain qui avait déjà des longueurs d'avance (voir

LES FORTUNES DU VIN EN FRANCE

À l'occasion de Vinexpo, en 2013, le magazine français *Challenges* établit son deuxième palmarès des 50 fortunes du vin en France. Bordeaux et ses châteaux tiennent encore le haut du pavé. Voici les dix premières.

PROPRIÉTAIRES	FORTUNE en millions d'euros	ENTREPRISES ET PROPRIÉTÉS
Bernard Arnault	1 500	LVMH (Louis Vuitton Moët Hennessy), Krug, Dom Pérignon, Ruinart, Veuve Clicquot, Cheval Blanc, Yquem, etc.
Pierre Castel et sa famille	875	Marques Roche Mazet, Malesan, Baron de Lestac; l'enseigne Nicolas; une douzaine de châteaux à Bordeaux et la copropriété du château Beychevelle
Frédéric Rouzaud et sa famille	800	Champagnes Roederer et Deutz; château Pichon Longueville Comtesse de Lalande, domaine Ott, Delas Frères, Porto Ramos Pinto, Roederer Estate, etc.
Famille Philippine de Rothschild	750	Châteaux Mouton Rothschild, d'Armailhac, Clerc-Milon; Baron d'Arques, Mouton-Cadet, et des domaines au Chili et en Californie; Philippine de Rothschild est décédée en août 2014
François Pinault et sa famille	700	Château Latour, mais aussi le Château-Grillet (Rhône) et le domaine d'Eugénie en Bourgogne
Corinne Mentzélopoulos	600	Château Margaux; héritière de Félix Potin
Christian et Jean-François Moueix	550	Nombreux châteaux à Pomerol et à Saint-Émilion, dont Petrus et la maison Duclot, Trotanoy, Hosanna, La Fleur-Petrus, etc.
Bernard Magrez	525	Une quarantaine de châteaux à Bordeaux, dont Pape-Clément, et d'autres vignobles ici et là
Michel Reybier	450	Domaines Michel Reybier, dont le Cos d'Estournel
Benjamin de Rothschild	450	Château Clarke à Moulis; et des propriétés en Espagne et en Argentine

encadré p. 69), puis l'Australie, le Canada et la Nouvelle-Zélande. En Europe, l'Italie possédait un bon réseau dans l'*agriturismo* (Les *strade del vino* sont fort nombreuses et sont réglementées par une loi), mais d'autres pays, comme l'Espagne et l'Allemagne, ne sont pas en reste. Le Réseau des capitales de grands vignobles, créé par la chambre de commerce et d'industrie de Bordeaux, relie dix métropoles du vin qui en sont membres (Bilbao, Bordeaux, Le Cap, Florence, Mayence, Mendoza, Porto, San Francisco, Christchurch, en Nouvelle-Zélande, et Valparaiso pour la vallée de Casablanca au Chili) et joue un rôle fédérateur non négligeable.

Le cas français, quant à lui, est un peu particulier pour la bonne raison que le vigneron gaulois a toujours su accueillir spontanément le touriste et l'amateur désireux de s'acheter quelques flacons. Il est clair cependant que l'œnotourisme hexagonal, même s'il ne peut que s'améliorer, a fait des pas de géant en ce qui concerne la diversité de son offre. Il suffit de penser aux nombreuses dégustations, aux visites de caves, aux rencontres avec les propriétaires et les maîtres de chai pour en savoir davantage sur la vigne, les cépages et les techniques d'élaboration. Mais si on ajoute les vendanges, les visites de musées, les randonnées à pied et à vélo, les activités sportives et les survols en montgolfière, sans oublier la «vinothérapie» après les excès reliés aux bonnes tables, on comprend que le vignoble français, tout particulièrement, recèle un fabuleux potentiel qui ne demande qu'à s'exprimer. Pour l'avoir animé à deux reprises sur le Rhône avec de nombreux passagers québécois, le tourisme fluvial reste une avenue enthousiasmante à cultiver. Bref, avec plus de 10 000 caves, la France accueille, dit-on, dans ses vignobles, au-delà de 8 millions de touristes chaque année, dont 2,5 millions d'étrangers. Les salons consacrés à cette activité ont commencé à fleurir à la fin des années 2000 et un Conseil supérieur de l'œnotourisme a été officialisé en 2009. En outre, des magazines spécialisés, tel que *Terre de Vins*, consacrent une partie de leur contenu à cet aspect (escapades et balades dans les vignes, bonnes adresses, hébergement, restauration, artisans, activités, etc.). Enfin, en inaugurant, en janvier 2015, le pôle d'excellence «œnotourisme» au Comité de la région Champagne, inscrite au patrimoine mondial de l'Unesco (voir l'encadré, p. 66), le gouvernement français a exprimé son désir de voir s'accroître sur son territoire d'autres offres touristiques.

ŒNOTOURISME : LE MODÈLE CALIFORNIEN[6]

Suite à mes pérégrinations dans ce coin du monde, je peux confirmer : l'œnotourisme en Californie, un peu à l'image des régions de Niagara et de la vallée de l'Okanagan, au Canada, se porte très, très bien. De Santa Barbara County jusqu'à Mendocino, les caves sont remplies, même à la mi-mars, d'une clientèle avide de connaissances œnologiques, qui se promène le verre à la main, essayant de débusquer ici et là un chardonnay non boisé, un zinfandel racé, un pinot noir fleuri et élégant malgré des taux d'alcool encore trop élevés... Et si l'on vient du monde entier, ce sont avant tout des gens du Texas, de New York, de la Louisiane, de Chicago ou simplement de Californie, qui s'installent dans les hôtels et autres *bed and breakfast* de la région pour mieux investir les caves qui font tout pour les accueillir dans les meilleures conditions. En effet, sept jours sur sept, une grande partie de l'année, on rivalise d'imagination pour répondre – toujours avec le sourire et une efficacité désarmante – aux attentes des œnophiles de la planète et du pays de l'Oncle Sam. Voitures, autobus, mégalimousines noires et rutilantes, et autres chauffeurs privés en Rolls d'un blanc immaculé déversent chaque jour des milliers d'assoiffés dans les *tasting rooms* et les *wine shops* des établissements de toutes tailles, des plus sobres à ceux qui font dans le tourisme de masse. Et l'on discute de clones, de développement durable, de biodynamie, de malolactique et autres *wine and food pairing* à tous les coins de routes comme si tout cela était courant. Et je ne parle pas des clubs mis en place par ces *winery* pour fidéliser une clientèle qui achètera à rabais un minimum de 12 bouteilles par an...

Le cynique est celui
qui connaît le prix de tout
et la valeur de rien.

Oscar Wilde, écrivain et auteur dramatique irlandais

Le prix à payer

Pas plus tard qu'hier, j'ai rencontré quelqu'un qui me parlait de son séjour en Floride, et à ma question de savoir s'il avait trouvé de bons vins, il m'a répondu qu'il y avait surtout un bon choix à prix raisonnable. Il ne m'a pas donné de noms, de maisons, de marques, il ne m'a pas fait part de son plaisir ni de découvertes, d'accords vins et mets et de bons moments partagés, il ne m'a parlé que de prix, uniquement de prix. Hélas, je croise fréquemment des gens qui ne voient le vin que sous son angle économique et commercial. Bien sûr, ils en achètent pour le boire mais l'essentiel de leurs questions ou de leur intérêt tourne autour du prix, du coût, de la bonne affaire, d'une note, et parfois dans le meilleur des mondes, d'un bref commentaire. C'est malin, je critique et je critique, et je réalise que je tiens moi-même depuis quelques années une rubrique dans un magazine culturel, intitulée « Dix vins divins à moins de vingt », où je présente les vins avec une courte description. Au moins, il y a le mot divin (pour la rime et le jeu de mots), et il paraît que les lecteurs et les lectrices aiment ça… Mais il me semble bien réducteur, trop souvent, d'associer le précieux jus de la treille à la seule et banale expression d'un prix ou d'une valeur monétaire.

Le coût réel d'un vin

Tous les spécialistes s'entendent sur le fait que le coût réel de production d'un vin, aussi bon soit-il, ne justifie pas les prix de vente complètement sidérants que l'on trouve sur le marché. Quand on a calculé les dépenses reliées au foncier et à la production, les investissements, la main-d'œuvre, la distribution, on sait combien peut coûter une bouteille de vin. Il y a sans doute autant de coûts que de cas de figure, mais même dans les cas extrêmes, on estime qu'il est difficile de dépasser les 100 $. Or, si l'augmentation exponentielle de la valeur des meilleurs terroirs, dans certains cas les conséquences parfois désastreuses de l'impact immobilier, et la rareté du produit final expliquent en partie cette situation, d'autres facteurs y contribuent, comme cette tendance à l'image princière, luxueuse et fastueuse que l'on a voulu coller à notre ami le vin. Bien au-delà de l'art de vivre, de sa convivialité, de la recherche toute simple du plaisir et de sa place à table pour accompagner la cuisine, on l'associe aux arts en général, ce qui n'est pas pour me déplaire, loin de là. Mais ne va-t-on pas un peu loin quand on engage des fortunes en érigeant des temples pour mieux le mettre dans la lumière, tout en le protégeant des rayons du soleil qui lui ont donné la vie ?

Je visite depuis des années, en Europe mais également dans les Amériques et dans l'hémisphère Sud, ces caves exceptionnelles qui sont, si je puis dire, les cathédrales du XXIe siècle. Si l'on sait pertinemment que ces dépenses colossales participent au coût de revient d'une bouteille, le vin est-il meilleur parce qu'il a été élaboré dans un chai dessiné par des architectes de renom et qui a coûté des millions ? Non ! D'autant plus que je devine dans ces dépenses pharaoniques une autre contradiction qui confine quelque peu à l'hypocrisie, puisque l'on répète depuis des années que c'est à la vigne, sur le terrain, que se fait le vin, et non à la cave. Je ne doute pas un instant que ces bâtisseurs-créateurs sont de grands artistes, mais ce n'est pas leur signature – qui rime avec facture – qui va changer le goût du vin. Alors, pourquoi tant dépenser à la cave ? Un ego démesuré ? Des complexes d'infériorité ? Le besoin de se démarquer ? Une chose est sûre : ces constructions ont le mérite de participer à l'économie locale, et – j'imagine que l'on tient là l'objectif ultime – concourent à l'image et à la réputation de l'entreprise, en tant qu'outil de communication.

Si je peux découper ma vie professionnelle en trois parties égales, disons que les 15 premières années, il ne s'est pas passé grand-chose de ce côté-là. Les 15 années suivantes, j'ai assisté, et je n'étais pas le seul, à l'émergence de ces mégastructures qui

L'HABIT NE FAIT PAS TOUJOURS LE MOINE

Pour avoir visité un grand nombre de ces caves-cathédrales, et, j'ose le dire, assisté à plusieurs inaugurations, ces endroits partagent une vision identique de la gestion des espaces intérieurs et extérieurs. L'esthétique des lieux, le respect de l'environnement, la qualité des matériaux, l'aménagement et le souci du détail font de ces chais du futur des outils de travail exceptionnels. Botta, Gehry, Nouvel, Portzamparc, Wilmotte, etc. Nul doute que ces architectes mettent leur talent au service du vin. Toutefois, c'est amusant de comparer ce qui se fait entre Bordeaux et la Bourgogne, par exemple. Pas de doute : les Bourguignons s'y prennent différemment. J'ai visité dernièrement une des grandes maisons installées près de Beaune : on y a fait des dépenses, certes, pour faciliter le travail des équipes qui élaborent bon an mal an des dizaines d'appellations et des millions de bouteilles. Tout a été pensé, du toit à la cave, mais curieusement, rien d'ostentatoire dans la forme. Disons que la célèbre Côte-d'Or cultive la discrétion de la même façon que son pinot noir et son chardonnay. Mais je vois dans divers pays des caves où je m'ennuie souverainement, des chais d'arrivistes sans âme qui font du vin qui leur ressemble, sans âme non plus, malgré l'argent qu'ils font dégouliner devant vous.

m'ont sans doute impressionné. Et depuis les 15 dernières années, j'ai acquis la conviction que l'on a exagéré, et que le fossé s'est creusé entre le bon sens et la légitime nécessité d'améliorer les infrastructures, et ce besoin, proportionnel à la personnalité des propriétaires, d'en mettre plein la vue pour faire croire que leur vin est meilleur que celui du voisin.

La folie des prix

Ayant reçu une formation du vin disons plutôt classique, j'ai été ébloui très jeune par la magie des châteaux Margaux, Mouton, Latour, Lafite-Rothschild et autres propriétés du même acabit. Par ailleurs, dans la vingtaine, j'ai vécu presqu'un an près de ces domaines mythiques, longeant régulièrement les murs de Léoville-Las Cases, arpentant discrètement la vigne de Cos d'Estournel et me faufilant avec les copains sur la départementale 2 entre les deux Pichon-Longueville. C'était presque la routine... Et malgré tout ce que je vais dire ensuite, je suis toujours ravi de retourner à la source me perfectionner dans la fraîcheur des celliers médocains.

Mais, et ce n'est pas de la frustration de ma part puisque mon travail me permet de les déguster, je le dis tout de go, les prix de la plupart de ces vins atteignent des sommets vertigineux, délirants et complètement insensés. Loin de moi le désir de vouloir minimiser la grandeur et la finesse de ces crus pour lesquels bien des gens feraient des bassesses, et la SAQ n'y est pour rien (jugez-en vous-même avec les comparatifs [en euros et en dollars canadiens] pris sur le site de Lavinia à Paris), mais tout de même : 1 589 $ pour un Château Haut-Brion 2009 (1 190 € ou 1 666 $ à Paris), 1 520 $ pour un Château Ausone 2006 (922 € ou 1 290 $ à Paris), 6 325 $ pour le Petrus 2005 (5 279 € ou 7 390 $ à Paris), et beaucoup plus prosaïquement 460 $ pour le Musigny 2009 du Comte de Vogüé (une aubaine puisqu'il est au même moment à Paris, toujours chez Lavinia, à 419 € ou 586 $, a fortiori quand on voit les bourguignons inaccessibles dans le tableau de la p. 77)... Là, je décroche et je pense à l'écrivain et nouvelliste Marcel Aymé qui disait que « si le commerce était mieux fait, c'est le client qui devrait faire son prix ».

On me rétorquera : « Eh bien, décroche et laisse nous rêver. » Le problème est que l'homme oublie qu'on peut rêver à bien moins cher. D'autres vous diront, achats en primeur ou pas, qu'il s'agit de bonnes affaires et que ce sont des vins rares et célèbres. Et on nous sort des boules à mites l'argument qui dit que les personnes très riches n'ont pas la même notion de l'argent que le commun des mortels... Eh oui ! Mais je vois si souvent ces mêmes personnes qui vont hésiter à dépenser 35 $ pour un livre dans lequel ils pourraient aiguiser leurs connaissances et trouver du plaisir pendant longtemps…

C'est comme ce saint-émilion de cinq ans (pas un grand cru, plutôt style vin de garage, et je ne vous dirai pas son nom) qu'une amie m'a fait découvrir devant le propriétaire : de la couleur (heureusement), des tanins mûrs et polis, une bonne densité et de la matière, tout ça pour la coquette somme de 344 beaux dollars (pas la caisse, la bouteille !). J'ai été très honnête en disant à l'heureux proprio que je ne me voyais pas promouvoir son vin, et j'ai été très poli en ne lui disant pas qu'à mon sens, il n'était pas meilleur qu'une bonne cuvée du Languedoc à 30 $. Pourtant, deux ou trois personnes qui se pâmaient devant cette bouffonnerie en bouteille ont passé commande. Évidemment, je ne suis pas si naïf. Cette rareté, qui ne signifie pas tout – et dont Jean de la Fontaine disait qu'elle « donne du prix à la chose » – et le jeu de l'offre et de la demande sévissent dans le monde du vin comme dans celui des antiquités et des œuvres d'art. Sauf qu'on peut jouir de ces dernières pendant des siècles puisqu'elles se transmettent de génération en génération. Bien sûr, on peut présumer que l'excellent millésime 2010 tiendra promesse. Mais quand on sait combien de grands crus sont dégustés beaucoup trop tard dans le temps, on peut s'interroger sur ce gaspillage.

Enfin, pour se faire plaisir, même si ce ne sont pas des crus qui vont déclencher des crises d'hystérie œnologique chez les

L'ENSEIGNE NICOLAS

Créée à Paris en 1822 par Louis Nicolas, l'enseigne, spécialisée dans la vente et la livraison de vin en bouteilles aux particuliers, est un vrai succès. On compte en France 45 magasins en 1900 et 138 en 1919. Puis l'entreprise passe dans les mains du groupe Rémy Martin en 1984, avant de joindre le Groupe Castel en 1988. Ce dernier va multiplier les boutiques, principalement dans la grande région parisienne, et l'on en dénombre plus de 520 en 2015, dont 494 en France, et une bonne vingtaine à l'étranger.

collectionneurs patentés, je vous suggère dans le même millésime le roturier mais néanmoins très agréable bordeaux supérieur Château Grand Village, vendu par l'illustre maison Jean-Pierre Moueix. Avec ses tanins bien enrobés, sa structure et son fruité d'une grande franchise, vous vous protégerez des aigreurs d'estomac, surtout à 25,10 $. Et en guise de clin d'œil, et d'excellent rapport qualité-prix-plaisir, je vous encourage à vous procurer l'impeccable pomerol Benjamin de Beauregard à 41,50 $. Avec de la couleur, des tanins mûrs et polis, une bonne densité et de la matière (tiens, j'ai déjà lu ça quelque part…), on en a pour son argent. Et puis, servi dans l'intimité et à la lueur d'une chandelle, ce vin généreux et élégant donnera à votre partenaire d'agapes la nette et sensuelle impression que vous lui avez réservé un cru d'anthologie.

Faire son épicerie à Paris

À Paris, on fait son épicerie comme on peut, et celle du vin tout particulièrement. En fait, il existe depuis longtemps des cavistes, certains devenus célèbres, tels que Nicolas, et d'autres qui font la part belle aux meilleurs crus de l'Hexagone. Les Caves Augé, Taillevent et Legrand en font partie. Mais depuis plusieurs années, trois caves se font concurrence – la bataille semble féroce – et connaissent un réel succès, surtout auprès d'une clientèle étrangère composée d'un petit nombre d'Américains, et en particulier de riches Russes et Chinois qui ont pris goût au luxe à la française. Le personnel, polyglotte et connaisseur, s'emploie à séduire le chaland désireux de garnir son cellier de cuvées inestimables. Les clients pourront peut-être se procurer une impériale de Petrus (8 bouteilles) à 84 000 $ ou un vieux bordeaux 1852 à 39 000 $. À ce prix, je ne sais pas si les frissons sont garantis… Allez, je vous rassure, il y en a des moins chers, et tout est mis en œuvre, dans un cadre raffiné, pour faire plaisir aux œnophiles et aux collectionneurs prêts à débourser. Lavinia, avec 6 500 références, dont 2 000 venues de l'étranger, ce qui est remarquable, et 1 500 spiritueux, vous accueille sur trois étages, avec la possibilité de vous restaurer. Plus jeunes mais pas moins impressionnantes, La Cave Lafayette Gourmet, avec la famille de Jean-François Moueix, a investi les Galeries Lafayette (véritable institution qui mine de rien reçoit 30 millions de visiteurs

LES DIX VINS CHAMPIONS DU MONDE DES PRIX, OU L'INACCESSIBLE BOURGOGNE !

Wine Searcher, un moteur de recherche connu sur le vin, a créé une cote mondiale à partir d'estimations basées sur des milliers de prix de grands crus. Cette année, sur les 50 étiquettes qui arrivent en premier, 45 sont françaises, dont 40 bourguignonnes, avec 7 en première position. La rareté et la spéculation expliquent en grande partie cette réalité. Voici donc les 10 premiers, en date du 1er août 2015 (la valeur indiquée au printemps de la même année se base sur le prix moyen, sans tenir compte du millésime, et pour une contenance de 750 ml).

	Nom du vin	Maison	Valeur (en dollars canadiens)
1	Richebourg	Henri Jayer	~ 19 200 $
2	Romanée-Conti	Domaine de la Romanée-Conti	~ 16 700 $
3	Vosne-Romanée 1er Cru Cros Parantoux	Henri Jayer	~ 11 200 $
4	Scharzhofberger Riesling Trockenbeerenauslese	Egon Müller Moselle (Allemagne)	~ 8 200 $
5	Montrachet	Domaine Leflaive	~ 7 000 $
6	Musigny	Domaine Leroy	~ 6 700 $
7	Musigny	Domaine Georges et Christophe Roumier	~ 6 000 $
8	Sonnenuhr Riesling Trockenbeerenauslese	Joh. Jos Prum Moselle (Allemagne)	~ 6 000 $
9	Montrachet	Domaine de la Romanée-Conti	~ 5 800 $
10	Ermitage Cuvée Cathelin	Jean-Louis Chave Vallée du Rhône	~ 5 100 $

chaque année) et enfin celle du Bon Marché mise en place par LVMH et Bernard Arnault. N'oubliez pas votre panier et votre carte de crédit!

Le prix des vins au restaurant

À titre de sommelier, ce n'est pas d'hier que je crois que le prix des vins au restaurant, où que l'on soit, fait l'objet d'un calcul qui n'est pas toujours approprié. J'ai souvent loué la politique de prix raisonnable pratiquée ici, au Québec, mais la situation a évolué dans les cinq dernières années. Il existe, il est vrai, des cartes qui offrent encore des prix attractifs, mais d'autres n'ont pas de sens. Pour avoir codirigé l'évaluation de dizaines de cartes de vin dans le cadre des Cartes d'Or remises par le Collège des ambassadeurs du vin au Québec, je ne peux que souligner les saines initiatives et la bonne volonté de nombreux restaurateurs. Mais j'ai aujourd'hui la nette impression que l'on fait parfois fausse route quand on n'est pas en train, hélas, de perdre la raison. Je veux bien croire qu'avec des prix gonflés, on encourage la sobriété, respectant en tout point les recommandations d'usage, tout en soulignant les dangers de l'alcool au volant, mais certains prix demandés, à la bouteille ou au verre, dépassent l'entendement, d'autant plus qu'il faut ajouter les taxes et le service. Quand on y pense à deux fois, c'est quand même embêtant de savoir que des gens vont boire un vin qui n'est pas très bon sous le faux prétexte d'une soi-disant notoriété. Peut-être parce que le vin est trop jeune? Alors, pourquoi le proposer sur la carte? Bien souvent, pourtant, c'est parce que le vin manque de finesse ou d'équilibre, de complexité et de longueur. Payer 300 $ au restaurant un vin qui n'est pas au meilleur de lui-même m'apparaît illogique. C'est vrai, on me dira que chacun fait bien ce qu'il veut, et que c'est une question de goût. À ce sujet, Enthoven précise que : « C'est parce que le snobisme est affaire de goûts et de dégoûts qu'il est, en démocratie, une affaire politique. » J'ajouterais, dans ce cas, et je pousse probablement le bouchon un peu loin, que c'est plutôt une question d'égout… Plus sérieusement, en tant que professionnel, il s'agit là d'un point de vue moral et éthique.

On doit convenir que l'arrivée des vins en importation privée a changé la donne. À ce chapitre, plusieurs restaurateurs amoureux de leur métier nous font découvrir des vins inconnus qui sont savoureux et qui nous sont proposés à des prix abordables, mais d'autres, obnubilés par leur chiffre d'affaires, exagèrent encore impunément avec des coefficients de 3 à 5, parfois davantage. Ce n'est pourtant pas compliqué d'ouvrir une bouteille et de la servir dans les meilleures conditions. Tant pis, au lieu d'en prendre deux, on s'en tient à une pour limiter les frais. Et c'est la raison pour laquelle les restaurants où les clients apportent leurs vins (voir p. 240), et les services de traiteurs à domicile pour les amateurs qui possèdent une bonne cave et qui sont tannés de payer des prix de fou, sont toujours plus populaires...

En fait, je reste toujours un peu dubitatif lorsque l'on me sert l'argument prétendant qu'il est normal que les marges sur le vin se calculent en fonction du personnel, du matériel (carafes, verrerie, etc.), du décor et de la renommée de l'établissement. Primo, il est normal d'embaucher des employés dont la compétence est à la hauteur de la qualité des vins servis. Deuxio, les coûts du petit matériel, malgré la casse, sont relativement vite amortis... à moins de faire exprès d'embaucher des gens insouciants et maladroits. Quant au décor et à la renommée, c'est comme accepter de débourser, à la cave, 120 $ une bouteille qui en vaut 40, pour amortir les dépenses extravagantes du propriétaire, y compris sa Porsche rutilante stationnée devant son nouveau chai dernier cri.

Curieusement, certains restaurateurs ont gagné leur pari en faisant sauter de nuisibles habitudes, et cela grâce à une prise de conscience qu'il est bon de souligner. En France par exemple, où les règles du jeu sont différentes, convenons-en, mais où le fond du problème (sur la valeur des coefficients, souvent entre 3 et 6, quand ce n'est pas davantage) est le même qu'au Québec, certains s'interrogent. Je veux citer ici Jean-François Piège, chef propriétaire très connu à Paris, lors d'un débat animé par la *Revue du vin de France* (novembre 2013) : « Dans un établissement comme le mien, le pôle vin doit afficher une rentabilité de 33 % à la fin du mois. Mais il s'agit d'une moyenne. Certains sont vendus à un coefficient de 2, d'autres à 3 ou 4. » Prêchant pour sa paroisse, il ajoute cependant : « Mais si le prix du vin monte, ce n'est pas uniquement la faute du restaurateur. Le prix des vins recherchés a beaucoup augmenté ces dernières années. Nous sommes contraints d'en répercuter une partie sur l'addition. » Et Jean-Luc Thunevin, négociant à Saint-Émilion, de préciser au cours du même débat : « Quant au propriétaire bordelais, il joue bien souvent un jeu hypocrite, car d'un côté il s'indigne de voir à quel prix son vin est vendu sur table, et dans le même temps, il ne supporte pas que ses bouteilles soient vendues moins cher que celles produites par son voisin. »

D'autres innovent pour le mieux : ainsi, Louis Privat, des Grands Buffets à Narbonne, (établissement créé en 1989), propose à sa clientèle 70 crus du Languedoc uniquement, au même prix que chez le producteur et tous offerts au verre et à la bouteille. Une initiative très étonnante, pour ne pas dire exceptionnelle. J'ai rencontré le personnage en question, et celui-ci me disait qu'il se rattrape tout simplement sur la quantité de vins vendus, et qu'avec des prix bas, les clients ont tendance, non seulement à revenir, mais aussi à boire mieux des vins plus chers. C'est ainsi que le prix moyen déboursé volontiers par le consommateur pour une bouteille a augmenté chez lui de 35 %. Deuxième exemple intéressant qui prouve qu'un peu d'imagination ne nuit pas : les restaurants dédiés au vin où les propriétaires ont décidé d'organiser chaque mois des soirées pendant lesquelles on peut se procurer des grands crus au prix d'achat auquel on a ajouté quelques euros. Succès instantané qui a sensiblement augmenté l'achalandage moyen et le chiffre d'affaires annuel. À Bordeaux, une ville qui a brillé longtemps pour son manque de choix en matière de restaurants, les bistrots à vin rivalisent d'ingéniosité pour attirer les clients œnophiles qui peuvent maintenant s'en donner à cœur joie.

Enfin, pour le plaisir, je livre ici une expérience vécue dans ce type d'établissement que l'on croit inabordable. Il s'agit de l'Auberge de l'Ill, en Alsace (trois étoiles au guide Michelin), un lieu mythique où l'on est accueilli avec courtoisie dans un environnement bucolique d'une grande beauté. Le service est irréprochable, du début à la fin. Rien d'ostentatoire ni de prétentieux, mais aucun détail n'est négligé, que ce soit dans l'assiette et dans la façon de la présenter. Même s'il s'agit d'un déjeuner en pleine semaine, le service du vin est impeccable, à l'image de Serge Dubs, patron de la brigade et Meilleur sommelier du monde en 1989. Pas de fla-fla et rien d'extravagant, beaucoup de modestie et de simplicité. Celui-ci m'a évidemment apporté sa carte, impressionnante par son volume et son format, potentiellement capable de faire écarquiller les yeux des plus blasés de la terre, tant la diversité et la qualité des maisons choisies sont d'un niveau exceptionnel. Je l'ai regardée et j'ai été épaté par tant de vins à prix pondérés, des prix qui permettent à celles et ceux qui ne sont pas riches de se faire plaisir pour une fois, en approchant une table prestigieuse sans se ruiner. J'en connais beaucoup qui devraient s'en inspirer.

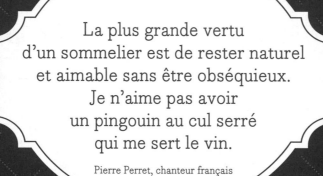

La plus grande vertu
d'un sommelier est de rester naturel
et aimable sans être obséquieux.
Je n'aime pas avoir
un pingouin au cul serré
qui me sert le vin.

Pierre Perret, chanteur français

Œnologues et sommeliers

Elle n'est pas si loin l'époque, un peu moins de 30 ans, où une dame m'a téléphoné pour me dire qu'elle avait un besoin pressant de sommiers pour une grande soirée qu'elle organisait le samedi suivant. Oui, vous avez bien lu, de sommiers! L'histoire est vraie! Après lui avoir précisé que je n'étais absolument pas spécialisé dans l'équipement de chambres à coucher, elle m'a répété qu'elle avait besoin de sommiers, deux ou trois s'il vous plaît, ça m'enlèverait une épine du pied... Aujourd'hui, le mot *sommelier* est sur toutes les lèvres: sommelier virtuel, sommelier-conseil, *master* sommelier, consultant-sommelier, sommelier fou, couteau-sommelier, maître sommelier, etc.

Sommeliers

Nous sommes sans doute un peu responsables, les professionnels dont je fais partie, d'avoir mis le métier sur la carte, comme on dit, en organisant des cours de formation au début des années 1980, et en créant une association professionnelle qui s'est investie aux niveaux local, régional, provincial, national et international, notamment à travers les concours. On peut dire aujourd'hui, avec toute l'humilité qui nous caractérise[7]: mission accomplie! Pour ma part, j'en suis ravi car n'était-ce pas là notre objectif? Celui de donner le goût à des jeunes et des moins jeunes, des hommes et des femmes, de se lancer dans ce métier passionnant? Oui,

absolument! Le problème maintenant est que le mot sommelier
– c'est vrai qu'il est joli – est tellement à la mode qu'il a été galvaudé, récupéré par-ci par-là, et que le fossé s'est creusé entre le
sens qu'il revêt aujourd'hui et celui auquel il a droit.

Cela me ramène d'ailleurs à cette histoire cocasse de gros
nez, initiée par une société spécialisée dans l'embouteillage du vin
au Québec, et qui s'était servi de notre profession pour mousser la
soi-disant qualité de ses vins, en collant un grand S (pour sommelier) sur le goulot de ses flacons. Déjà, la compagnie se prévalait
d'une expertise qu'elle ne possédait clairement pas. Mais en plus,
se croyant drôle, la boîte de communication avait mis au point une
publicité qui usait des clichés les plus éculés sur le métier, mon-
trant les maîtres sommeliers équipés d'un appendice nasal à faire
trembler de jalousie tous les Cyrano de la terre. Ce n'est pourtant
pas le sens de l'humour qui nous manque, mais imaginez un peu
une campagne publicitaire qui tournerait en dérision l'ordre des
ingénieurs ou celui des gynécologues du Québec? C'est subito
qu'ils monteraient aux barricades, bien légitimement, et avec
d'autres moyens que les nôtres. Il fallait vraiment prendre les
Québécois pour des crétins en sortant des boules à mites ce vieux
mythe qui laissait croire, aux lendemains de l'expo 67, que tous
les sommeliers étaient de vieux croulants bedonnants équipés
d'un tarin fleuri d'une rosacée bien avancée, à la limite du bourgeonnement. Pour un peu, avec ces pifs protubérants et ce message de mauvais goût, nous nous sommes demandé si nous allions
poursuivre les responsables, à l'évidence ignares sur le vrai sens
du vin, pour délit de faciès… Si cet humour fallacieux qui ne se
gênait pas dans l'usurpation de titre avait servi au moins à promouvoir des vins de grande qualité? Hélas, il n'en était rien! Et
puis, dernièrement, pendant la rédaction de ce livre, je me suis
retrouvé à Las Vegas, où tout est surfait (ou presque), où tout est
surjoué, et qui propose une restauration au spectre très large qui
oscille entre le pire et le meilleur. Et trois fois de suite, dans des
établissements réputés, j'ai eu affaire à des sommelières qui
l'étaient tout autant que je puisse être conducteur de grues, des
sommelières d'opérette qui avaient été embauchées de toute évidence pour leur plastique (agréable il va sans dire) et non pour

leur savoir œnologique, et qui m'ont avoué, suite à ma question, qu'elles ne pouvaient ouvrir la bouteille devant les clients puisque leur tire-bouchon était consigné derrière le comptoir. Vaut mieux entendre ça que d'être sourd, mais quand même! Bon, il s'en trouve aussi de ce type à Montréal ou à Paris, mais au moins, elles y mettent un peu plus de bonne volonté...

Regardons maintenant du côté de la formation. Il y a 35 ans, nous étions au Québec une quinzaine peut-être à œuvrer réellement en sommellerie. Et pour la plupart, de joyeux autodidactes un peu naïfs qui ont sérieusement planché sur le terrain pour la bonne raison que les formations en sommellerie n'existaient pas, avec, en ce qui me concerne un petit détour par l'Université du Vin de Suze-la-Rousse (dans la vallée du Rhône méridionale), au milieu des années 1980. Aujourd'hui, on multiplie les cours à l'excès – voilà des années que je le réprouve puisque l'offre, en restauration et dans les postes connexes, n'est pas proportionnelle à la demande – et cela devient, parfois je le précise, une histoire de sous, sans parler du problème de l'expertise de quelques enseignants qui se retrouvent à ce poste sans avoir pratiqué eux-mêmes le métier...

Or, nous sommes passés, fidèles à nos piteuses habitudes, d'un extrême à l'autre. L'étudiante en herbe se prend à rêver de devenir à court terme la superambassadrice d'une marque mondialement connue, et l'on fait miroiter, moyennant finances, des jobs payantes qui ne seront pas toujours au rendez-vous. Après tout, il suffira d'écumer, de débourber, de filtrer pour ne garder que les meilleurs! Les autres? On s'en fiche, ils s'arrangeront! C'est pour cela que jusqu'à ma retraite de l'enseignement (à l'École hôtelière des Laurentides, à Sainte-Adèle), et je dois souligner ici le support de la direction d'alors, j'ai voulu m'en tenir à une seule cohorte – c'est le mot, assez laid merci, employé aujourd'hui – de candidats dûment sélectionnés après des épreuves pratiques et théoriques et une entrevue solide. Résultat: peu d'absentéisme et un très faible taux d'abandon grâce à une «clientèle» triée sur le volet pourrait on dire, et surtout, *in fine*, un taux de placement inégalé et un bon succès (dans les concours mais aussi en entreprise) qui ne s'est pas démenti pour nombre d'entre eux.

Définition

Le dictionnaire Larousse nous donne sa définition du sommelier : « Professionnel(le) chargé(e) de la cave et du service des vins dans un restaurant. » C'est clair ! On peut ajouter à cela son rôle de conseiller auprès de la clientèle, en ce qui a trait notamment aux accords vins et mets. En outre, il peut participer ou être responsable de la gestion de la cave, des achats des vins et des spiritueux, de la formation de ses collègues, de la rédaction de la carte, etc. Ses compétences sont diverses entre l'art de la dégustation, une bonne base en cuisine et en œnologie, le service, le sens de la pédagogie, et ses qualités fort nombreuses entre l'aspect psychologique, la curiosité, la sensibilité, la retenue et la diplomatie, la capacité de régler des problèmes, la discrétion, l'empathie, le sens des responsabilités, l'art de diriger une équipe dans le respect, et j'en passe. Pour toutes ces raisons, le sommelier et la sommelière doivent acquérir et entretenir un niveau élevé de connaissances, et c'est dans ce contexte que les concours, aussi cruels soient-ils pour celles et ceux qui ne montent pas sur la première marche, se sont installés dans le temps, permettant du même coup de faire connaître la profession.

De nos jours, on trouve des sommeliers un peu partout. Dans les grands restaurants certes, mais également dans les magasins de notre monopole, chez les cavistes et dans les grandes surfaces en Europe, quelques fois dans des maisons privées. Ils peuvent animer des événements, conseiller, travailler chez des négociants, dans de grandes maisons de Champagne ou d'ailleurs, et même dans des caves coopératives, ce qui est plutôt bien.

Le snobelier

Le mot n'est pas de moi, mais je l'ai glané ici et là, et si des petits malins — et des petites malines — y ont pensé, c'est qu'ils ont été inspirés par l'air du temps. Il n'est pas question ici de désacraliser la profession, mais à force de faire du sommelier une bête de cirque qui fait le beau — ou la belle — en devinant la date exacte des vendanges, le nom du vin qu'il vient de déguster, et celui du chien du vinificateur, on nous a donné une importance parfois démesurée, amplifiée par les médias qui paraît-il, en redemandent

L'ÉCHANSON, L'ANCÊTRE DU SOMMELIER[8]

L'échanson, en somme, est l'ancêtre du sommelier. Sans remonter à la mythologie grecque où les garçons servent à boire une œnochoé, ou pichet à vin, d'une main, et de l'autre une kylix, l'ancêtre du tastevin, on sait que celui-ci était l'officier chargé d'abreuver les rois et les princes. À cause des intrigues et des complots, le souverain plaçait une confiance totale en son échanson qui goûtait avant de servir, écartant ainsi tout risque d'empoisonnement. Par la suite, le *saumalier*, le conducteur de troupeau chargé de victuailles, responsable donc des bêtes de somme, et dont le mot trouve ses racines dans le dialecte provençal, donnera son nom au sommelier, le fonctionnaire de la cour chargé du transport et de l'approvisionnement des denrées alimentaires et du bon jus de la treille.

et s'en donnent à cœur joie. Cela dit, ne crachons pas dans la soupe car nous étions bien contents de les trouver ces journalistes qui, à l'époque, daignaient parler de nos activités, des compétitions et de nos candidats. Mais c'est vrai qu'est apparue une distorsion entre la sobriété dont devraient toujours faire preuve un sommelier ou une sommelière, et le parfum d'arrogance qui se dégage de quelqu'un (c'est plus fréquent chez les hommes) à l'ambition démesurée qui étale ses connaissances – alors qu'il est inculte – comme de la bonne confiture devant un quidam qui n'en demandait pas tant. Tout d'un coup, au lieu d'échanger avec un véritable amoureux du vin qui désire partager sa passion et faire passer à ses clients un bon moment tout simplement, on voit apparaître une personne qui se prend au sérieux, gratifiée d'une tête si grosse qu'elle ne pourra passer entre les portes, pour peu qu'elle soit ornée de lauriers reçus lors d'une récente compétition. Et cela, croyez-moi, ce n'est pas pratique quand vous avez un nabuchodonosor à livrer en même temps…

Dans cet ordre d'idées, on vient de me rapporter une anecdote révélatrice : un sommelier, au cours d'un échange autour d'un vin qu'un de mes amis n'appréciait pas, a asséné avec assurance à ce dernier : « Monsieur, c'est parce que vous avez le palais chimiquement formaté ! »... Je ne sais pas si notre « expert » avait fumé la moquette ou si le vin était bon ou pas, mais le cas et le propos sont savoureux.

De son côté, le journaliste français Maurice Beaudoin expliquait dans le *Figaro Magazine* (11/02/12) combien il était impressionné par un sommelier (Jean-Louis Valla) à la rondeur heureuse, dans le sud du pays, qui ne tentait pas, après le coup de violon, d'imposer une bouteille hors de prix.

> Il conseille, explique, suggère, mais le client est roi et a le dernier mot. Cette façon, honnête, de procéder, mérite d'être signalée. On est loin des jeunes spécialistes prétentieux et bavards expliquant comment les racines des vignes traversent le sol pour aller puiser l'eau à plusieurs mètres de profondeur. Loin aussi de ceux, nombreux, qui tentent d'imposer un vin du Languedoc à 14,5 %, alors que vous préférez un vin léger titrant deux degrés de moins.

Néanmoins, mais cela n'excuse rien, la pression est si forte dans les établissements dont le sommelier participe au prestige, que le risque est grand de trouver l'échanson pédant, distant, incapable de communiquer sans trop la ramener... À l'instar des chefs et des pompistes d'autrefois, devrait-on broder leur nom sur le revers de leur veston ? Quoi qu'il en soit, et je peux en témoigner puisque je les côtoie depuis un quart de siècle (certains sont de mes amis), la plupart de ceux qui ont raflé l'ultime médaille aux olympiques de la sommellerie, ont su gérer leur image en cultivant gentillesse et courtoisie. Ils sont, bien sûr, conscients que leur titre, qui se doit d'être publié avec la mention de l'année concernée, ne sera pas remis en question, et leur permettra donc de mettre en avant en toute quiétude les bons côtés de leur personnalité. Mais ce n'est pas tout ; c'est également une question d'intelligence, d'éducation et des qualités qui viennent avec, et qui font partie, en général, de l'ADN des candidats qui atteindront l'excellence.

Œnologues

Même s'ils n'ont jamais si bien coopéré, il est important d'insister sur la différence entre l'œnologue, qui élabore le vin, et le sommelier qui le sert. J'ai déjà raconté comment le sympathique et érudit journaliste Bernard Pivot m'avait assuré, croyant peut-être me faire plaisir – c'était en 1990 – qu'un sommelier c'est aussi un œnologue. Flatteur peut-être, mais ce cher M. Pivot, que je respecte tout particulièrement, avait commis une erreur d'interprétation. Comme, à l'inverse, ce maire d'une petite ville viticole bien connue du Bordelais qui nous accueille en souhaitant la bienvenue à tous ces sommeliers. Le hic, c'est que nous étions entre huit et dix appartenant à cette profession, alors que la grande majorité des personnes présentes était composée d'œnologues, de techniciens en œnologie, d'ingénieurs agronomes et autres experts. Malaise!

NOS QUÉBÉCOIS DANS LES CONCOURS DE SOMMELLERIE

1988 : Don-Jean Léandri, Meilleur sommelier en vins et spiritueux de France au Canada

1990 et 1991 : François Chartier*, Meilleur sommelier du Québec

1993 : Jean-Philippe Lefèbvre*, Meilleur sommelier du Québec

1994 : François Chartier, Meilleur sommelier international en vins et spiritueux de France (Paris)

1995 : François Chartier : 3e au concours du Meilleur sommelier du monde (Tokyo)

1995 : Alain Bélanger, Meilleur sommelier du Québec

1997 : Alain Bélanger, 2e Meilleur sommelier international en vins et spiritueux de France (Paris)

1997 : Patrice Tinguy*, Meilleur sommelier du Québec

1999 : Ghislain Caron*, Meilleur sommelier du Québec

2000 : Alain Bélanger, 3e au concours du Meilleur sommelier du monde (Montréal)

2001 : Guy Lelièvre*, Meilleur sommelier du Québec

2004 : Ghislain Caron, Meilleur sommelier des Amériques (Reims)

2004 : Élyse Lambert*, Meilleur sommelier du Québec

2006 : Véronique Rivest, Meilleur sommelier du Québec

2009 : Élyse Lambert, Meilleur sommelier des Amériques (Buenos Aires)

2009 : Bertrand Eichel, Meilleur sommelier du Québec

2011 : Stéphane Leroux*, Meilleur sommelier du Québec

2012 : Véronique Rivest, Meilleur sommelier des Amériques (Bento Gonçalvez, Brésil)

2013 : Véronique Rivest, 2e au concours du Meilleur sommelier du monde (Tokyo)

2015 : Élyse Lambert, Meilleur sommelier du Canada

---

* Fait partie des élèves à qui j'ai eu le plaisir de dispenser le cours de sommellerie à l'École hôtelière des Laurentides, à Saint-Adèle. Au-delà de la fierté du professeur, je tenais à nommer des hommes et des femmes qui ont appris à se surpasser. Ils le méritent bien.

Ce qui est regrettable, c'est que ces confusions persistent encore aujourd'hui, entretenues par l'ignorance des uns et le culot des autres, qui s'improvisent sommelier ou œnologue alors qu'il n'en est rien. Il faut dire, contrairement à la France, l'Espagne, l'Italie ou le Portugal où l'on met les points sur les « i », que des pays cultivent avec bonheur ce flou artistique qui permet de jouer à cache-cache avec la vérité et le mensonge.

Définition

L'œnologue, à ne pas confondre avec l'œnophile, dont nous nous réclamons d'abord et avant tout puisque ce mot signifie « amateur de vins », est un (ou une) expert(e) qualifié(e) qui, par ses connaissances scientifiques et techniques, assure la pleine responsabilité de l'élaboration des jus de raisin, des vins et des produits dérivés du raisin. Des études poussées, un penchant marqué pour le vin et tout ce qui l'entoure, issu ou non d'influences familiales, conduisent des hommes, et de plus en plus de femmes (celles-ci représentent un quart des œnologues en France), à pratiquer une profession noble qui est paradoxalement récente quand on connaît l'ancestrale existence de la divine boisson. Si Pasteur (1822-1895) fut le père de l'œnologie moderne en saisissant les secrets de la fermentation, et le Bordelais Émile Peynaud (1912-2004), un immense professeur dont l'influence exercée sur ses élèves et ses contemporains est vivement reconnue, le diplôme national d'œnologue (DNO) français ne date que de 1955.

Disons-le tout de go : on n'a jamais produit de si bons vins que depuis trois ou quatre décennies, et l'œnologie, qui a fait des pas de géant, y est pour quelque chose. Certes, plusieurs ont pu critiquer ces spécialistes en blouse blanche qui se cachaient (d'autres se cachent encore) dans leurs labos aseptisés, et des vignerons allergiques au mot *chimie* les regardent encore de travers, les accusant, entre autres, de ne pas prendre en compte le facteur environnemental. Or, c'est de moins en moins vrai. Quand il a été élu à la présidence des Œnologues de France, en 2004, notre ami Thierry Gasco (au début de sa carrière, quelqu'un de mal informé l'avait traité de spéléologue... c'est tout dire !) soulignait l'importance d'insister dans les cours sur la protection de l'environnement.

LA PROFESSION D'ŒNOLOGUE[9]

Étymologiquement, le terme *œnologue* signifie: «celui qui possède la science du vin.»
L'œnologue est donc un expert qualifié qui:

- collabore à l'établissement et à la culture des vignobles;
- procède à des recherches technologiques;
- participe à la conception du matériel utilisé en technologie et à l'équipement des caves;
- conseille le viticulteur pour la vinification, la sélection, l'élevage, la conservation, le vieillissement et la mise en bouteille du vin;
- effectue les analyses (physiques, chimiques et bactériologiques) des produits concernés et en interprète les résultats;
- déguste les vins tout au long de leur vie;
- satisfait les demandes du courtier par rapport à sa clientèle et donne au sommelier tous les renseignements sur le vin et son devenir.

Pour le plus grand avantage du vin et du consommateur, les œnologues exercent leur métier dans les laboratoires, les coopératives, les exploitations viticoles, l'industrie commerciale, l'enseignement et la recherche, l'interprofession ou l'administration.

L'actuel président, Cyril Payon, a continué dans la même veine, et force est de reconnaître que les bons œnologues d'aujourd'hui n'ont jamais tant été présents dans le vignoble puisqu'ils savent eux aussi que le vin, s'ils ont appris à le contrôler à la cave, se fait d'abord et avant tout à la vigne.

Il ne faut pas croire, et j'ai la chance d'en côtoyer beaucoup, que le bagage scientifique et le diplôme confèrent à tous, *ipso facto,* une vaste culture du vin, quoique nombreux avec le temps sont celles et ceux qui en sont dotés. Mais cela m'étonne encore, même si on peut le comprendre – et la situation évolue dans le bon sens – de rencontrer des œnologues pris, pour des raisons bêtement professionnelles, dans le carcan d'un seul vin, d'une seule région, d'un seul cépage. Et puis, c'est vrai qu'il en existe, ainsi que chez les sommeliers, qui roulent des mécaniques, des pédants et des vaniteux qui ont l'arrogance facile, qui pontifient et se servent de leur titre pour faire croire qu'ils possèdent la science infuse et une explication à tout, quand ils n'ont pas, Dieu nous en garde, une propension à ratiociner, c'est-à-dire à couper les cheveux en quatre.

Mais on ne peut ignorer les humbles, les plus grands, qui savent ou qui ont su (pour ceux qui ont cessé d'exercer ou qui nous ont quittés) partager leurs connaissances avec générosité.

Perspectives et complémentarité

Une chose est sûre, et c'est ce qui nous a réunis, les sommeliers et les œnologues doivent savoir déguster, même si nous le faisons de manière différente. On dit que les premiers vont chercher les qualités pendant que les seconds tentent de débusquer les défauts. C'est vrai que l'œnologue voit souvent les lacunes s'accrocher à son verre pendant que le sommelier imagine déjà le plat qui jouera le jeu de l'harmonie, mais peut-être qu'avec le temps, tout cela est de moins en moins évident, de plus en plus nuancé. Le scientifique a appris à considérer le point de vue hédoniste du vin, et l'échanson ses imperfections (pas les siennes mais celles qui se cachent dans la bouteille...). Pour toutes ces raisons, si nous avons, en toute modestie, apporté aux œnologues un peu de notre expérience, le contraire est particulièrement vrai. En tout cas, personnellement, j'aime bien me coller à celles et ceux qui partagent leur savoir sans condescendance, avec des mots faciles et parfois une pointe d'humour. Et puisqu'on n'a jamais fini d'apprendre, autant le faire dans la bonne humeur...

Formations

Quand on a lu cette pensée de l'écrivain Denis Tillinac : « S'initier au vin, c'est une bonne façon de civiliser son cœur », on ne peut qu'encourager les gens à suivre des cours sur le sujet. Il existe en

LE CAS MICHEL ROLLAND

Rencontrer Michel Rolland, l'œnologue de tous les continents, n'est jamais anodin. Et passer quelques heures avec lui à échanger et déguster de bons vins peut s'avérer un moment exceptionnel comme ce le fut à différentes reprises, entre Montréal, Bordeaux et l'Argentine, notamment. Mais, cela n'a pas toujours été si simple. Sa soudaine notoriété, dans les années 1990, semblait le rendre inaccessible, m'as-tu-vu et suffisant, et ce n'est pas le film *Mondovino*[10] – que j'ai toujours considéré bancal, démagogique, et desservant au bout du compte le monde du vin – qui allait arranger les choses. Pourtant, c'est à ce moment que nous avons changé notre regard sur ce personnage, qui n'avait pas bien vécu sa participation à ce documentaire, pour ne pas dire le piège, dans lequel il était tombé. Des années plus tard, le bonhomme, toujours séducteur et sympathique, doté d'un large sens de l'humour et des affaires, et s'il faut le rappeler, extrêmement talentueux, a trouvé le chemin d'une certaine sérénité. Nul doute que son livre, *Le gourou du vin* (Éditions Glénat), dans lequel il met les points sur les «i» et règle de vieux comptes avec l'élégance qu'on lui connaît, lui a permis d'y accéder. Rieur, la langue bien pendue mais le verbe jamais trop haut, Michel sait, après 40 ans d'expérience et d'aventures vitivinicoles internationales, user de mots simples pour expliquer ce qui est parfois bien compliqué en matière d'œnologie.

France, et dans d'autres pays, de nombreuses formations reliées directement et indirectement au vin. On peut citer en viticulture-œnologie le B.T.S.A. (brevet de technicien supérieur agricole) viticulture-œnologie, la licence 3 science de la vigne, la licence professionnelle métiers de la vigne et du vin, le diplôme d'ingénieur agronome, le master 1 œnologie et environnement vitivinicole, le master 2 mention science de la vigne et du vin, et le fameux D.N.O. (Diplôme national d'œnologie). Pour ce qui est des affaires du vin et de l'œnotourisme, il existe le diplôme chargé de développement en œnotourisme, la licence professionnelle commerce des vins et œnotourisme, mais aussi le M.B.A. wine and international market, et d'autres masters spécialisés dans le marketing et le commerce international du vin. Côté sommellerie, on peut aller chercher un C.A.P. (certificat d'aptitudes professionnelles), une mention complémentaire en sommellerie et un diplôme de conseiller en sommellerie.

Au Québec, on dispense dans plusieurs écoles hôtelières l'A.S.P. (attestation de spécialisation professionnelle) en sommellerie, un cours presque gratuit qui dure 450 heures. À L'Institut de Tourisme et d'Hôtellerie du Québec, on offre une formation internationale en service et sommellerie de restaurant (D.E.P. restauration + A.S.P. sommellerie), un cours sur l'analyse sensorielle des vins du monde (270 heures), découverte du vin 1 (80 heures) et 2 (190 heures), et enfin le W.S.E.T. in wines and spirits level 2 (40 heures) et level 3 (40 heures), deux formations dispensées en anglais, conçues par le W.S.E.T. de Londres (en espérant qu'elles puissent offrir de véritables débouchés professionnels), et présentées comme un tremplin pour accéder à la reconnaissance suprême : le Master of Wine ! Seulement voilà, beaucoup d'appelés et peu d'élus pour ce titre britannique si convoité dont on ne sait pas exactement à quoi il sert si ce n'est de pouvoir accrocher les lettres M.W. à son nom. La plupart des détenteurs (leur savoir sur le vin est indéniable et le travail pour décrocher les lettres magiques est colossal) sont britanniques et travaillent dans le *business* (marchands de vin, salles de vente, etc.), dans le journalisme et en tant que consultants. Sur les quelque 340 valeureux récipiendaires sur la terre en 2015, on compte de rares Français d'origine, dont Gérard Basset (meilleur sommelier du monde en 2010, naturalisé britannique), Olivier Humbrecht, vigneron alsacien, et Isabelle Legeron qui œuvre en Angleterre.

On veillera à ne pas confondre avec le Court of Master Sommelier, d'obédience britannique également, dispensé en quatre niveaux (dont deux sont en fait des examens) moyennant dépenses fort élevées, entre les États-Unis et le Canada. Notre sommelière, Élyse Lambert, est la première personne à décrocher ce titre (en 2015) au Québec.

Tout ordre qui élimine
l'esthétique comme langue,
et la séduction comme parole, implique
inévitablement la dictature.

Jacques Attali, économiste et écrivain français

La dictature des notes

Il y a quelques années, la Faculté d'œnologie de Bordeaux a demandé à 57 étudiants leur avis sur un même vin, rouge et non boisé. La première fois, le flacon arborait fièrement l'étiquette d'un grand cru classé. Résultat : moyenne de 13,2/20 avec en prime des commentaires positifs sur les notes boisées du vin… Éloquent ! Puis, le même vin a été proposé, 15 jours plus tard, mais provenant d'un flacon avec la simple mention vin de table. Résultat : moyenne de 8/20 et des critiques largement négatives. Par conséquent, lisez bien les étiquettes et ne vous laissez pas impressionner ! Il nous arrive assez souvent entre collègues et avec des amis d'analyser des vins sans en connaître au départ ni le nom ni la provenance, et c'est à chaque fois une belle leçon d'humilité. Mais on peut dans la foulée se poser de sérieuses questions sur la pertinence des notes et leur véritable signification.

Combien de fois ai-je entendu d'un producteur de vins cette maxime, pour ne pas dire ce cri du cœur : « Mon vin ne se résume pas à une note ! » ? Mais était-ce toujours sincère quand on sait l'influence indéniable que ces fameuses cotes peuvent avoir aujourd'hui sur le succès commercial d'une multitude de cuvées ? Autant je m'incline devant cette réalité qui, avouons-le, en allant toujours plus vite dans notre société formatée, donne l'illusion d'aller droit au but, autant je la critique, non sans une once de dépit. En fait, s'il est évident que les notes peuvent rassurer nombre d'amateurs, elles me font aussi doucement rigoler, jaune la plupart du temps. Non seulement le risque est grand, avec elles, de mettre à plat les différences et d'uniformiser le goût du vin, mais elles peuvent également cacher, pas toujours, soyons magnanimes, mais souvent, un soupçon d'hypo-crisie. De la part des producteurs, des directeurs de marketing, des responsables des communications et des relations publiques et des relationnistes de presse de la planète ; mais aussi des agents promo-tionnels qui, tout en voulant laisser croire que cela ne leur fait pas un pli, sont bien contents d'afficher, tel le Saint-Graal, l'ultime récom-pense, aussi fiers que nous l'étions, au retour de l'école, d'annoncer à nos parents une bonne note en orthographe. Comme quoi, chacun dit bien ce qui l'arrange... Mais que retrouve-t-on dans tout ça, au final ? Légitime petite faiblesse de vanité sans aucun doute, mais espoir non dissimulé de faire exploser les ventes... entraînant par la force des choses la hausse des prix ! En pratique, le commerce de détail (dont les cavistes et nos monopoles) en use abondamment. Opportunisme aussi de la part des médias (magazines, journaux, blogues et autres guides) qui comptent sur ces fameuses notes pour augmenter leurs ventes, tout en faisant semblant d'ignorer la relati-vité de la manœuvre (quand on passe d'un vin à un autre, il y a tou-jours le risque de la comparaison). Imposteurs enfin, ou tartufes de la bouteille, les individus qui se disent œnophiles patentés et grands amoureux du jus de la treille, mais dont la culture du vin, mince comme un pâle vinho verde, se résume trop souvent à une note de passage, afin de mieux épater la visite qui n'y connaît rien, ou d'as-souvir ses pulsions mercantiles en jouant le jeu de la spéculation. N'oublions pas que devant un tableau qui ne signifie rien, « l'extase qu'il éveille chez les snobs est à la mesure du néant qu'il repré-sente... » dixit Enthoven, notre philosophe.

S'ajoutent à ce portrait peu réjouissant les cyniques (qui ont peut-être trop d'imagination ?) avançant qu'il existe un lien, dans certaines revues, entre les notes et la publicité. Allez savoir ! Et d'autres méchantes langues qui laissent entendre que des produc-teurs pas très nets élaborent avec des œnologues réputés des cuvées réservées aux critiques en vue de l'obtention d'une bonne note. Un jeune producteur bordelais avec qui je viens de partager la table m'a encore lancé cette terrible allusion. Est-ce possible ?...

Et ceux qui notent, dans tout cela, qu'en pensent-ils ? On ne peut pas dire qu'il y a unanimité. Pour certains, le fait de noter correspond à un engagement, celui d'avoir le courage de prendre

LES NOTES, DEPUIS QUAND?

En fait, quand les premiers livres sur le sujet ont pris de l'importance, le vin était décrit, expliqué, raconté, et non noté. Même si un barème sur 20 était utilisé en France dans divers concours avant la Deuxième Guerre mondiale, la *Revue du Vin de France* (RVF) a commencé à noter les vins au début des années 1950 puis a cessé cette pratique quelques années plus tard, pour y revenir en force en 1980. Mais ce sont nos amis américains, suivis par les Anglais, qui ont popularisé cette approche à la fin des années 1970, suite logique de ce qui se pratiquait déjà depuis un certain temps avec de nombreux objets, tout comme dans le cinéma, la musique, etc.

position. Pour d'autres, le principe de notation universelle qui consiste à faire croire que l'on peut déguster tous les vins, tous les styles, de la même façon, est difficile à défendre. Je suis d'avis, comme dans les concours sérieux, qu'il faut souvent se mettre à plusieurs pour obtenir un jugement d'ensemble juste, objectif et pertinent, et que nos observations sont plus complémentaires que contradictoires. Sans compter que les habitudes ont changé avec l'arrivée d'Internet où on babille à qui mieux mieux, et où, notamment à travers les blogues qui ont fleuri ici et là, le meilleur côtoie le pire.

Les conditions de la dégustation

Maintenant, mettons les choses au clair. Sans vouloir faire un exposé sur la docimologie, discipline consacrée au déroulement des évaluations en pédagogie, et la façon d'attribuer des notes aux examens scolaires, il est aisé, en ce qui me concerne, de soulever l'aspect relatif de l'exercice. En effet, après avoir enseigné la profession de sommelier pendant une trentaine d'années, et organisé – ou supervisé – les épreuves de nombreux concours locaux, régionaux, nationaux et internationaux, j'ai appris à me méfier et à prendre en considération tous les paramètres liés à l'évaluateur (compétence, intégrité, préjugés, état d'esprit, forme physique, etc.), à l'énoncé (oral ou écrit dans le cas de tests et questionnaires de toutes sortes), aux conditions de l'évaluation (espace choisi, température ambiante, température du produit, matériel utilisé, proximité avec les collègues et autres considérations dont la pondération d'une grille d'évaluation) dans le cas d'un produit bien ciblé.

Mes anciens élèves se souviendront que je leur faisais part de mes questionnements sur la pertinence de l'exactitude que le Ministère attendait de moi. Je leur disais déjà combien je considérais cette obligation quelque peu futile et imparfaite, puisqu'une note sur 100 n'est pas toujours révélatrice de la progression – ou de la régression – d'un élève. Tout dépendait d'où il était parti. C'est la même chose pour l'analyse d'un vin. Dans quelles conditions la dégustation s'est-elle déroulée ? Considérons que tous les éléments soient réunis. A-t-on véritablement procédé à l'aveugle (ou à l'anonyme) ? Les vins ont-ils été servis d'avance, en carafe ou sous chaussette (qui peut trahir la forme de la bouteille) ? Pouvait-on apercevoir, même partiellement, la bouteille, le col, ou le goulot (qui peuvent renseigner sur la provenance du vin) ? Mes collègues de dégustation qui se frottent honnêtement à cette activité admettront d'emblée que la lecture de l'étiquette influence notre analyse, comme je le rapporte au début de ce chapitre.

L'ordre séquentiel est tout autant capital. A-t-on choisi un thème (le même cépage, les mêmes types d'assemblage, la même appellation, la même région, le même type ou la même catégorie de vin, le même millésime, une verticale (le même vin d'années différentes), une horizontale (des vins différents de la même année) ? Ce sont autant de données essentielles qui vont gommer les contrastes dévastateurs et assurer la qualité et l'objectivité de la dégustation. Dans le cas contraire, on obtiendra des résultats biaisés. Parlons-en, de cette fameuse objectivité. Quand on sait qu'une opinion est par définition personnelle, parfois tendancieuse, il est facile d'imaginer qu'une simple note puisse être chargée de subjectivité.

En fait, et cela n'engage que moi, coller une note à un vin me semble quelque peu réducteur, et ne rime pas à grand-chose si

LE PARFAIT DÉGUSTATEUR N'EXISTE PAS

C'est presque un soulagement, mais le parfait dégustateur n'existe pas si l'on se fie aux études menées par des spécialistes au cours des dernières années. Tout d'abord, *La Revue du vin de France* nous livre une enquête sur le vin et le cerveau suite aux découvertes obtenues grâce aux neurosciences. Après avoir passé l'encéphale d'une quarantaine de personnes à l'IRM (appareil d'imagerie médicale), dont une moitié de néophytes et une autre composée d'experts en dégustation, notamment plusieurs sommeliers aguerris, on en conclut qu'il n'y a pas de lieu du vin dans le cerveau. Il apparaît cependant que l'expérience des professionnels permet d'aller droit au but, ou presque, grâce à des automatismes et des repères acquis, pendant que les non-professionnels perdent beaucoup de temps en allant dans toutes les directions. D'autre part, on apprend dans ce même article, grâce aux travaux d'un certain Andreas Keller, chercheur de New York qui travaille avec l'optogénétique, que le corps humain possède 350 récepteurs olfactifs, contre trois pour la vision, et que notre odorat peut percevoir jusqu'à 1000 milliards d'odeurs... Ce n'est pas rien, et notre courte vie ne suffira point. Enfin, par les travaux de différents chercheurs, à Bordeaux et en Bourgogne, nous savons que nous avons tous des points faibles, que les experts en dégustation n'ont pas un nez plus développé, même s'il y en a qui se prennent pour des confidents de Bacchus, ou comme le précise Axel Marchal, de la Faculté d'œnologie de Bordeaux, des dégustateurs de droit divin. En outre, Sophie Tempère, chercheuse à L'Institut des sciences de la vigne et du vin (Bordeaux), insiste bien sur le fait qu'il est important de s'exercer sans cesse et se remettre constamment à niveau, au même titre qu'un sportif qui s'astreint à un entraînement quotidien. En conclusion, et je l'ai toujours pensé, la maîtrise de la dégustation n'est pas réservée à une élite. Tout le monde peut apprendre, faire ses gammes, et ensuite pratiquer beaucoup.

c'est juste pour comparer des notes entre elles. Déjà que l'analyse d'un vin, même lorsque le dégustateur est en superforme et animé de la plus grande honnêteté, reste une démarche partisane puisqu'il s'agit d'un exercice physique pour lequel il est question de goût, de couleur, de saveurs, de réaction olfactive, tactile et gustative. On reconnaîtra dès lors que l'expérience, la connaissance et le souci de la précision seront des atouts pour les experts qui donnent leur opinion. Enfin, on n'insiste jamais assez sur le fait que le vin en question, entre l'analyse pour fin d'évaluation et l'acte d'achat, a fortiori le moment où il sera bu, risque fortement d'avoir changé en cours de route, souvent en bien pour les plus grands, mais aussi de façon négative, pour toutes sortes de considérations, dont les conditions d'entreposage qui ne sont pas les moindres.

Entre vraies et fausses notes

C'est vrai que les notes peuvent faciliter la vie d'une clientèle en particulier et répondre à ses attentes. Néanmoins – à plus forte raison *nez en moins* – je me suis fait à l'idée que la notation des vins, et la forme numérique en particulier, est loin d'être idéale. Comment peut-on exprimer une appréciation valable en donnant 89 à un vin et 91 à un autre? Sur quelle échelle de valeur s'est-on basé? N'exagérons rien! Surtout quand on sait que parfois, ça se joue à quelques centièmes près. Le grand problème, qu'on feint pourtant d'ignorer, est que cette approche, appréciée des Anglo-Saxons, a ses limites, et devient pernicieuse puisqu'elle ne fait qu'infantiliser l'amateur qui en oublie de forger sa propre opinion. Vu que l'expert (compétent ou non) lui a mâché le travail, il s'en remet à lui aveuglément pour effectuer ses achats. On peut voir certains clients, dans les magasins des pays à dominante anglo-saxonne (ainsi qu'à la SAQ) faire leurs emplettes avec frénésie, munis de leur sacro-sainte liste sans laquelle ils seraient désemparés et sur laquelle, à côté des vins super cotés, les moins bien notés sont voués à l'échec commercial!

Le magazine *Wine Spectator* considère un vin très bon quand il a obtenu 85 et plus, mais défectueux s'il est noté 73. Et un vin qui obtient 79 est médiocre, alors qu'il tombe dans la catégorie des bons s'il obtient un point de plus. Quant à Robert Parker, qui exploite ce système allègrement, il classe les vins de la façon suivante : exceptionnels (entre 96 et 100), excellents (entre 90 et 95), de bons à très bons (entre 80 et 89), moyens (entre 70 et 79). Le problème est que tout se joue (commercialement soit dit) entre 90 et 100, ce qui laisse sous-entendre qu'en dessous, les gens s'en fichent, et que le vin n'est pas très bon, au mieux correct ou moyen.

Je n'ai rien contre le fait de niveler par le haut, bien au contraire, mais il ne faut pas non plus tomber dans l'excès inverse en condamnant des vins qui ont moins de 85 alors qu'ils représentent peut-être un excellent potentiel et un bon rapport qualité-prix-plaisir. La note sur 20, qui a souvent cours en Europe, m'apparaît plus juste car l'écart est différent si on le compare avec une note sur 100. Même si dans ce cas tout se passe entre 15 et 20, on va plus dans la nuance. Ainsi, un critique parisien respecté propose la gradation suivante : vins absolus (entre 18 et 20), exceptionnels (entre 16 et 17,5), grands vins (entre 14 et 15,5), très bons (entre 12 et 13,5), bons (entre 10 et 11,5), petits défauts (entre 8 et 9,5), défauts graves (entre 6 et 7,5) et enfin imbuvables (moins de 6). Toutefois, il existe également le système des étoiles qui reste, à mon humble avis, l'une des meilleures alternatives puisque celles-ci, d'une à quatre ou cinq, ont le mérite de donner une indication qui laisse au lecteur et à l'amateur une certaine latitude. D'ailleurs, ces étoiles peuvent représenter, *in fine*, l'illustration d'une compilation rigoureuse et mathématique à laquelle s'est prêté le dégustateur. À ce sujet, il y a quelques années, Jacques Benoît, un journaliste minutieux et perfectionniste qui sait aller droit au but, soulignait à juste titre pour défendre son principe des étoiles (il est passé depuis à la note sur 20 à la demande de son journal) pourquoi il note souvent bas : « parce que [...] les notes de 90 et plus sur 100, dont sont prodigues les dégustateurs des États-Unis, ont quelque chose à tout le moins d'incompréhensible. » D'autant plus que l'on s'entend pour dire que les très grandes cuvées sont, malgré tout, peu nombreuses. Le problème réside dans le fait que l'on ne parle plus du vin, de ses qualités et de ses éventuels défauts, encore moins du plaisir qu'il procure. On dit : « Tu te rends compte, ce vin a eu 93 ! » Hélas, même si le critique a eu recours à une note pour mieux illustrer ses commentaires de dégustation, ce qui est encore le cas on doit en convenir, le lecteur n'aura retenu que le chiffre magique. Encore une fois, on tombe dans le piège de la facilité qui réduit la personnalité d'un vin à une simple note, banale et parfois arbitraire, comme à l'école.

Je crois que notre travail consiste à rapporter le plus justement possible des faits et à guider ceux qui nous suivent. On peut le faire avec des mots bien choisis, tout en jouant de prudence. J'ai ainsi opté depuis longtemps pour le principe d'oublier les vins peu convaincants qui ne m'ont pas satisfait, pour réserver l'espace aux vins qui valent la peine d'être suggérés. Par contre, j'utilise les étoiles pour mon seul bénéfice, celui de gagner du temps après une dégustation-marathon afin d'identifier les vins que j'ai envie de recommander. Quant aux notes, c'est sans hésiter que je jette mon dévolu sur les notes de musique, ces sept petites notes capables d'engendrer des milliers de mélodies... Si les Anglo-Saxons semblent perdus en l'absence d'une note toute prête, assumons ce côté latin qui laisse la place aux prérogatives de l'œnophile, à la découverte, au plaisir d'essayer et au droit à l'erreur, et à cette liberté chérie de savourer à notre guise.

Pour ce qui est de la notion du «meilleur», celle-ci m'apparaît tellement subjective que lorsque je dresse une liste de vins, je privilégie un ordre de présentation alphabétique ou mieux encore une échelle de gradation de prix afin de laisser le lecteur ou l'auditeur arrêter son choix en fonction de ses propres critères : ses préférences personnelles, un mets, le contexte, ce qu'il veut dépenser, etc. De même que pour les membres de sa famille et le cercle de ses amis, il est rare habituellement que l'on se mette à dresser une liste numérotée, par ordre de préférence...

Les concours de dégustation

La réalité est bien différente dans les concours de dégustation. À partir d'une grille, assez pointue pour certains et moins pour d'autres, et reconnue internationalement – qui arrive avec le temps, et après moult mises au point, à faire une relative unanimité – les notes des jurés ne sont pas une finalité puisque jamais publiées, mais servent à établir un palmarès qui se décline habituellement en médailles. Il va

QUELQUES MAGAZINES ET LEUR ÉCHELLE DE NOTATION

Decanter : un magazine anglais distribué chaque mois dans plus de 90 pays. Créé en 1975, il est passé en 2012 du système des cinq étoiles à la notation sur 20 et sur 100.

Exquis : un magazine québécois créé en 2011, avec lequel j'ai le plaisir de collaborer. Des notes de dégustation mais pas d'échelle de notation.

In Vino Veritas : un magazine belge indépendant qui ne pratique pas la langue de bois. Après 21 ans d'existence sur papier, il est passé en mode numérique depuis la fin 2014. Échelle de notation : une cotation sur 20 qui ne sert qu'à sélectionner les vins qui seront présentés. Dans le rédactionnel, aucune cote ne figure, considérant que les explications sont nettement plus utiles pour le lecteur.

La Revue du vin de France (RVF) : un des incontournables de l'Hexagone, mensuel sérieux créé en 1927 (respect !), et qui a fait du vignoble français sa spécialité. Appartient au Groupe Marie-Claire. Échelle de notation : sur 20.

Terre de Vins : un très beau magazine français qui a pris sa place avec un certain aplomb en 2009. Ma remarque est objective même si j'y collabore depuis ses débuts. Appartient au Groupe Sud-Ouest. Les vins sont notés sur 20 (dégustations dirigées par Bettane et Desseauve).

Vino ! : une revue bimestrielle belge dirigée par Louis Havaux et Baudouin Havaux, patron du Concours mondial de Bruxelles. Échelle de notation : sur 100.

Vins & Vignobles : un magazine québécois qui traverse vents et marées depuis 1999. Dirigé par Nicole Barrette-Ryan, il s'agit d'un de mes magazines chouchous puisque j'y collabore depuis une quinzaine d'années, et sur une base régulière depuis 2005. Échelle de notation : de une à cinq étoiles.

Wine Spectator : un magazine américain très influent créé en 1976 et connu pour son palmarès des 100 meilleurs vins du monde. Le site Internet a été lancé en octobre 1996. Échelle de notation : sur 100.

sans dire que toutes ces dégustations se font de manière anonyme. Contrairement aux notes dans les guides, l'approche est collégiale le plus souvent, puisque l'on garde une moyenne qui se veut le reflet de l'ensemble du groupe. Dans plusieurs règlements, on respecte les prises de position éloignées, positives ou négatives, dans d'autres on les annule tout simplement. Cela dit, la difficulté pour diverses organisations est de trouver des jurés qui soient à la hauteur de la situation, sachant qu'il est difficile de s'exprimer sur des vins que l'on ne connaît pas. Parfois, dans certaines petites structures, disons qu'au royaume des aveugles, les borgnes sont rois... Mais les concours sérieux ne distribuent pas de médailles juste pour le plaisir d'en distribuer et de satisfaire tout un chacun, loin s'en faut. Je crois que les concours auxquels je participe en tant que membre du jury prennent leur rôle à cœur, sinon je n'y participerais pas. La raison de leur succès : une logistique sans faille, et les fameuses récompenses qui deviennent un argument commercial et un outil promotionnel avec beaucoup d'impact sur les ventes.

Les Vinalies internationales

Dans le cas des Vinalies internationales à Paris (concours créé en 1995 et organisé par l'Union des œnologues de France), le jury est d'une certaine importance (139 dégustateurs de 37 pays en 2015, dont 21 % de femmes), mais assez homogène puisque composé principalement d'œnologues qui président en outre chacun des sous-groupes constitués de cinq à sept professionnels. La mission confiée à ces derniers est d'accorder à chaque échantillon une notation (suivant un système informatisé) accompagnée de commentaires de dégustation rédigés en temps réel. Après des analyses individuelles, le président de table les relève, et si besoin est, un débat s'instaure pour aboutir à un consensus général, le tout dans la perspective d'une publication annuelle d'un guide intitulé *1000 Vins du monde*. Le concours des Vinalies internationales, dont je suis un juge assidu depuis 1997, est certifié ISO 9001 et le pourcentage de médailles remises sur le nombre de vins inscrits (plus de 3500) était de 29,84 % en 2015 (8,43 % d'or et 21,41 % d'argent).

Le Mondial de Bruxelles

Du côté du Mondial de Bruxelles (qui a fêté aussi ses 20 ans en 2014), si les organisateurs veillent au grain et à la patine de leurs médailles, qu'elles soient d'or ou d'argent, c'est en suivant scrupuleusement la démarche de chacun des dégustateurs, dont je fais partie. Nous sommes environ 300 (49 nationalités en 2015, et 22 % de femmes) à déguster plus de 8 000 produits, issus de 45 pays, et le jury est plus hétérogène puisqu'il est composé d'œnologues, de sommeliers, de journalistes, de blogueurs, de restaurateurs, d'acheteurs spécialisés, d'intervenants de tout acabit issus du secteur du vin. Ce qui est original, c'est que depuis 2004, nous sommes suivis à la loupe par l'Institut de statistique de l'Université catholique de Louvain. Tous les ans, chaque juré reçoit son évaluation statistique pour laquelle on prend soin d'insister sur le caractère pédagogique et didactique, ajoutant au passage qu'il ne s'agit en aucun cas de pénaliser les mauvais dégustateurs mais plutôt de permettre, chiffres à l'appui, de prendre du recul sur sa pratique en dégustation. On nous présente ainsi un tableau qui résume les résultats de notre jury. Des colonnes contiennent le nombre de vins évalués et la moyenne pour chaque dégustateur. On peut comparer sa moyenne avec celle de son jury, et cela pour chacune des séries étalées sur trois jours. D'autres colonnes renseignent sur la dispersion des résultats, notre accord avec le consensus et une mesure des répétitions dans le cas de vins identiques servis une deuxième fois de façon aléatoire. Pour une vraie remise en question, c'est plutôt bon! Fait intéressant: après le concours, une sélection d'échantillons médaillés est analysée par un labo agréé et dégustée par une équipe d'œnologues, afin de les comparer aux vins disponibles, achetés sur le marché. Le concours est itinérant depuis 2006 et le pourcentage de médailles attribuées sur le nombre de vins inscrits était de 29 % en 2015.

Les autres grands concours

Ils sont nombreux. Devenus de véritables entreprises où l'on paye un bon montant pour inscrire des échantillons et un autre pour se procurer les autocollants qu'on apposera sur les bouteilles, les concours sont parfois critiqués (sur l'expertise des juges, le niveau qualitatif des vins présentés, etc.) même si l'incidence commerciale est indéniable. De plus en plus de producteurs réputés présentent des vins qui se voient récompensés, ce qui est très positif et participe à la réputation de ces manifestations. Sans vouloir nommer tout ce qui se fait, notamment dans un contexte régional et national, citons :

- Chardonnay du monde (France)
- Concours mondial du Sauvignon (Belgique)
- International Wine Challenge (Royaume-Uni)
- Le Concours des grands vins de France de Mâcon (France)
- Le Concours général agricole de Paris (France)
- Le Mondial des pinots* (Suisse)
- Le Mondial du rosé (France)
- Les Citadelles du vin* et le Challenge international du vin (France)
- Les Grands Concours du monde (cépages alsaciens ; France)
- Mondial du merlot et assemblages (Suisse)
- Mundus Vini* (Allemagne)
- Sélections mondiales des vins* (Québec, Canada)
- Vinagora (Hongrie)
- Vinitaly (Italie)
- Vinos Bacchus (Espagne)
- Zarcillo (Espagne)

---

* Concours sérieux auxquels je participe régulièrement. Ça ne veut pas dire que les autres ne sont pas sérieux, évidemment.

Le comble pour un journaliste ?
Être à l'article de sa mort.

Jules Renard, écrivain français

ÉcriVins

Mon aventure dans l'écriture a commencé tout simplement il y a une bonne trentaine d'années avec mon hebdo local, le *Journal des Pays-d'en-Haut*. Je racontais au directeur qui me proposait une colonne comment je m'étais habitué à la langue québécoise, avec sa parlure bien à elle, ses expressions colorées d'une grande richesse, et cet accent formidable qui a gagné ses galons de popularité et même ses lettres de noblesse dans la francophonie et ailleurs dans le monde. Bref, nous cherchions un titre quand j'ai raconté qu'à peine installé dans mes belles Laurentides, j'entendais phonétiquement le mot vin quand on me parlait du vent. Ce qui me mettait de bonne humeur, tout particulièrement les jours de grand vent. Et ce qui le fit rire et l'inspira puisque deux minutes plus tard, il déclara, fier de lui : « Ça y est, j'ai trouvé le titre de ta chronique : Quel bon vin t'amène ? » C'est ainsi que je me suis attelé à la tâche en présentant chaque semaine pendant deux bonnes années le vignoble français en premier lieu, puis peu à peu les bons vins de partout que notre monopole avait inscrit à son catalogue.

ÉcriVin

Journaliste, écrivain, chroniqueur, critique, reporter, correspondant ou rédacteur ? Ce ne sont pas les fonctions qui manquent pour présenter celles et ceux qui, tout comme moi, publient, peu importe le support, traditionnel avec un quotidien, une revue ou un magazine, virtuel quand on écrit sur Internet. Pour ma part, je n'ai pas de formation en journalisme, à l'instar de la plupart de mes congénères, et j'ai énormément de respect pour les écrivains dont je n'oserais, de toute évidence, me réclamer. J'ai donc décidé une fois encore, malgré les ouvrages que j'ai publiés depuis 1988, de jouer avec les mots, en me bombardant – c'était facile, je vous le concède – *écri-Vin*, avec un V majuscule pour préciser le distinguo.

D'une chronique à des commentaires de dégustation, d'un simple article à une émission, en passant par un livre qui demande un effort soutenu, j'essaie, sans fausse modestie, de faire pour le mieux. Seulement, voilà, et c'est un peu l'histoire de l'arroseur arrosé, nous ne sommes pas à l'abri des critiques des autres. Et heureusement, se dit-on quand on observe, à côté de ceux qui font bien leur boulot (et il n'en manque pas) le comportement de quelques-uns dont on dit qu'ils ont la science infuse, qui regardent les gens de haut, et qui exercent leur métier l'air d'avoir tout vu, tout lu, tout entendu. En un mot, qui se prennent au sérieux, et qui donnent l'impression, dans le calme d'une dégustation, que le sort de l'humanité est entre leurs mains. On n'est pourtant pas en train d'opérer à cœur ouvert! On ne fait que goûter du jus de raisin fermenté. Aïe, c'est dit! Je pense souvent à cet ami que j'avais invité à assister à une dégustation importante. Sur le chemin du retour, il m'avait fait part de son étonnement à nous voir travailler dans ce silence qui confinait à l'austérité, à la manière des abbés qui se recueillent dans la solennité de leur cloître. Après des compliments pour cette conscience professionnelle qui l'avait subjugué, il n'avait pu se retenir d'ajouter, étant donné qu'il avait assisté à nos échanges à la toute fin, que ce serait bon pour plusieurs de se décoincer, et pour les deux qui, pour des broutilles, s'étaient joliment sautés dans la face, ou crêpés le chignon c'est selon, de se calmer le pompon.

D'ailleurs, j'aime bien cette explication de Mike Steinberger, auteur américain, journaliste et chroniqueur œnologique de Slatewine.com entre 2002 et 2011, qui résume plutôt bien la question des dégustateurs qui critiquent et qui publient :

> Certains M.W. [Masters of Wine] (Robinson, Atkin et leur
> compatriote Clive Coates) sont des journalistes du vin de
> renom, mais les meilleurs du métier n'ont aucune qualification.
> Robert Parker, le critique le plus influent du domaine, est un
> autodidacte. Il a lancé son premier guide d'achat à la fin des

années 1970 sans aucune formation préalable ; un palais aiguisé et un instinct d'entrepreneur lui ont été suffisants pour séduire son lectorat. Allen Meadows, Steve Tanzer et Antonio Galloni ont suivi le même chemin solitaire. Et moi aussi – pour ce que ça vaut : en dehors d'un cours d'initiation au vin suivi voilà bien des années, j'ai presque tout appris par moi-même (manquant souvent à mes devoirs de père de famille ; payer les factures, par exemple). Certains critiques aiment à étaler leur talent d'œnologue (sic) ; on a même pu en entendre quelques-uns affirmer disposer d'avantages physiologiques [...].

Mais ces derniers temps, avec l'apparition des blogues spécialisés et la prolifération des pseudo-Robert Parker, certains en viennent à se demander si les journalistes du vin ne gagneraient pas à inventer leur propre diplôme, à la mode Master of Wine. Les critiques gastronomiques, cinématographiques et littéraires n'ont pas besoin d'examens spéciaux pour exercer leur profession ; les critiques du vin non plus. Je doute même qu'il soit possible d'évaluer et de hiérarchiser les dons de chacun. Chaque nez, chaque palais a ses qualités et ses défauts ; aussi, un examen permettrait peut-être d'écarter les charlatans complets ; guère plus. [...] J'ai beau être un homme de gauche (caviar), sur ce point précis, je suis un apôtre du libéralisme. l'autorité doit se gagner sur le marché, pas dans une salle de classe. Attention, je ne suis pas en train d'écrire que les études d'œnologie (cours d'initiation, etc.) sont inutiles. Elles peuvent être extrêmement instructives (enfin, à condition que les professeurs ouvrent de bonnes bouteilles), et si vous voulez acquérir une bonne connaissance de la viticulture (par exemple), vous ne pourrez sans doute pas en faire l'économie. Mais la dégustation du vin est une activité presque entièrement subjective, et si certains palais sont plus aiguisés que d'autres, les critiques des œnologues les plus savants et les plus aguerris ne sont, au final, rien de plus que des opinions personnelles.

C'est vrai qu'à force de donner son point de vue et de livrer ses commentaires, on s'expose au jugement des lecteurs et des consommateurs – ce doit être un peu la même chose pour les critiques de musique, de film ou de restaurant. C'est également vrai que certains donnent l'impression d'être au-dessus de tout, plus royalistes que le roi, solidement attachés au pignon de leur tribune, et s'étonnent de recevoir autant de coup de bec que les coups de griffes qu'ils ont distribués avec manifestement un véritable plaisir. D'autres se permettent des raccourcis quand ce n'est pas tout bêtement du plagiat, écueil qui n'est pas réservé, heureusement, à notre petit milieu.

D'ailleurs, n'est-ce pas une forme de snobisme que d'épiloguer, ergoter et disserter sur des sujets dont on ne maîtrise ni les tenants ni les aboutissants, tout en donnant l'impression qu'on sait tout? Il faudrait être à la hauteur des connaissances et du savoir-faire des ingénieurs agronomes, des docteurs en biologie, des diplômés en ampélographie ou des experts en sylviculture (exploitation rationnelle des arbres forestiers) et en tonnellerie, pour exprimer des opinions justes et éclairées quand on dépasse le niveau et la responsabilité de l'observateur qui n'est là que pour rapporter des faits ou livrer, le cas échéant, ses impressions. En fait, avons-nous tendance à en rajouter? Pour répondre à cette question, je pense au romancier français Alain Rémond qui, non sans humour, s'est fendu d'un papier dans *Marianne* intitulé « De tout sauf du raisin »: « L'ambition des critiques de vins, c'est de nous révéler ce qu'ils trouvent dans une bouteille de vin (à part le vin), de la plus humble à la plus renommée. Et là, je dis chapeau. Parce que, pour y trouver ce qu'ils y trouvent, je me demande comment ils font. *Belles nuances chocolatées et arômes de griottes qui précèdent une bouche sans mollesse.* Trouver du chocolat et de la griotte, mais sans mollesse dans un coteaux-du-languedoc, avouez que ce n'est pas à la portée de tout le monde. » En outre, si je me fie à mon entourage, je devine le décalage qui peut s'installer entre les pros qui essaient de débusquer la moindre trace d'amertume, le gramme de sucre qui empâte le palais, la rugosité du tanin qui assèche les muqueuses, et mon voisin, mon frère, ma cousine, qui vivent le moment présent avec pour principal souci en ouvrant un flacon, celui de savoir s'ils en auront assez...

Admettons toutefois que la situation, relativement sensible en matière de journalisme du vin, diffère d'un pays à l'autre. Les Anglo-Saxons manient très bien la plume, avec parfois autant de sévérité que d'humour. Les Français, en général peu flatteurs, n'ont pas la langue dans leur poche et sortent les crocs sans trop se gêner. De leur côté, les Belges ne laissent pas leur place, avec en prime un soupçon de dérision. Les Suisses sont assez accommodants, *softs* pourrait-on dire. À l'image du Québec où la plupart du temps il faut être gentil, respecteux et politiquement correct en faisant le moins de vagues possible. Ce qui, en corollaire, conduit plusieurs, au mieux à rester dans le propos nébuleux et imprécis, au pire à pratiquer une démagogie et une complaisance qui alimentent et renforcent des contre-vérités.

Les blogueurs

« Je ne fais pas un traître sou avec mon blogue ! » C'est ainsi, avec beaucoup de franchise, que m'a répondu David Pelletier, qui tient au Québec depuis quatre ans Le sommelier fou, dont le nom fait référence, en guise de clin d'œil, au chapelier fou d'*Alice au pays des merveilles*. David Pelletier se présente comme un enseignant, un auteur, un compositeur, un « petit dégustateur » (aux dires de sa conjointe), mais aussi un touche-à-tout qui pousse sa passion jusqu'aux confins de l'obsession. Il se décrit tel un iconoclaste qui tente, avec un peu de sérieux, de décoincer l'univers du vin. Sans complexe, il nous prévient qu'il y a quelques coups de pied au derrière qui se donnent ici et là, et que notre popotin n'est pas à l'abri. Avec un lectorat fidèle et 200 visites par jour, Le sommelier fou consacre une bonne partie de son espace à la critique de vin. Il fait une analyse qualitative, donne son appréciation sommaire, mais ne le cote pas par principe. La performance d'un vin, selon lui, n'est pas quantifiable. Il emploie un ton familier comme c'est devenu la coutume, en particulier sur les médias sociaux dont il est un adepte très impliqué.

C'est sur ce terrain principalement que le problème existe, entre les blogueurs qui font un bon travail, et les blagueurs, bavards comme des pipelettes, qui font plus dans le potin et polluent le Web en véhiculant des inexactitudes ou qui racontent des choses insensées, se contentant bien souvent de dénoncer des faits avant de les vérifier. On en a, hélas, des illustrations couramment dans l'actualité. Cela dit, des personnes plus scrupuleuses respectent les règles éthiques d'usage. Comme ce blogueur très actif qui m'a également confié qu'il ne gagnait pas sa vie avec ses articles, mais que la visibilité acquise dans son journal virtuel permettait au retraité qu'il était devenu d'être invité à de nombreuses dégustations qu'il juge exceptionnelles et à des rencontres enrichissantes. Cette façon d'être payé en « liquide » lui convient parfaitement. Très original – c'est un euphémisme – avec ses vidéos complètement déjantées, Olivier de Maisonneuve met le vin à la portée des gens, à sa façon. Toujours chez nous, je ne voudrais pas oublier Samy Rabbat, qui s'est reconverti avec un site qui nous tient au courant des événements du réseau de l'agroalimentaire, des alcools et de l'hospitalité, et qui fait œuvre utile auprès de tous les intervenants concernés.

Le cas de Marc-André Gagnon est un peu différent. Ancien journaliste, il est le propriétaire d'un site (Vinquebec.com) et continue d'agir, pour son plaisir m'a-t-il confié, avec l'esprit du journaliste indépendant. Il précise sur son site que près d'un million de pages ont été consultées au cours de l'année 2013 par 203 835 visiteurs, ce qui ferait de ce site, qui existe depuis 16 ans, le plus populaire au Québec. Les maîtres mots de l'auteur : pertinence, longévité, régularité, accessibilité et gratuité. Il tient à son approche journalistique, même si cela lui occasionne quelques différents, ne serait-ce qu'avec le monopole de la SAQ, pour lequel il n'a pas hésité, à ma demande, à donner son opinion dans la deuxième partie de ce livre.

Il existe dans le monde de nombreux blogues, dont certains très sérieux qui ont trouvé leur rythme de croisière. Je pense à celui de Miss Glouglou, en France, sympathique demoiselle qui participe entre autres à des concours de dégustation, et au site Les 5 du vin, suivant assez régulièrement ses drilles qui vont droit au but, aussi joyeux que rigoureux et compétents. Même si j'ai collecté des sons de cloche différents sur l'avenir à long terme de ces billets électroniques, dont bon nombre en effet ne font pas long feu, la montée en puissance de ces derniers et des réseaux spécialisés est très nette, d'après le magazine de l'organisme français Vin & Société. Le vin serait un des thèmes très suivis par les internautes. Principaux atouts : un accès facilité au vin pour tous. Auparavant, les informations étaient réservées aux initiés par l'intermédiaire de critiques et de guides spécialisés. Maintenant, elles le sont à portée de clics, précise le communiqué, ce qui fait réfléchir bien des gens… En revanche, il faudra que le ménage se fasse ; il en va du respect des œnophiles internautes.

16 BLOGUES OU SITES EN FRANÇAIS INTÉRESSANTS

Chacun son vin : chacunsonvin.com
Hervé Lalau : hlalau.skynetblogs.be
Huffington Post : quebec.huffingtonpost.ca/yves mailloux
Les fous du vin : fouduvin.ca
Les 5 du vin : les5duvin.com
Le sommelier fou : lesommelierfou.com
Les mots du vin : les-mots-du-vin.fr
Méchants Raisins : journaldemontreal.com/blogues/
    méchantsraisins
Millésime (Radio-Canada) : blogues.radio-canada.ca/millesime
Miss Gouglou (Ophélie Neiman) :
    missglouglou.blog.lemonde.fr
Olivier de Maisonneuve : vinsconseil.com
Samy Rabbat : samyrabbat.com
Sommelier virtuel : sommeliervirtuel.com
Vin-Québec : vinquebec.com
Vinternet : blog.vinternet.net
Vitisphère : vitisphère.com

En anglais :
Bill Zacharkiw : montrealgazette.com/life/food-wine/index.html

La mort est le seul événement biologique auquel le vivant ne s'adapte jamais.

Vladimir Jankélévitch, philosophe français

Bio ou pas, encore faut-il que ça soit bon !

Je n'ai rien contre le bio, la viticulture biologique et biodynamique, bien au contraire. Nicolas Joly, de Savennières, admiré ou controversé, et décrit depuis longtemps comme le pape de la biodynamie, est un ami de longue date et mon professeur en bio, si l'on veut... Mais j'ai la nette impression, une fois encore, que l'on fait feu de tout bio, pardon, de tout bois. Alors, quitte à défriser tous les bobos de la terre, j'ose déclarer que ce n'est pas parce qu'un vin est bio qu'il est forcément excellent ou qu'il est meilleur. Et au risque de me répéter, je réfute les propos de ceux qui disent que fatalement le vin n'est pas très bon s'il provient d'une grosse maison, d'une viticulture raisonnée, si l'on a ajouté des levures et des sulfites, j'en passe et des meilleures.

Précisons également que certains producteurs ne veulent pas se servir d'une approche parfois racoleuse qui profite du mouvement écologiste ambiant, en donnant à des produits une pseudo-plus-value qui leur permettra d'être vendus à des prix très élevés. Si bien que finalement, nombreux sont ceux qui travaillent en bio, à la vigne et à la cave, sans en afficher le label sur l'étiquette, sans s'en réclamer. Souvent, le prestige et la notoriété suffisent ! Et je les comprends, puisqu'il n'y a pas si longtemps, l'étiquette bio dans le monde du vin ne signifiait pas grand-chose pour la bonne raison que le contrôle se faisait uniquement à la vigne. Un vin estampillé bio pouvait donc vous refiler un bon mal de bloc à cause d'un emploi exagéré de sulfites à la cave. On verra dans ce chapitre que les choses ont quelque peu changé avec le règlement européen au printemps 2012, mais que la situation est loin d'être réglée à cause d'un évident manque d'unanimité, encouragé par une hypocrisie dans les faits et dans les gestes.

Néanmoins, il ne faut pas hésiter à remettre en cause bien des pratiques déraisonnables et lamentables, à la cave et à la vigne – c'est une évidence quand on sait que l'utilisation de produits chimiques (pesticides et autres fongicides) prend trop de place dans des pays viticoles d'importance – car il en va du futur et de la santé de notre planète. Et je pourrais ajouter : et de la santé, à court terme, des ouvriers viticoles qui sont en première ligne, s'exposant à des risques de contamination très élevés. C'est pour cela que j'ai tenu, dans mon dernier livre[11], à présenter parmi «Mes valeurs sûres», sorte de palmarès ou de *top ten,* comme on dit, des bonnes maisons, celles qui sont en bio, en biodynamie ou en conversion. Disons qu'il est encourageant de constater que le marché des vins issus de l'agriculture biologique progresse en France et ailleurs sur la Terre. Ne serait-ce que pour la prise de conscience environnementale du consommateur, c'est déjà un bon point. La notion de viticulture durable s'installe sérieusement, j'ai envie de dire durablement, et les jeunes sont revenus et d'autres reviendront, ce qui est, disons-le, une bonne nouvelle.

Des petites maisons, des domaines célèbres et des coopératives embrassent peu à peu la philosophie bio. Et puis cette tendance ne peut que s'accroître puisqu'en France les vins bio sont maintenant élaborés dans la plupart des appellations et concernent tous les types de produits : AOP, vins tranquilles et effervescents, blancs, rouges et rosés, VDN, IGP (autrefois vins de pays).

On sait maintenant, grâce à une étude poussée de l'Agence BIO que la surface de production biologique représentait 8,2 % du vignoble hexagonal (64 610 hectares) en 2013 (dont 24 % en conversion), une progression de 6 % depuis 2008.

PORTRAIT DE LA VITICULTURE MONDIALE EN BIO[12]

- 50 pays possèdent des vignobles cultivés en bio.
- En 2012, 80 % du vignoble mondial cultivé en bio se trouvaient dans l'Union européenne.
- Toujours en 2012, 285 000 ha de vignes (dont 95 % pour donner du vin) étaient cultivés en bio, une augmentation de 7 % par rapport à 2011.
- D'après les premières estimations disponibles, en 2013, 4,3 % du vignoble mondial étaient cultivés en bio dont 30 % de ces surfaces en conversion.

Les plus grands producteurs[13]
1. Espagne (27 % - 34 %)
2. Italie (22 % - 28 %)
3. France (22 % - 26 %)
4. Allemagne (4 %)
5. Autriche (3 %)
6. États-Unis (2 %)
7. Chili (2 %)
8. Argentine (1 %)
9. Portugal (1 %)
10. Nouvelle-Zélande (1 %)

Les plus grands consommateurs
1. France (21 %)
2. Allemagne (21 %)
3. Italie (11 %)

Définitions

Puisque beaucoup de gens disent tout et son contraire sur le bio, allons-y de quelques définitions.

Viticulture biologique

Jusqu'en 2012, un vin bio était un vin issu de la viticulture biologique et rien d'autre. C'est-à-dire que même un vin élaboré dans de piètres conditions pouvait être labellisé bio (AB) si les raisins avaient été cultivés en respectant des normes de production établies depuis 1991 par un règlement européen, et dont les grandes lignes sont les suivantes :

1. Cultiver les vignes et désherber sans produits chimiques de synthèse (engrais, pesticides, herbicides) ;
2. Être certifié par un organisme agréé ;

ÉVOLUTION DU VIGNOBLE FRANÇAIS CULTIVÉ EN BIO

- En France, le mode de production biologique représentait 8,2 % du vignoble national (64 610 hectares) en 2013 (dont 24 % en conversion), une progression de 6 % depuis 2008. Le nombre d'exploitations viticoles était de 4 916 en 2013. En tête de peloton, trois régions : le Languedoc-Roussillon (20 571 ha ; près d'un tiers du vignoble français en bio) suivi par la région Provence-Alpes-Côte d'Azur (15 128 ha) et l'Aquitaine (9 742 ha).
- Toujours en 2013, 197 caves coopératives produisaient du vin bio (contre 70 en 2009), dont huit exclusivement en bio.
- 60 % des vins bio produits en France sont vendus localement et 40 % à l'export.
- En 2013, un Français sur trois consommait du vin bio régulièrement ou de temps en temps et aujourd'hui, près d'un restaurateur sur deux a désormais du vin bio à sa carte.
- En janvier 2015, le Salon millésime bio à Montpellier (France) qui en était à sa 22e édition, a attiré 800 exposants.

3. Suivre ces règles pendant trois ans avant de prétendre à la reconnaissance en agriculture biologique, d'où la notion de conversion.

Il est bon de savoir toutefois que la vigne est quand même protégée par des produits chimiques, d'origine dite naturelle... tels que le dioxyde de soufre et le fameux sulfate de cuivre, employé dans la bouillie bordelaise pour lutter contre le mildiou, un de ses fléaux et maladie cryptogamique dont il faut toujours se protéger. Il y a évidemment matière à chicanes et c'est là que la biodynamie, l'ultime niveau de l'approche bio, intervient, avec ses décoctions et ses tisanes de plantes diverses.

Certification pour la vinification en bio

Depuis mars 2012, et ce n'est pas rien, un règlement européen, en plus des prescriptions se rapportant à la vigne, accorde une certification pour la vinification en bio. Labellisée par différents organismes, celle-ci est soumise à des principes (dont le dosage en SO_2, la traçabilité et l'étiquetage), des autorisations (utilisation de levures sélectionnées provenant de matières biologiques et bactéries lactiques pour la fermentation, terre à diatomées pour la centrifugation et la filtration, colles nombreuses, dont la bentonite, les caséines, l'ovalbumine, celles de poisson et les matières végétales issues de blé ou de pois, acides lactiques et tartriques, l'ajout, hélas, de copeaux de chêne, etc.) et des interdictions (concentration partielle à froid, élimination de l'anhydride sulfureux par des procédés physiques, désalcoolisation partielle, etc.). Les principaux certificateurs bio sont : AB (label gouvernemental), Ecocert, Agrocert et Bureau Veritas. Quant à Nature & Progrès, il s'agit d'une association qui délivre à ses membres un label d'agriculture et de cosmétiques biologiques.

En fouillant un peu, on découvre que le règlement a bien failli ne jamais voir le jour pour plusieurs raisons :

1. Comme dans bien des familles, on se déchire facilement, souvent pour pas grand-chose, mais ici l'écart est grand entre les puristes qui veulent avant tout que leur vin livre

la véritable expression du terroir (sols, climat, notion d'appellation, utilisation des levures naturelles, etc.), et ceux, davantage laxistes, qui osent profiter du label bio tout en produisant et en vendant beaucoup ;

2. Quand on sait qu'aujourd'hui chacun s'accorde à dire que le vin se fait d'abord et avant tout à la vigne, il y a lieu de convenir que la réalité, climatique principalement, n'est pas la même pour un Autrichien ou un Allemand qui a besoin de chaptaliser, pour un vigneron de la Loire qui tient – et il a raison – à éliminer les sucres résiduels de ses vins blancs secs, et pour les producteurs du bassin méditerranéen qui doivent corriger à la hausse le niveau déficient d'acidité naturelle de leurs cuvées ;

3. Le problème est un peu le même avec l'incontournable SO_2, élément qui fait débat et qui divise sérieusement la communauté vitivinicole (voir le chapitre *Tous les goûts sont dans* le *nature*, p. 131). Les viticulteurs installés dans des régions sèches n'ont pas le même besoin de se protéger des maladies cryptogamiques de la vigne que ceux qui œuvrent dans des zones humides.

On a donc trouvé un compromis qui semble faire la part belle aux défenseurs d'un cahier des charges moins astreignant. À regarder de près tous les produits autorisés (les fameux intrants) inscrits et les règles encadrant la vinification, on comprend pourquoi les purs et durs, sans être fanatiques ou intégristes, ne sont pas très contents, puisque l'on a gardé une grande latitude, relativement proche de ce qui se fait chez les producteurs sérieux, labellisés bio ou pas. Malgré la disparition de près d'un tiers des produits autorisés dans la vinification traditionnelle, les tenants de la ligne dure déplorent le fait que l'on en autorise encore quatre fois plus pour l'élaboration du vin bio que ne l'autorise l'organisme Demeter qui accrédite les vignerons biodynamiques. Mais les plus pragmatiques reconnaissent que ce règlement européen a au moins le mérite d'exister, que l'on a fait un bon pas en avant, que les doses de soufre ont été réduites, qu'il s'agit d'une réelle amélioration puisqu'en théorie on ne peut guère trouver de vins issus de l'agriculture biologique spoliés par des matières chimiques. Cela dit, les laissés pour compte, déçus pour ne pas dire enragés par ce qu'ils ont appelé une fumisterie, se consolent en pensant à ce mot de Jean Rostand, éminent biologiste et pamphlétaire: «Le biologiste passe, la grenouille reste». Surtout en sachant que le règlement devrait être sérieusement remis en cause, et amélioré, au cours de l'année 2015 (affaire à suivre…).

Les points positifs de l'approche bio

⚜ D'un point de vue commercial, il est indéniable que les vins bio ont la cote, même si les ventes commencent à se stabiliser, après plusieurs années de croissance. Bien des vignerons en France, en Italie, en Espagne, en Autriche ou en Allemagne ont vu leurs ventes directes à la propriété augmenter grâce à leurs vins bio. Les salons se multiplient et à n'en point douter, la demande est là, tant sur les marchés nationaux qu'à l'exportation

⚜ L'approche des vins bio, surtout depuis le règlement européen de 2012, a permis d'améliorer la notion et l'image de l'appellation d'origine. Pour les tenants du bio, il existe un engouement, une prise de conscience bien réelle, et les labels de certification sont respectés.

⚜ Même si des zizanies subsistent à cause de l'utilisation de divers produits, tels que le sulfate de cuivre, il n'en demeure pas moins que l'approche bio représente un progrès pour la santé publique et pour l'environnement. On parle de dosage, on parle de raison… Est-ce à dire que la culture raisonnée (approche culturale fort répandue qui permet de traiter uniquement selon les besoins) et la culture bio peuvent à l'occasion avoir de bonnes raisons de flirter sur le terrain?

⚜ En ce qui concerne la dégustation, et c'est quand même important de le mentionner, l'approche bio conduirait, avec le temps, à une manifestation précise du terroir, à une expression de pureté qu'exprime bien souvent la sensation de minéralité. L'autre élément concerne l'acidité qui participe à la fraîcheur d'un vin (je ne parle pas ici de température de service), qu'il soit rouge, rosé ou blanc.

L'approche bio permettant de cueillir des raisins dans un excellent état sanitaire, il est facile de doser et de limiter la quantité de SO_2.

- Issu de petits rendements, élaboré dans les meilleures conditions, un vin bio, en partie grâce à cette approche, possède autant, sinon plus, d'aptitudes au vieillissement.

Les points négatifs de l'approche bio

- Sur le terrain, les vignerons autant objectifs et honnêtes que passionnés vous diront que travailler en bio ressemble à un sacerdoce. Cela demande du temps et exige aussi d'user de beaucoup d'huile de coude. Le travail est difficile, parfois décourageant, et la rentabilité de l'entreprise peut finir par l'emporter sur la vertu, au point de revenir, comme plusieurs le font, à une viticulture conventionnelle, de crainte de perdre une récolte en cas de coup dur.
- Les coûts de production restent élevés, tout comme ceux de la conversion qui sont inévitables, d'une part à cause d'une main-d'œuvre importante, à la vigne en particulier (on pourrait baisser les chiffres du chômage si le bio se généralisait), et d'autre part avec des rendements à l'hectare jugés insuffisants.
- En corollaire, l'augmentation des prix des vins est une évidence, et on doit rester sur ses gardes pour ne pas se faire avoir. Cela dit, chacun sait que la spéculation peut faire plus de ravages que la démarche bio elle-même.
- Avec les différents labels et autres logos qui fleurissent sur les étiquettes, et les textes qui envahissent et enjolivent les contre-étiquettes, le consommateur se sent perdu. Autant une approche directe et concise peut l'aider, autant le bon et vrai message va se noyer dans trop d'explications.
- Pour bien des intervenants du commerce du vin, chez les cavistes et en grande surface, c'est encore la qualité intrinsèque du vin, et la réputation du producteur – j'en suis personnellement convaincu – qui prime avant tout sur son succès, au-delà des labels et des logos.

Le vin est-il bourré de pesticides?

Et quel est l'impact sur notre santé de la présence de résidus de pesticides dans certains aliments? Voilà deux questions que les gens se posent à bon escient. Seulement, on peut se dire que si l'on en trouve des traces dans le vin, les conséquences sur la santé de l'homme sont peut-être moins lourdes qu'en ce qui concerne les fruits et les légumes puisque le vin est le résultat de la fermentation du jus de raisin, étape censée détruire les molécules incriminées. Selon plusieurs études, américaines et européennes, pomme, céleri, laitue, chou, épinard, tomate, fraise, pêche, pomme de terre et raisin seraient parmi les aliments les plus affectés par les pesticides. Mais qu'en est-il du vin? Une enquête a été menée par le magazine de consommation *Que choisir* en France en septembre 2013. Et je reproduis ici l'en-tête de leur article: «Issu de raisins cultivés en agriculture traditionnelle, raisonnée, voire "bio", aucun vin n'échappe aujourd'hui à la pollution par les produits phytosanitaires appliqués sur les vignes.» Quatre-vingt-douze vins ont été analysés par un laboratoire indépendant installé à Bordeaux. Comme le rapporte mon collègue César Compadre dans le journal *Sud-Ouest*, l'expert, Pascal Chatonnet, qui dirigeait les opérations, a déclaré à l'époque: «Il s'agit de quantités infinitésimales. Aucune inquiétude en termes de toxicité», même si les quantités trouvées étaient parfois jusqu'à 300 fois plus importantes que la limite permise pour l'eau potable. Bon, c'est rassurant! Et quand on sait par ailleurs, en ce qui concerne le vignoble français, que primo, c'est encore dans les régions où l'on traite le moins que l'on trouve les vins les moins pollués, et secundo, que la France reste un des champions en Europe de l'utilisation des pesticides, on peut se dire qu'il reste du travail à faire pour changer les mentalités. De là à passer au vin nature? (Voir chapitre *Tous les goûts sont dans le nature*, p. 131.) Prudence! Surtout quand on sait que l'enquête doit être nuancée et qu'elle n'a pas fait l'unanimité parmi plusieurs intervenants, dont le regroupement de producteurs La Renaissance des Appellations, et Marc Dubernet, expert et propriétaire d'un laboratoire connu près de Narbonne dans le Languedoc, qui réagit vigoureusement dans une entrevue sur le site Vitisphère (27-09-2013), nous apprenant en passant qu'«il y a des molécules qui, même à forte dose sont sans danger alors que d'autres peuvent être nocives à très faible teneur».

La biodynamie, en quelques mots

Née des théories de l'Autrichien Rudolph Steiner (1861-1925), père de l'anthroposophie, la biodynamie, considérée par les cartésiens comme un dada ésotérique, invite le viticulteur à calquer ses interventions sur les rythmes lunaires et terrestres. L'approche tient compte d'un calendrier (biodynamique ou lunaire) et des influences cosmiques pour redonner vie aux sols et traiter la vigne avec des préparations dynamisées à base de plantes, de compost, de résidus organiques (bouse de vache) et de silice, et pulvérisées par la suite en doses homéopathiques. Beaucoup d'intervenants du milieu viticole rient dans leur barbe, mais il n'en demeure pas moins que d'illustres producteurs sont devenus des adeptes de cette philosophie (je pense notamment à Nicolas Joly à la Coulée de Serrant, chef de file principal au début du mouvement). On peut citer également le domaine Huet (Vouvray), et Thierry Germain (Saumur) en Pays de Loire, mais aussi, pour ne nommer que ceux-là, les châteaux Fonroque et Climens à Bordeaux, Marcel Deiss et Zind-Humbrecht en Alsace, Leflaive, Leroy, De Villaine et La Vougeraie en Bourgogne, Michel Chapoutier dans la vallée du Rhône, Stéphane Tissot dans le Jura, Gauby et certaines propriétés du Groupe AdVini dans le Languedoc-Roussillon et enfin, les domaines Abbatucci et Maestracci en Corse. Pour en avoir dégusté passablement, je peux avancer que bien des crus élaborés en biodynamie possèdent pureté, vivacité et intensité, dans la même veine que certains vins bio. Les principaux certificateurs sont : Demeter, Biodyvin.

UNE INITIATION CROISÉE MAIS BIAISÉE

En parlant du bio à tout prix, c'est justement ce qui m'a gêné dans le livre *Les Ignorants,* une imposante bande dessinée issue d'une excellente prémisse, celle de mettre en relation deux personnes de professions différentes (en l'occurrence un auteur de BD et un vigneron) qui vont, tout au long du livre, apprendre la réalité du métier de l'autre. Au-delà du talent de Davodeau, l'auteur, on assiste à une rencontre bon enfant entre deux passionnés, et on comprend aisément les étapes et les ficelles du travail des deux protagonistes. Là où le bât blesse, c'est que le lecteur pas trop renseigné va croire, à cause d'un manque évident de nuances, que *tout le monde il est bio, tout le monde il est gentil* (allusion à un film français du début des années 1970), et qu'à la fin, il ne reste que les bons et les méchants, les gros, forcément industriels qui font de la vinasse, et les petits qui font du bon et ne travaillent qu'en bio. C'est dommage, le coup de crayon est un peu épais!

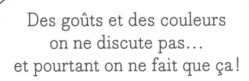

Des goûts et des couleurs
on ne discute pas…
et pourtant on ne fait que ça !

Friedrich Nietzsche,
philosophe et poète allemand

Tous les goûts sont dans *le* nature… même les mauvais !

La scène se passe dans un bon restaurant de Québec, connu pour ses importations privées, c'est-à-dire des vins qui ne sont pas disponibles en magasin, et qui sont proposés par une agence indépendante (voir p. 242). La personne qui nous invite est tout excitée à l'idée de me faire goûter le vin qu'elle a choisi. Le service est bien fait, et je suis, comme à l'habitude, de bonne humeur. Je regarde la couleur, je hume, je goûte, deux fois plutôt qu'une, sachant, si je me fie à Brillat-Savarin, que c'est à la dernière gorgée que les arrière-goûts se développent, et j'essaie de masquer ma grimace. Je peux jouer un tantinet la comédie mais je sais que mon visage va me trahir. Je suis, paraît-il, expressif… Une chose est sûre : le vin n'est pas bon ! Enfin, est-il infect ou est-ce que je ne l'aime pas ? Eh bien, c'est très simple, je ne l'aime pas car il n'est pas bon ! J'ai fermé les yeux, et à l'olfaction, ce merveilleux nectar m'a ramené à l'époque de mes vacances à la campagne, quand nous allions chercher le lait à la ferme et que nous rapportions en même temps, logées dans nos narines et imprimées dans notre esprit, les odeurs immanquables de la basse-cour. En prime, je détecte en bouche une présence de gaz carbonique. Je n'ai pas vu l'étiquette avant de le goûter mais je connais bien la personne qui nous invite. Je ne tourne pas long-temps autour du pot et je lui fais part de ma très grande déception.

LE VIN NATUREL, UNE DÉFINITION

Allez sur Internet, et vous serez épatés par le nombre de sites qui exploitent ce filon du naturel à l'excès, avec parfois un flou artistique et philosophique étonnant. À l'inverse, je vous livre ici cette définition prise sur fr. morethanorganic. com, qui a au moins le mérite d'être claire. «Vin naturel: c'est un vin vinifié le plus naturellement possible en respectant les qualités intrinsèques des raisins. La fermentation se déroule naturellement, c'est-à-dire sans ajout de levures aromatiques en sachet (on laisse travailler uniquement les levures indigènes du raisin), sans ajout de sucre (chaptalisation), sans acidification des moûts, sans enzymes, sans collage et le plus souvent sans filtration (ou une filtration très légère), d'où souvent un léger trouble qui ne gêne en rien la dégustation. Au niveau du dioxyde de soufre (SO_2 ou sulfites), le vigneron n'en rajoute que si nécessaire en fin de fermentation ou au mieux avant la mise en bouteille, dans des proportions souvent 7 à 10 fois moindres que les doses autorisées. Bref, un vin sans maquillage œnologique qui reflète cépage, terroir et millésime.» Précisons ici que le terme naturel a perdu son «l» pour être remplacé peu à peu par le mot nature. Dans un souci de précision, il serait pertinent, quand c'est le cas, d'indiquer sur l'étiquette la mention *Sans sulfite ajouté*.

Il met à son tour son nez dans le verre, et c'est fort dépité qu'il rappelle la sommelière qui lui avait suggéré cette splendide piquette *nature* offerte au coût de 117 $, taxes et service compris… Le pire, dans cette affaire, c'est que le nature est tellement tendance que la jeune employée et son patron sont convaincus que le vin est bon. On est branché ou on ne l'est pas. Problème!

L'autre exemple m'a été rapporté par Philippe Guigal, un producteur français réputé s'il en est, qui sait de quoi il parle, et qui propose des cuvées pour lesquelles la plupart des amateurs de la planète sont prêts à faire des bassesses. Il se trouve en Suède, dans un restaurant étoilé Michelin. Au programme, un menu dégustation exceptionnel préparé par un grand chef très sympathique. Entre 12 et 15 services accompagnés par autant de vins dits nature, servis par un sommelier affable et efficace. À part un gamay à la *buvabilité* (voir p. 46) incontestable, il semble que les autres vins se soient baladés entre l'acidité volatile, les *brett* (voir p. 45), et toute la panoplie des défauts que l'on préfère ne pas trouver sur son chemin. Des cas d'école, comme on le dit si bien…

Vins Doux Naturels, vins naturellement doux et vins nature

Il y avait déjà les *Vins Doux Naturels* et les *vins naturellement doux*. Voilà donc maintenant que l'on veut nous séduire avec les *vins naturels* et les vins *nature*, laissant sous-entendre que tous les autres sont artificiels. Il suffit de voir ce qui se passe dans la bistronomie parisienne et chez de nombreux cavistes pour noter que la tendance se répand telle une traînée de poudre. Ici, la SAQ n'est pas en reste puisqu'elle vient de nous proposer (en avril 2015) quelques cuvées de ce type, sans toutefois avoir exigé des fournisseurs une teneur minimale en sulfites. Je les ai goûtées et j'ai particulièrement apprécié le chinon (Beaumont) de Catherine et Pierre Breton, et le touraine (Première vendange) de l'ami Henry Marionnet, deux producteurs de qualité que nous connaissons depuis longtemps.

Les professionnels le savent, le vocable *Vins Doux Naturels* fait référence à une législation de vins français dont on a arrêté la fermentation par mutage, c'est-à-dire en ajoutant de l'alcool au moût (comme dans un maury ou un muscat-de-frontignan). Par contre, les vins dits naturellement doux sont les vins liquoreux de style sauternes ou coteaux du layon, et sucrés parce que l'on a gardé un taux de sucres non fermentés à partir de raisins naturellement très sucrés. Aujourd'hui, dans toutes les sphères d'activité alimentaire, pour tout ce qui se mange et se boit, on est à la recherche du vrai, du beau, du frais, de l'équitable, du durable, du vert, du léger, du croquant, du pur, du nature, etc. Malgré un soupçon de snobisme qui affleure ici et là, tout cela est louable dans la mesure où l'on ne raconte pas n'importe quoi. Hélas, une fois sur deux, j'ai dégusté des vins sans sulfites, puisque c'est de cela qu'il s'agit supposément, qui n'étaient tout simplement pas bons, pas savoureux, en un mot désagréables. Cela signifie également qu'une fois sur deux ou presque, j'en ai bu des bons, parfois un peu trop chers, mais bons. Or, je vous le demande, doit-on payer pour souffrir ?

Je suis de près les progrès de la viticulture bio, qu'elle soit biologique ou biodynamique, mais qu'en est-il exactement des vins nature ? Je suis conscient que je ne vais pas me faire beaucoup d'amis chez les partisans du *nature* à tous crins, et il y en a parmi les producteurs, évidemment, mais aussi parmi les jeunes sommeliers qui débutent, parmi certains restaurateurs et chefs renommés, et parmi plusieurs journalistes spécialisés. Le plus drôle, ou le plus accablant, c'est de rencontrer quelqu'un, fort sympathique par ailleurs (je viens de terminer une tournée de cavistes pour les besoins de ce livre, entre Paris et la province) qui m'a parlé de son penchant pour les odeurs et les saveurs qui représentent des problèmes au nez et à la bouche des anciens, tout en me proposant des microcuvées pas données, et forcément peu disponibles pour la grande majorité.

Mais il suffit de parler à des œnologues sérieux et conscients du problème pour mieux cerner cette vogue qui fait les délices d'une certaine clientèle qui se gargarise de modes et de nouveautés, du moment que cela décoiffe... À ce sujet, je partage la réflexion d'Olivier Assouly, philosophe et spécialiste de l'alimentation et du goût, qui déclare dans un article convaincant du journal *Libération* (12-8-2015) consacré aux vins naturels : « En voulant créer un nouveau produit, plus simple à aborder pour les non-connaisseurs, le monde viticole se dirige vers un modèle de goût uniformisé, quitte à perdre des saveurs en route. » Tout en précisant plus loin : « seuls quelques producteurs expérimentent, découvrent, inventent des manières de soigner la vigne, de vinifier, d'affiner des saveurs. Ils posent des règles, les remettent si nécessaire en question, tandis que la majorité reprendra à son compte des préceptes, soit par conviction, soit en exploitant opportunément un phénomène de mode. » Et il poursuit, en parlant de ces vins qui en fin de compte : « présentent un goût presque identique – évoquant un panier de fruits rouges –, tout en étant pourtant issus de cépages et de terroirs différents. Une telle typicité gustative, aussi marginale soit-elle, va dans le sens d'un nivellement des saveurs. Phénomène que l'on rencontrera autrement, dans une viticulture standardisée usant des ressorts tapageurs du boisé, du vanillé, du fruité, etc. » Chaque année, je passe une semaine à Paris au concours de dégustation Les Vinalies internationales, avec de nombreux experts en œnologie de la planète, et leurs réflexions sont éloquentes. Tout est une question de mesure et d'équilibre, et la majorité m'a manifesté sa grande perplexité, et pour d'aucuns leur exaspération, devant cette approche qui est loin de faire l'unanimité. Les irréductibles du vin nature, particulièrement ceux qui fuient comme la peste les règles classiques de l'œnologie, rétorqueront avec raison que personne ne détient la vérité. Personnellement, je suis le premier à me méfier des aficionados du laboratoire, mais il est essentiel, pour se faire une bonne idée, d'écouter les avis des parties concernées.

La réalité, ou la fragilité du vin nature

Car la tendance, chez les purs et durs, est de ne pas utiliser du tout le SO_2, qui pourtant, en plus d'être antibactérien, protège le vin de l'oxydation et lui permet de se conserver. Au départ, l'intention est bonne puisque les vignerons qui veulent s'afficher *nature* non seulement doivent pratiquer la culture biologique, mais caressent aussi légitimement le désir de ne produire que des vins purs au fruité éclatant. On ne peut leur en vouloir. Mais les conséquences peuvent être désastreuses, et singulièrement catastrophiques dans le cas des vins qui ont voyagé pour se rendre dans nos caves et sur nos tables. Je dois mentionner, et c'est un signe indicateur, que les vins nature importés par la SAQ ont bénéficié d'un transport réfrigéré.

Quoi qu'il en soit, on se retrouve trop souvent en présence de produits difficiles à reconnaître d'un point de vue aromatique, avec des notes de serpillière dues à de mauvaises lies, au mieux avec des notes de pommes blettes, et tout cela à cause de l'oxydation ou des bactéries qui se sont joyeusement installées dans le précieux liquide. Le problème qui peut se rajouter en plus, c'est que l'on veut à tout prix cueillir des raisins très mûrs pour obtenir des vins généreux et joufflus. On se retrouve dès lors avec un moût puis un vin faible en acidité, qui sera en conséquence fragilisé. D'où la difficulté de se passer du SO_2.

Alors? Aurait-on dénaturé le mot *nature*? Paraît-il que bon nombre de producteurs, sensibles au problème, refusent de vendre leurs vins à certaines époques de l'année, conscients du risque de les voir se présenter avec des altérations au nez et en bouche. En fait, que ce soit pour traverser son pays ou l'Atlantique pour se rendre en Amérique, un vin doit être stabilisé. Et sans ajout de sulfites à la mise en bouteille, si c'est risqué pour certains, c'est mission impossible pour la plupart des spécialistes que j'ai interrogés, avec la certitude de se retrouver face à des problèmes grandeur nature...

Une idée qui ne date pas d'hier

L'envie d'élaborer des vins dits naturels ne date pas d'hier. On peut en effet remonter au début du siècle dernier, dans le sud de la France en particulier, lorsque les vignerons du coin tenaient à ce que leurs vins soient exempts de mouillage (ajout d'eau) et de surchaptalisation (ajout exagéré de sucre). Beaucoup plus tard, les vignerons du Languedoc-Roussillon ont compris que s'ils voulaient survivre face à la concurrence, ils devaient se démarquer par la qualité de leur production et la mise en valeur de leurs terroirs, tout en s'éloignant des pratiques industrielles. À l'heure actuelle, on peut ajouter aussi le souci du consommateur – et de la consommatrice – qui se bute encore trop souvent à un vin qui donne mal à la tête à cause d'une dose trop élevée de SO_2 (ajoutée pour mieux conserver la boisson). On peut comprendre que le bio a pris, en toute légitimité, son importance, puisque cette conscience écologique, avec en filigrane un retour aux pratiques ancestrales, permettait enfin de produire des vins proches du goût originel. L'arrivée des vins nature représente donc à mes yeux une pensée extrême de l'approche bio, avec les dérives qui en découlent, puisqu'il n'existe pas, du reste, de législation ni de consensus autour de sa définition exacte. Et chacun sait, au risque de me répéter, qu'il en va du vin comme du reste, il faut se méfier des extrêmes...

Je dois dire qu'il m'est arrivé de rencontrer plusieurs vignerons nature avec qui j'ai pu échanger – je pense évidemment à Marcel Lapierre, de Morgon, aujourd'hui disparu –, et goûter des vins qui tenaient la route, des cuvées qui avaient été élaborées à n'en pas douter dans des conditions d'hygiène parfaite. Mais Dieu qu'il fallait prendre des précautions ! En plus d'être bu sur place, c'est-à-dire chez le producteur, le vin a fait moins de 100 mètres pour arriver dans mon verre, après avoir été versé en carafe pour permettre au gaz carbonique issu de la fermentation, et précieusement conservé pour suppléer à l'absence du SO_2, de se faire la belle… Je me demande même si l'on n'avait pas baissé la température de la pièce, de crainte de… Je plaisante, et si je n'ai pas encore été totalement et sincèrement ébloui, je ne demande qu'à l'être. Je vais tenter, dans un avenir rapproché, de me rendre au Salon de la dive bouteille qui se tient chaque année dans la région de Saumur, ou au Vini Circus, festival des vins nature qui se tient à Guipel en Bretagne et qui attire une soixantaine d'exposants, dont une bonne moitié est représentée à armes égales par le grand Languedoc et les Pays de la Loire.

LE CHAMPAGNE BRUT NATURE

Cela fait déjà des années que plusieurs maisons de champagne proposent des cuvées Brut Nature ou Zéro Dosage qui affichent des taux de sucre résiduel quatre fois moins importants que dans les cuvées classiques. Avec ce mot *nature,* on fait référence à la pureté du vin. L'excellente maison Drappier va encore plus loin en offrant deux cuvées de ce type 100 % pinot noir, la première contenant une quantité minimale de SO2, et la seconde indiquant sur l'étiquette la mention *Sans ajout de soufre.*

Toute la vie
est une question de choix.
Cela commence par : la tétine ou le téton ?
Et cela s'achève par : le chêne ou le sapin ?

Pierre Desproges, humoriste français

Entre quatre planches !

Je me souviendrai toujours de mes premières vacances au bord de la mer, à La Baule, une station balnéaire où les Parisiens fortunés venaient se dandiner sur l'avenue du Général-de-Gaulle, au bout de laquelle se trouvent toujours le remblai et cette magnifique baie de neuf kilomètres de long avec sa plage de sable fin chauffée par le Gulf Stream. Nous étions privilégiés, avec mes frères et mes sœurs, d'aller dans ce coin de la Bretagne du Sud. Nous n'étions pas riches mais heureux – nos petits seaux de plastique, le parasol et le tapis de plage nous suffisaient amplement – et quand nous partions tôt le matin à la pêche aux rigadeaux avec nos parents, nous étions les rois du pétrole... En fait, notre grande richesse, c'était de retrouver l'oncle Henri, tante Maïte, et nos cousins, Xavier et Marie Odile. Et le bonheur, c'était de dormir dans le grenier, au-dessus de l'atelier de mon oncle. Atelier d'ébénisterie et de menuiserie qu'il avait repris de mon grand-père et dans lequel Xavier, son fils, a fait ses premières armes. Henri, donc, le frère de ma mère, était un homme bon et jovial qui passait son temps à faire des calembours – ma chère cousine a pris le relais – et surtout qui nous permettait de jouer sur les billots au fond de la cour, et entre les piles de lattes de chêne, de pin ou de merisier.

Plus tard, j'ai toujours pensé que ma famille Maurice m'avait donné le goût, si l'on peut dire, du bois qui sent bon la sciure, du rabot qui dresse une planche, du maillet qui frappe en douceur et des égoïnes aux différentes dentures. C'était il y a très longtemps, mais les odeurs me sont restées. À chaque fois que je visite une tonnellerie, je retourne à La Baule par la pensée, et quand j'entre dans le chai d'un domaine bien garni de fûts, de pièces, de demimuids et autres feuillettes, je me surprends, discrètement, à les caresser.

Entre la douelle et l'inox

Le sujet n'est pas nouveau, mais l'éclairage est différent. Depuis l'arrivée des vins californiens puis australiens, l'emploi du chêne pour l'élevage du vin a maintes fois été à l'ordre du jour. Il était courant, il y a 25 ans, de parler de vins maquillés, de cuvées indûment boisées, de jus de planche, et de dénoncer par le fait même les dérives reliées à une surutilisation de la barrique. Il s'agissait principalement d'une question de dosage, en termes de quantité et de durée. Puis est arrivée l'époque, même si les abus n'ont pas cessé pour autant, où nous nous sommes interrogés, non plus sur la quantité, mais sur la qualité, l'origine des bois utilisés. Chêne français ou chêne américain? Question importante quand on a appris l'influence que cela peut avoir sur le produit final. De quelle forêt viennent les arbres? Quelles chauffes ont été pratiquées sur les douelles (les planches qui forment la barrique)? L'empreinte ne sera pas la même sur un vin qui a été élevé 18 mois dans du chêne américain qui a subi une forte chauffe (*toasting*) que sur un vin qui a passé 12 mois dans un fût du Limousin qui a subi une chauffe légère. Qui est votre tonnelier? Quels sont vos fournisseurs? Quel est le pourcentage de vin qui est passé dans le bois? Quel est l'âge des fûts? Il y a tant de paramètres qu'il est illusoire de penser s'y retrouver facilement, le verre à la main. Certes, les questions se posent encore très souvent lors de nos visites dans les vignobles et pendant les dégustations auxquelles nous participons. Et on peut convenir aujourd'hui que de nombreuses maisons dans plusieurs pays ont fait des progrès que l'on se doit de souligner. Le phénomène, et c'est tant mieux, a donc évolué dans le bon sens, vu qu'on a trop longtemps laissé croire qu'un vin, rouge en particulier, doit à tout prix passer du temps sous bois pour être bon. Les pays traditionnels, la France, l'Italie, l'Espagne et le Portugal notamment, y sont assurément pour quelque chose, mais les Anglo-Saxons ont récupéré bien vite, et à mon avis sans trop de discernement, cette règle qui insinuait qu'un passage dans le bois donnerait automatiquement aux vins des vertus insoupçonnées.

En outre, aussi ouvert que je puisse l'être aux vins du Nouveau Monde, je pense encore, sans aucun chauvinisme évidemment, que c'est en France que l'on maîtrise plutôt bien cette étape de l'élevage des vins, autant pour les rouges que pour les blancs. Une tradition séculaire, une qualité de la matière première grâce à une gestion rigoureuse des forêts, et une connaissance poussée du métier de tonnelier, expliquent probablement cette aptitude des Français à travailler étroitement en harmonie avec ce chêne que la planète s'arrache.

Il va sans dire que j'aime les vins qui ont été soumis à un élevage en fût intelligent et bien fait, total ou partiel, avec une futaille neuve ou usagée. Si le terroir et la personnalité du précieux liquide sont sublimés par cette coutume ancestrale, et dans les meilleures conditions, ô combien bénéfiques, bravo! Mais il est clair que même la meilleure des barriques ne fera pas de prodige si le vin concerné n'a pas les qualités requises pour y séjourner, ne serait-ce que quelques mois.

Vive les vins non boisés

Hiver 2007, je reçois une invitation à me rendre à Mendoza, capitale du vignoble argentin, pour faire partie d'un jury de dégustation et présenter du même coup, avec d'autres étrangers, un exposé dans le cadre d'un séminaire sur les vins du pays. Ça tombe bien puisque je suis sur le plan de travail de mon prochain livre qui portera sur les vins sud-américains. Je vais donc pouvoir faire d'une pierre deux coups, ce qui n'est pas négligeable quand on part si loin. Je m'empresse de répondre par l'affirmative et je pense au thème, pour lequel j'ai carte blanche. Mais, à la demande des organisateurs, nous devons choisir un vin, peu importe son origine, qui fonctionne bien dans nos marchés respectifs, et qui servira à appuyer notre propos. Suite à une laborieuse analyse, je jette mon dévolu sur un costières-de-nîmes, un assemblage de grenache et de syrah à prix très raisonnable du sud de la France, qui n'a pas connu le chêne, et qui fait une certaine unanimité chez mes collègues et les œnophiles éclairés. Décision un peu culottée quand on sait qu'à cette époque, surtout dans ce pays, les vins rouges qui ont la cote sont assez puissants, tanniques dans leur jeunesse, et malbec ou pas, ont la plupart du temps séjourné en fût dans le meilleur des mondes, ou ont reçu, hélas à des fins cosmétiques, la visite des copeaux...

La veille de ma présentation, après avoir « mâché » pendant cinq jours près de 300 cuvées très colorées, à la limite de l'astringence pour certaines, je me fais du mouron et je me demande quelle idée m'est passée par la tête de me lancer ainsi dans une telle aventure. Il paraît que c'est le genre de situation qui garde jeune... ou fait vieillir prématurément. J'ai pris une bonne lampée de torrontés bien frais et je me suis dit : « Tant pis, ça passe ou ça casse ! »

Le lendemain, après avoir fait le point avec mon interprète, et adressé mes félicitations aux Argentins pour cette initiative de goûter et comprendre ce qui se fait ailleurs, je me permets, avec une pointe d'humour, de souligner la franchise de ceux qui avouent sans aucune gêne comment ils améliorent leurs produits à bas prix avec force copeaux. Le verre à la main – les responsables avaient acheté 48 bouteilles de chacun des crus choisis pour tout ce beau monde – ils peuvent concéder qu'un vin rouge qui n'a pas vu le bois ne signifie pas nécessairement quelque chose d'ordinaire, de très léger, un vin de soif banal dépourvu de matière, de colonne vertébrale et de personnalité. J'essaye de leur dire que les amateurs sont à la recherche de vins vrais, expressifs, non dénués d'élégance, et pas nécessairement de tous ces rouges puissants, faussement ou richement boisés, qui sont fréquemment trop lourds et dépourvus de finesse. Par chance, j'ai en face de moi, en plein milieu des 350 participants, un des producteurs les plus connus et influents de la région, chez qui j'ai mangé deux jours avant et avec qui j'ai particulièrement sympathisé et beaucoup échangé. Pour ne pas gâcher mon plaisir, je me suis bien gardé de lui donner le sujet de ma future intervention. Je sais bien qu'il utilise les copeaux, entre autres pour une cuvée à bas prix qu'il produit en grosse quantité et qui a du succès au Québec. Ce qui lui permet, entre nous, de faire rentrer des devises qui lui donnent les moyens d'élaborer aussi des crus d'excellente qualité, élevés dans les règles de l'art. Je le sens attentif et je crois qu'il a apprécié, au-delà de mon aplomb, ma franchise, teintée je dois l'avouer, d'une dose de naïveté. À ma grande surprise, il se met à m'applaudir. Pour le contenu ou pour me faire plaisir? J'espère que c'est un peu pour les deux. Il n'empêche qu'à la fin, à voir les réactions dans la salle et les commentaires reçus sur place, puis assez curieusement par courriel dans les jours qui ont suivi, j'ai osé croire que le message était peut-être passé, un peu...

Le soi-disant miracle des infusions

Une des conséquences regrettables du fait qu'il faut toujours gagner du temps et faire des vins soi-disant collés au goût des consommateurs, est cette pratique de l'immersion de planches ou de l'infusion de copeaux dans la cuve, et autres chips, bâtonnets ou paillettes qui vont, comme par enchantement, remplacer la futaille de nos aïeux. En d'autres mots, on en est également rendu dans ce domaine à faire un peu n'importe quoi puisque l'on sait qu'un élevage en barrique favorise une oxygénation lente et conti-nue, dite «ménagée», grâce à la pénétration de l'air par le trou de la bonde (bouchon principal), par les joints entre les douelles et à travers le bois.

L'ironie dans tout cela? Pendant que les Américains, les Australiens, les Néo-Zélandais et les Sud-Américains font des efforts pour travailler avec plus de mesure et de subtilité – on trouve de nombreux vins *unoaked* et *unwooded* (non boisés) issus de ces pays – plusieurs producteurs européens tombent dans le piège des copeaux afin de contrecarrer les effets d'une concur-rence déloyale... Cela dit, il est important de savoir que les prix ont flambé, et qu'une barrique de 225 litres se vend entre 560 et 860 € (800 $ à 1200 $) en fonction des tonneliers et du type com-mandé. Ce qui augmente les dépenses de production. Le chêne américain est meilleur marché, puisque le prix oscille entre 400 et 700 $. On ne peut négliger non plus l'existence des essences russes et hongroises relativement proches du chêne français pour ce qui est des caractéristiques et des tarifs. Ces coûts ont donc favorisé ces nouvelles approches qui ne font pas l'unanimité même si de nombreux décrets concernant les appellations d'ori-gine françaises (AOC ou AOP) autorisent à ce jour l'utilisation des copeaux (voir l'encadré p. 144). On a commencé par les vins de table sur une base expérimentale, puis les vins de pays

DU RIFIFI DANS LE CHAMPIGNY !

Si l'AOC Saumur avait droit au *copotage* (le mot vient de sortir) depuis un certain temps, sa voisine et cousine Saumur-Champigny (1 400 hectares de vignes en rouge uniquement) s'en était préservé. Une assemblée générale du syndicat a permis à ses membres de se prononcer fin janvier 2015, et malheureusement une majorité a voté pour s'affranchir du décret (de 2010) qui interdisait l'emploi des copeaux dans les bonnes cuves de cabernet franc (cépage à la base de ce vin). Les passions se sont déchaînées et en ce qui me concerne, je suis totalement solidaire des producteurs réfractaires à ce changement. D'après l'un d'entre eux, faire partie d'une des rares appellations à interdire ce *copotage* était une fierté, mais surtout conférait l'assurance de garder intacte son âme de vigneron en élaborant un vin digne de son terroir au sous-sol calcaire bien particulier.

(aujourd'hui Indications Géographiques Protégées), pour se retrouver finalement avec les appellations d'origine (depuis le 10 juillet 2009 et le règlement CEE n°606/2009, il est possible d'utiliser ces morceaux de bois en vinification ; les copeaux sont introduits au cours de la fermentation alcoolique ou après celle-ci). Tout cela donne à réfléchir même si certaines études tendent à prouver qu'il est impossible, par la dégustation, d'identifier la source d'un boisé, naturel ou artificiel. Ce que s'empressent, cela s'entend, de récupérer ceux qui en font un commerce lucratif. Après les levures aromatiques, un peu de sel ? un peu de poivre ? On n'est plus à un ingrédient près... En revanche, Robert Tinlot, directeur général honoraire de l'OIV, ne mâchait pas ses mots dans un numéro de la *Revue des œnologues* (n°87), à propos de l'aromatisation :

> Toute autre démarche n'est que tromperie du consommateur
> et concurrence déloyale qui doivent être réprimées avec la
> plus grande rigueur, que l'aromatisation se fasse avec le

support de copeaux de chêne ou tout autre support. […]
On sait aussi que cette pratique est motivée, soit par le désir
d'abaisser le coût du vieillissement, soit de masquer les
défauts de vins issus de vignes à hauts rendements et de
raisins de très faible qualité. Comment réagir devant cette
dérive? […] Le jour n'est pas très loin où les consommateurs
rejetteront ces vins pâteux, sans finesse, dans lesquels le
terroir s'est effacé derrière des tanins de bûcherons, et
porteront à nouveau leur préférence sur l'expression
sensorielle complexe pourvu que les dégustateurs
internationaux et les écrivains du vin les aident à trouver le
bon ton. La fausse monnaie n'a jamais cours très longtemps.

Et on se surprendra, après une soirée bien arrosée, d'avoir la
gueule de bois!

PORTRAIT DE LA TONNELLERIE FRANÇAISE

- Une Fédération nationale regroupant trois syndicats
  régionaux.
- 50 adhérents.
- 1 775 emplois (et dire que la profession était en déclin
  dans les années 1960...).
- 532 990 fûts produits en France en 2013.
- 331,7 millions d'euros de chiffre d'affaires.
- 67 % de cette production a été exportée vers les États-
  Unis, l'Australie, l'Italie et l'Espagne.
- La tonnellerie représente aujourd'hui en valeur le premier
  marché du chêne français, dont 70 % des approvisionne-
  ments sont réalisés en forêts publiques.
- Les principales origines géographiques des forêts de
  chêne pour la tonnellerie se trouvent en Bourgogne
  (Bertranges; Cîteaux), dans les Vosges, l'Allier (Tronçais),
  le Limousin, le Sud-Ouest et la Sarthe (Jupilles).

Il est difficile de rendre la beauté visible.
Les gens ne reconnaissent
que ses caricatures.

Jean Cocteau, écrivain et poète français

Des cépages et des caricatures

Vous n'êtes pas obligé de me croire, mais cette petite histoire, comme toutes celles que je raconte dans ce livre d'ailleurs, est vraie de vraie. De nos jours, particulièrement dans les pays du Nouveau Monde, il est très normal de s'enquérir du ou des cépages qui sont à la base du vin que l'on vient d'acheter. Très souvent, il est inscrit sur l'étiquette et il est tout à fait naturel pour le commun des buveurs de vin d'aujourd'hui de se procurer un merlot, un cabernet sauvignon, un chardonnay, un riesling. Il n'en a pourtant pas toujours été ainsi, puisque pour la majeure partie de la production – et c'est encore le cas – venant des vieux pays, les consommateurs connaissaient surtout les vins sous le nom du lieu d'origine : pommard, sancerre, madiran, chianti, barolo, sans savoir qu'ils étaient élaborés, respectivement, avec le pinot noir, le sauvignon, le tannat, le sangiovese et le nebbiolo. Bien sûr, les professionnels et les amateurs chevronnés ont appris depuis les bases, parfois les petits secrets de l'encépagement, et même les moins férus ont une vague ou une bonne idée sur le sujet.

Des cépa-quoi?

Maintenant, petit retour en arrière au Québec au début des années 1980, il y a environ 35 ans. La vie, qui est ainsi faite, m'a amené à faire partie des consultants qui allaient plancher sur les nouveaux programmes en hôtellerie et en restauration. Et c'est dans ce contexte qu'à l'aube de la trentaine, je me suis retrouvé en plénière, en compagnie de fonctionnaires du ministère de l'Éducation et de la Formation professionnelle, à livrer, avec mes collègues en pâtisserie ou en cuisine, les fruits de mes modestes travaux.

Quand ça a été mon tour, j'ai tracé les grandes lignes de ce que devait être un cours de sommellerie, en insistant sur les éléments incontournables, comme la géographie vitivinicole, les bases de l'œnologie, le service, les principes de la dégustation, et bien entendu la connaissance des différentes variétés de vigne. Quand j'ai prononcé le mot *cépage* qui allait être à la base de ce programme tout nouveau, les ronds-de-cuir de Québec ont écarquillé les yeux en me demandant de quelle bête curieuse il s'agissait. Après quelques explications, j'ai eu le bonheur d'entendre cette question aussi stupide que pathétique : « Mais pourquoi voulez-vous que l'on enseigne ça puisque personne n'en a jamais entendu parler ? » J'étais renversé, mais curieusement, j'avais quand même l'impression de vivre un grand moment. Certes, un grand moment de solitude mêlée d'incompréhension ; mais en même temps, je savais que j'étais privilégié d'être là, car j'étais bien jeune et peu expérimenté pour faire partie de cet aréopage. Les choses auraient pu en rester là si le président du comité *ad hoc* qui supervisait les dossiers, un Québécois (qui allait devenir ensuite un ami proche) tout aussi compétent que pragmatique, tenace et fort en gueule, dans le bon sens du terme, perspicace et allergique à la langue de bois, n'avait pas cogné (fort) sur son bureau en disant, dans des mots plus proches du joual que des vers de Lamartine : « Si Orhon vous dit qu'il faut mettre les cépages dans l'programme, on va l'faire, c'est *toutte* ! » Je buvais du p'tit lait, autant pour le fond que pour la forme. Ce président, qui n'était pas insensible au bon vin et à la fine cuisine, avait troqué le langage châtié qu'il pratiquait au quotidien, pour celui, miraculeusement efficace, auquel il était habitué quand il allait à la chasse ou bâtissait une maison, comme il était capable de le faire. Gaétan, on ne te remerciera jamais assez, c'est en partie grâce à toi si aujourd'hui, les cépages font partie de l'environnement naturel des œnophiles québécois.

Les cépages, il y en a des mille et des cents

L'ampélographie, du grec *ampelos* qui signifie « vigne », correspond à l'étude des variétés que l'on appelle des cépages, et qui porte sur leur description morphologique, du bourgeonnement aux grappes, en passant par les rameaux, les feuilles, les sarments, etc. On les compte par milliers (entre 5 000 et 10 000 c'est selon), répertoriés sous de nombreux synonymes. Une ampélographie correspond également à un ouvrage de référence sur ces cépages. Il y a les raisins de table, rarement vinifiés, qui peuvent être vendus frais ou secs, et les cépages dits de cuve, réservés à la vinification. Certains, je pense aux muscats et au chasselas, cumulent si je puis dire les deux fonctions, mais c'est assez rare. Nous apprenons ainsi à les catégoriser, à les classer, à les décrire, ce qui est, j'en conviens, assez passionnant. Mais l'aspect amusant, même si, en fin de compte, ce n'est pas très drôle, c'est de voir des « pros de tout poil » qui voudraient faire croire qu'ils sont capables de les reconnaître à tout coup, entretenant ainsi la théorie, fausse évidemment, que nous pouvons nous transformer en petits chiens savants grâce à nos narines magiques et à nos bulbes olfactifs en or. C'est du pipeau ! (voir « Le parfait dégustateur n'existe pas », p. 101).

Bien sûr qu'après 15 ans de pratique assidue, à raison de 30 vins par jour, cinq jours par semaine, on arrive à mettre le nez sur des variétés qui nous sont devenues familières, mais combien de fois il nous arrive – et à moi le premier – de nous planter royalement. Je connais des personnes que je considère de très bons dégustateurs et de très bonnes dégustatrices qui se trompent encore, après des années d'expérience. C'est bien normal, on n'a pas à s'en faire avec ça. Tout d'abord, le vin n'a pas été inventé pour passer son temps au jeu des devinettes. Et puis, un seul et même cépage, qu'il soit blanc ou noir, peut donner tellement de résultats différents, en fonction de son lieu d'origine, de sa maturité au moment de la cueillette, de la vinification, de l'élevage, ou non, en cuve ou en barrique, et de bien d'autres facteurs, comme le sol, mais aussi l'âge des vignes, le rendement (en fonction de la surface cultivée), la température de service, la forme du verre, etc. Alors, imaginez si c'est facile à deviner quand le cépage est assemblé à un autre, à deux autres, à trois autres, et parfois davantage, ce qui arrive fréquemment. Il est facile, même pour un pro, d'errer et de trébucher, de tomber dans les pièges, celui des amalgames de toutes sortes, celui de la confusion en lisant une étiquette, celui de l'oubli ou de la fatigue tout simplement. C'est pour cela aussi que très vite, avant de se prononcer, j'ai invité mes élèves, ainsi que les amateurs à qui je m'adresse, peu importe la situation, à une certaine retenue dans le vocabulaire pour décrire un cru, car souvent dans ce cas la sobriété a bien meilleur goût. Il m'apparaît en effet préférable de dire d'un vin qu'il est floral plutôt que d'énumérer, comme un inventaire à la Prévert, tout ce qui se vend chez votre fleuriste. Je ne peux m'empêcher, pour rire un peu et illustrer ce qu'il ne faut pas faire, de vous livrer ce passage d'un commentaire (mal traduit) signé au préalable par l'expert d'une grande maison australienne : « Arômes : des épices foncées et des fruits du shiraz régional frais et saturés ; une bouffée éloquente de bleuet, de mûre, de réglisse et d'olive noire. Des notes secondaires de romarin, de poivre, de thym, de bouillon de bœuf, frôlant la terrine ou le bœuf salé. En filigrane, de subtils arômes de chêne français aromatisé de cèdre, équilibrés par des effluves d'encens et autres artefacts séduisants. » *No comment!*

Parfois évidemment, il y a ces moments, merveilleux pour nombre d'entre nous, routiniers pour les fortiches et les blasés, quand on débusque avec bonheur ces saveurs de mandarine confite dans un passito d'une grande finesse élaboré avec un muscat d'Alexandrie gorgé de soleil, ces fragrances poivrées venues d'une syrah qui a poussé sur un terroir ingrat planté à pic, ces notes de cerise bien mûre d'un pinot noir de 20 ans. Et c'est pour cela, principalement, que l'univers du vin est fascinant, accessible et compliqué à la fois. C'est pour toutes ces raisons qu'il faut approcher le verre de vin avec une bonne dose de modestie, et rester prudent, comme on devrait l'être avec la nature qui a généralement le dernier mot.

Des cépages à la mode

C'est à l'occasion du Mondial des pinots qui se déroule en Suisse chaque année que j'ai rencontré Jean-Michel Boursiquot, éminent chercheur et professeur à Montpellier. Il fait partie, avec son équipe, de ceux qui ont fait avancer la génétique en ampélographie et nous ont appris, grâce à l'ADN, la parenté de nombreuses variétés. Il est toujours à l'affût des vieux cépages dans plusieurs pays, et nous avons pu échanger sur la situation de certains d'entre eux dans le monde. Cela dit, force est de constater que plusieurs, parmi les plus connus, deviennent de véritables « victimes de la mode ». Prenons le cas du pinot gris, lequel, planté un peu partout parce qu'il est populaire, donne alors de pâles et désolantes versions de ce qu'il est capable de faire dans les terroirs qui lui sont dévolus, en Alsace par exemple. J'en ai pris un hier, un pinot grigio venu de Californie, sucrailleux, déséquilibré, mou, pâteux, ennuyant au possible. Et l'ennui est grand quand votre verre vous a coûté 14 $, service compris quand même. *The caricature!*

Que penser du viognier, cultivé souvent sans discernement, dont la surface dépasse les 5 000 hectares alors qu'elle plafonnait en France à 30 en 1958? Il permet, certes, d'élaborer des petits bijoux à Condrieu sur des terrasses granitiques ; c'est un cépage qui, dans de bonnes conditions, peut donner de beaux résultats. Mais pas n'importe quand, n'importe comment! Et le prix demandé, parce qu'il est à la mode, est souvent trop élevé, a fortiori si le résultat est grossier, lourd, dilué et manquant de fraîcheur. Caricature! C'est la même chose avec le chenin, qui fait partie de ces variétés qui ne souffrent pas la médiocrité, comme les deux précédentes. Le chardonnay s'en tire toujours assez bien, merveilleusement parfois, la syrah s'adapte à des environnements divers, le cabernet sauvignon tire son épingle du jeu avec brio sans trop de problème, le sangiovese peut réserver de jolies surprises si on sait comment le prendre. Mais le chenin blanc, qui est exigeant, va faire en petit rendement des merveilles sur des sols de schistes ou de tuf, alors qu'il va donner, si on fait « pisser » la vigne sur des sols inadaptés, un vin aqueux et insipide.

Et puisque j'y suis, parlons du prosecco du Veneto, incontournable en Italie évidemment, mais également très tendance chez nous et ailleurs, et, hélas, moult fois quelconque et lassant. C'est vrai qu'il en existe de bons, simples et agréables, et qui sont bien faits au point de friser l'élégance, à l'image de ceux de Primo Franco ou de Bisol. C'est vrai aussi que c'est beaucoup moins cher que le champagne et le franciacorta, mais du prosecco, ça reste du prosecco, et le plus souvent, hélas, on nous propose en guise de cocktail un vin issu de gros rendements, lourd et sans finesse, aux bulles grossières qui s'aplatissent sur les parois d'une pseudo-flûte des années 1980 au verre épais. Et cela ne s'est pas arrangé avec l'extension du vignoble, entre Conegliano et Valdobbiadene, depuis son accession à la DOCG (Dénomination d'origine contrôlée et garantie). Désolé, mais aucun intérêt!

Le cas du sauvignon

C'était au début des années 2000 et j'avais bien remarqué que le cépage sauvignon se donnait en spectacle avec de toute évidence des airs quelque peu saugrenus. Rien de majeur toutefois, mais on voyait apparaître ici et là des vins davantage expressifs, au bord de l'explosion aromatique. Nous nous étions accoutumés, si l'on peut dire, aux sympathiques mais néanmoins uriques effluves de «pipi de chat» de certaines cuvées de la Loire, qui côtoyaient sans malice les meilleurs crus de Sancerre et de Pouilly-Fumé. On parlait maintenant de fruits exotiques et autres salsas, ce qui commençait sérieusement à m'ennuyer et à hérisser mes cils olfactifs.

Était-ce l'effet terroir, particulièrement dans la région de Marlborough, en Nouvelle-Zélande? J'ai bougrement l'impression que l'on est tombé avec les années dans l'excès et l'exubérance, pas loin de la caricature. Que ce cépage nous propose des parfums évidents de groseille et de citron vert, parfois épicés et nuancés de saveurs tropicales, passe encore, mais – et les vinificateurs d'expérience l'ont compris – un peu de mesure serait tout à fait souhaitable. Je crois surtout que l'on a cédé à la facilité en proposant, par l'utilisation à grande échelle de levures aromatiques, des vins identifiables, qui embaument les narines les plus complaisantes et surtout les moins aiguisées, sans avoir à trop se casser la tête. Le consommateur en a plein le nez, surtout l'impression d'en avoir pour son argent. Je n'ai rien contre le vignoble néozélandais, bien au contraire, c'est un de mes pays chouchous, pour ses paysages et ses habitants, et où l'on se régale de pinots noirs de mieux en mieux maîtrisés, de chardonnay, boisé ou non boisé, de plus en plus affûté. Du côté du sauvignon, disons que c'est

LE SOT VIGNON

C'est par un beau jour du mois d'avril, en Nouvelle-Zélande, que j'ai vécu sur le terrain le pic de l'affligeante réalité qui colle encore à notre fameux sauvignon. À peine débarqué de l'avion, à Blenheim, où sont installées de nombreuses maisons de Marlborough, je me suis rendu à une dégustation, organisée à mon intention par l'association des producteurs de l'endroit. Au moins 50 échantillons m'ont été présentés de façon anonyme, dont 24 de sauvignon, ce qui n'était pas pour me déplaire. Devant l'ampleur de la tâche, j'ai décidé de procéder par une «lecture» aromatique de chacun des vins, et pour être efficace, j'ai catégorisé ceux qui rappelaient les asperges vertes, ceux, beaucoup trop verts, qui faisaient dans la feuille de tomate, et enfin, les meilleurs à mon avis, les vins typés par les arômes et les saveurs d'agrumes et de fruits confits. L'exercice fut éloquent puisque j'ai obtenu un tiers pour chacune de mes catégories. J'en ai retenu huit qui m'ont totalement satisfait, puis à la dégustation, j'en ai «repêché» trois qui se rattrapaient en bouche. Aujourd'hui, la situation ne s'est pas vraiment arrangée, d'autant plus que bien des amateurs, parfois des débutants, prennent ce type de vin pour la référence en matière de sauvignon.

moins homogène même si un vaste programme de recherche sur ses arômes, lancé par des chercheurs de l'université d'Auckland, a débouché sur des recommandations pour la conduite du vignoble, les nouvelles souches de levures, etc. Cela dit, le cépage est en expansion, et plusieurs maisons le plantent parce qu'il est en demande. Et c'est ce qui arrive dans d'autres pays, comme en Amérique du Sud où j'ai vécu une autre expérience dans un domaine chilien de la vallée de Casablanca au cours d'un séminaire sur le sauvignon. Et pan sur le bouchon, l'histoire s'est, encore une fois, répétée (voir l'encadré « Le sot vignon » ci-dessus). Sur dix échantillons venus d'autant de maisons différentes, trois se distinguaient avec des vins secs et agréables, dotés d'une bonne matière fruitée, d'arômes expressifs certes, mais pas envahissants, ciselés en bouche, et d'une aptitude à accompagner en beauté les mets qui nous ont été servis par la suite. Pour les autres, c'est-à-dire 70 % de l'échantillonnage, c'était n'importe quoi. Ça allait dans tous les sens, dans un festival d'asperges vertes, de feuilles de tomate, de marmelade de fruits de la passion, de goyaves, d'ananas et de mangues. On ne savait plus où donner du nez…

Mais le terroir dans tout ça? Vaste sujet quand on sait que cette variété est capable de donner au vin qu'on en tire le fruit, la fraîcheur et l'élégance. Pourtant, à cause de raisins récoltés hâtivement, de jus dilués suite à des rendements élevés, et de choix inappropriés dans la vinification, les notes végétales et herbacées sont encore très marquées. Pis encore, des producteurs français, ne sachant pas à quels saints se vouer, tombent dans le piège en tentant d'imiter ce qui se fait mal ailleurs. Quand la technologie prend le pas sur les terroirs et les bonnes traditions, c'est souvent regrettable.

LE MONDIAL QUI VEILLE AU GRAIN… DE SAUVIGNON

Organisé par le Mondial de Bruxelles depuis 2010, le Mondial du sauvignon permet à des experts de se retrouver tous les ans pour déguster et évaluer les vins de la planète à base de sauvignon. En 2015, avec un minimum de 750 échantillons présentés en provenance de 21 nations viticoles, le Concours mondial du sauvignon a donné un portrait instantané de la production mondiale de ce cépage tendance. Le concours répond, dixit les responsables de l'organisation, «à l'engouement des consommateurs pour ce cépage synonyme de fraîcheur, d'élégance et d'harmonie gastronomique. C'est un révélateur de millésimes, de terroirs et un tremplin de notoriété pour les producteurs du monde entier, et le jury exclusif est composé de dégustateurs professionnels originaires de 20 pays différents et qui partagent une même passion pour le sauvignon blanc de bonne qualité».

VINGT CÉPAGES À LA LOUPE

CÉPAGES À VINS BLANCS (et synonymes)	ARÔMES, SAVEURS	RÉGIONS ET TYPES DE VINS	REMARQUES
CHARDONNAY (melon blanc, beaunois, morillon en Autriche)	Fleurs blanches (aubépine) Beurre frais Miel Pain grillé Brioche Noisette Minéral	– France (Bourgogne: chablis, pouilly-fuissé, meursault, saint-véran, etc., Champagne, Pays d'Oc, Loire) – Autriche – Italie – Nouveau Monde	S'adapte bien un peu partout, même quand on dépasse les limites de rendement. Se prête aussi à l'élevage sous bois, avec cependant plus ou moins de succès.
CHENIN BLANC (pineau de la Loire)	Tilleul Abricot Coing Miel Amande Citron Poire	– France (Loire: coteaux-du-layon, saven-nières, vouvray, bonnezeaux) – Afrique du Sud – Californie	Ne donne pas de bons résultats partout, surtout quand on dépasse les rendements.
GEWÜRZTRAMINER (savagnin rose aromatique)	Rose Litchi Épices douces (noix de muscade)	– Alsace – Allemagne – Italie	Très aromatique. Se prête aux jeux de l'harmonie à table, mais ne plaît pas à tout le monde.
MUSCADET (melon musqué de bourgogne)	Pomme verte Iode Citronnelle Fleurs blanches	– France (Nantou: muscadet sèvre et maine)	Réserve de bonnes surprises, mais donne parfois des vins un peu acidulés. Un excellent compagnon des coquillages.
RIESLING (raisin du rhin – rheinriesling)	Floral Citron Minéral Agrumes Pamplemousse Hydrocarbures	– Alsace – Allemagne – Canada (Ontario: Niagara, Colombie-Britan-nique: Okanagan)	Un des cépages blancs les plus fins, typique pour sa minéralité. Idéal en sec ou en liquoreux (VT et SGN), moins bien en doucereux.
SAUVIGNON BLANC (fumé blanc, fumé)	Floral Buis Feuille et bourgeon de cassis Groseille Citron vert Agrumes confits	– France (Loire: sancerre, pouilly-fumé, menetou-salon, Languedoc) – Autriche – Californie – Chili – Argentine – Nouvelle-Zélande	Une des variétés les plus galvaudées, en quantité et en qualité, même si elle est capable du meilleur (voir «Le cas du sauvignon» p. 152).

SÉMILLON (sémillon roux)	Floral Miel Agrumes	– France (Bordeaux: sauternes, barsac, sainte-croix-du-mont, etc., monbazillac) – Australie	Le cépage principal de la pourriture noble, donc des vins liquoreux. Donne du gras aux vins secs en assemblage avec le sauvignon.
VIOGNIER (vionnier)	Abricot Pêche blanche Miel	– France (Vallée du Rhône: condrieu, Languedoc) – Nouveau Monde (Californie, Uruguay, etc.)	Donne le meilleur de lui-même dans les terroirs adaptés à sa personnalité. Risque d'être mou en région chaude.
CÉPAGES À VINS ROUGES (et synonymes)	**ARÔMES, SAVEURS**	**RÉGIONS ET TYPES DE VINS**	**REMARQUES**
CABERNET FRANC (breton, bouchy)	Fruits rouges (cassis, framboise) Violette	– France (Loire: chinon, bourgueil, Bordeaux: pomerol, st-émilion) – Canada – Italie	Moins tannique que son cousin, peut donner des notes végétales quand il n'est pas assez mûr.
CABERNET SAUVIGNON serait issu d'un croisement entre le cabernet franc et le sauvignon (vidure)	Fruits rouges (cassis) Épices Réglisse Vanille	– France (Bordeaux) – Nouveau Monde (Californie, Chili, Canada, Argentine, Australie, etc.)	S'adapte à de nombreuses situations et participe à l'élaboration de grandes cuvées.
GAMAY noir à jus blanc (gamay beaujolais)	Fraise Framboise Cassis Banane	– France (Beaujolais, Loire)	Le cépage des vins de soif, mais révèle parfaitement les grands terroirs du Beaujolais.
GRENACHE originaire d'Espagne (aragonais, cannonau)	Mûre Laurier Pruneau Épices Cacao	– France (Languedoc et Roussillon, Rhône méridional)	Bien en assemblage mais manque d'acidité. Domine à Châteauneuf-du-Pape. Caresse le palais quand il est vinifié en VDN (banyuls, maury, rivesaltes, rasteau).
MALBEC (cot, auxerrois)	Violette Fruits rouges Café Cuir Truffe	– France (Sud-Ouest: cahors, Bordeaux) – Argentine	Cultivé un peu partout en Aquitaine et en Touraine. Le cépage emblématique du cahors, tout comme il l'est devenu en Argentine.

MERLOT	Fraise Framboise Épices Feuilles mortes Cuir Venaison Truffe	– France (Bordeaux) – Nouveau Monde (Californie, Chili, Canada, Argentine, Australie, Afrique du Sud, etc.)	Très présent dans le Bordelais. Rondeur, souplesse, acidité faible. Capable du très bon dans le Médoc, du meilleur à Pomerol et du moyen dans le Languedoc.
MOURVÈDRE originaire d'Espagne (monastrell, mataro en Californie)	Myrtilles Épices (clou de girofle) Cuir Réglisse	– France (Provence: bandol, Languedoc et Roussillon, Rhône méridional)	Adapté aux climats très chauds, il possède des vertus antioxydantes. Le grand cépage du bandol.
NEBBIOLO (spanna, pugnet, chiavennasca)	Cerises à l'eau-de-vie Épices Champignon Truffe	– Italie (Piémont : barolo, barbaresco, nebbiolo d'alba)	Préfère les sols calcaires. Rendements constants mais modérés, riche en tanins et en acidité.
PINOT NOIR (auvernat noir)	Cerise Petits fruits rouges Poivre noir Sous bois	– France (Bourgogne) – Nouveau Monde (États-Unis, Canada, Nouvelle- Zélande, etc.)	Ne supporte pas la médiocrité ni la dilution. Difficile à suivre, dans la vigne et à la cave. Le grand cépage des bourgognes rouges.
SANGIOVESE (sangioveto, sangiovese romagnolo, sangiovese gentile, brunello, prugnolo gentile)	Violette Fruits mûrs (confiture) Épices Cuir Réglisse Torréfaction	– Italie (Toscane: chianti classico, brunello di montalcino, vino nobile di montepulciano, etc.)	Aime les sols calcaires. Donne des vins bien structurés, avec du fruit et une bonne fraîcheur. Bon potentiel de vieillissement.
SYRAH issue du croise- ment de la dureza et de la mondeuse blanche (serine, shiraz)	Violette Poivre Épices Olives noires Mûres sauvages	– France (Languedoc, Vallée du Rhône) – Nouveau Monde (Australie, Afrique du Sud, Californie, etc.)	Tire bien son épingle du jeu un peu partout. Cépage séducteur. Capable du meilleur sur des sols granitiques (Rhône septentrional et dans le Languedoc).
TEMPRANILLO (cencibel, tinto fino, ull de llebre, tinto del pais, aragonez, tinta roriz)	Fruits rouges et fruits noirs bien mûrs Épices douces	– Espagne – Portugal	Sensibilité aux parasites et manque de résistance à la sécheresse. Manque parfois d'acidité. Le grand cépage de la Rioja et du Ribera del Duero.

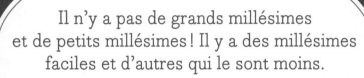

Il n'y a pas de grands millésimes
et de petits millésimes ! Il y a des millésimes
faciles et d'autres qui le sont moins.

Aubert de Villaine,
Domaine de la Romanée-Conti,
producteur et vigneron français

L'obsession du millésime

Il y a une trentaine d'années, j'étais encore sommelier sur le plancher même si j'enseignais déjà le métier dans une école hôtelière. C'était aussi l'époque des concours et je mettais un soin jaloux à retenir avec une minutie maladive les millésimes, région par région. C'est ainsi que j'avais développé une technique qui me permettait de décrire en quelques mots et en deux minutes 10 ans à Bordeaux, ou 10 ans en Alsace, ou 10 ans en Bourgogne, etc. J'étais content de mon coup. Le problème? J'étais devenu accro. Imaginez, hanté par la mémorisation des qualités d'un vin d'une année à l'autre à tel point que quand je consultais le programme des films de la semaine à la télé, je portais un jugement sur ces derniers en fonction de l'année de sortie, toujours indiquée entre parenthèses. 1984, ce film? Un navet probablement; 1982? Ah, ça doit être bon! J'en étais rendu là! On ne parlait pas de toc à cette époque, mais ça y ressemblait. Entre l'idée fixe et la marotte, je frisais le ridicule. Non seulement je m'en suis remis, mais j'ai surtout appris à relativiser tout ce qui tourne et qui se dit autour du fameux millésime indiqué sur l'étiquette ou la collerette d'une bouteille de vin.

C'est ainsi, lors d'un voyage en Europe, que j'ai été étonné – c'est une façon de parler car de quoi peut-on s'étonner de nos jours – de voir sur les tablettes d'une grande librairie parisienne, un livre, plutôt un guide, assez conséquent consacré uniquement au millésime 2007, passant en revue château par château les 570 plus importants vins de Bordeaux[14]. Disons que je peux souscrire à la pensée de l'auteur qui précise, en guise de préambule, que les différents classements des vins du Bordelais lui apparaissent obsolètes et ne reflètent pas la réalité d'aujourd'hui. En outre, la démarche semble sérieuse puisque chaque vin a été dégusté à l'anonyme (sans en connaître le nom) et à trois moments différents par un jury de connaisseurs, même si je me suis laissé dire que le système est un peu alambiqué. Enfin, ce guide a le mérite de mettre quelques pendules à l'heure, glissant dans la lumière ceux dont on parle peu, ce qui est somme toute rafraîchissant.

Quand même, aussi sérieusement que l'exercice ait pu être mené, et même si justement il démontre qu'à climatologie égale, un petit domaine peut presque se comparer à un château célèbre, n'est-ce pas un peu exagéré de consacrer un guide complet, en fonction d'un seul millésime, à des vins issus de vignes qui ont poussé – si l'on regarde une mappemonde – au même endroit? Certes, je suis bien au fait, quand on s'arrête à la réalité bordelaise, qu'il peut y avoir des variations entre les vins du Médoc et ceux de Saint-Émilion, et qu'une bonne année à Saint-Estèphe ne signifie pas pour autant que les crus de Sauternes et de Barsac seront une grande réussite. Nous savons également que la mention du millésime peut être une notion importante à considérer dans le cas de régions particulières, quand la qualité du vin peut varier d'une année à l'autre. À plus forte raison dans les rares appellations où la comparaison avec d'autres domaines n'existe pas puisqu'il n'y a qu'un seul propriétaire, comme à Château-Grillet (dans le Rhône), et à la Coulée de Serrant à Savennières. Ceux qui achètent des vins dispendieux pour les conserver quelques années doivent en effet se montrer vigilants, et ce genre de livre assez pointu s'adresse à eux principalement, dans la mesure où l'auteur, ou le jury s'il y a lieu, est compétent. Mais n'est-on pas à fendre les cheveux en quatre – je m'en voudrais dans ces pages d'avoir recours à des métaphores scabreuses pour étayer mon point de vue – avec ce genre d'exercice? Et chaque année que le Bon Dieu fait, cent fois sur le métier, des spécialistes, dont il faut moduler le niveau d'expertise, épluchent et épluchent encore les caractéristiques de plusieurs centaines de propriétés, passablement semblables, puis les livrent dans des guides, des revues, ou sur le Web, moyennant contribution par le biais d'un abonnement. Bon, j'en conviens, à chacun son gagne-pain! Et admettons que le temps qui passe permet aux humbles chroniqueurs que nous sommes de travailler et de nous exprimer. Mais imaginez le voca-bulaire que nous nous devons de posséder si l'on veut éviter redites et redondances. Pas facile ! Par ailleurs, il existe paraît-il des gens à l'esprit retors qui pensent que de décortiquer les millé-simes chaque année fait vendre, en répétant pourtant grosso modo ce qui s'est écrit l'année précédente... Je n'ose le croire ! Chers frères et chères sœurs, méditons !

Vu que je m'adresse à tous ceux qui veulent faire simple, je répète qu'il ne faut surtout pas se laisser obnubiler par le chiffre magique, sésame indispensable, si l'on en croit certains, à toute dégustation inoubliable. Il existe en fait bien des vins, bien des contrées de par le monde sur lesquels l'effet millésime n'est pas si prononcé, en Champagne par exemple avec le brut non millésimé dont le style est reproduit chaque année pour ainsi dire à l'identique. D'autre part, un bon producteur essaie de tirer le meilleur de son vignoble, peu importent les conditions climatiques, pour produire bon an mal an des vins d'une qualité comparable. En un mot, les années difficiles donne-ront des vins moins concentrés (en couleur, en arômes et en struc-ture), ce qui aura le double avantage de faire baisser leurs prix et de les rendre consommables plus tôt. Ne dit-on pas que c'est dans les années compliquées que l'on reconnaît les grands vinificateurs ? Com-bien de fois d'ailleurs avons-nous été étonnés par la qualité et l'évolu-tion positive après une dizaine d'années d'un vin au millésime décrié qui avait tout simplement été vinifié dans les règles de l'art. Signe des temps, le château d'Arsac, connu à Margaux, propose depuis 10 ans un haut-médoc vinifié chaque année par un ou une experte (les Bordelais Michel Rolland en 2005 et Denis Dubourdieu en 2006, l'Italien Andrea Franchetti en 2007, l'Argentine Susanna Balbo en 2012, etc.). À partir du même terroir et des mêmes cépages, avec un assemblage laissé à la discrétion du vinificateur, c'est le talent de celui-ci, qui a carte blanche du début à la fin du processus, que l'on veut mettre en lumière, au-delà du millésime. Je viens d'en faire l'agréable expé-rience en goûtant les neuf premières cuvées.

Et puis, il existe des gens qui vantent haut et fort les mérites d'une grande année et rabaissent avec autant de vigueur la qualité des petits millésimes, sans faire objectivement la part des choses. Bon, et cela peut être rassurant, on sait maintenant qu'il n'y a pas de château d'Yquem 2012, tout comme en 1952, 1972, 1992... et, je vous le donne en mille : 2032! C'est cyclique, voilà tout!

Plus sérieusement, je conseille d'avoir simplement à portée de main un tableau des millésimes qui donne les grandes lignes qualitatives des 15 ou 20 dernières années, avec une cotation chiffrée – ou étoilée – des régions où les variations climatiques peuvent avoir une incidence sur la tenue de votre vin. Là encore, il faudra se procurer une charte simplifiée, objective, claire et significative. De bons guides et plusieurs magazines sérieux proposent des outils suffisamment éclairants. Enfin, argument ultime, et c'est vrai que pour la majorité des consommateurs dont je fais partie, le choix des millésimes au magasin est assez limité. On prend bien celui qui est en cours, celui qui est disponible sur les rayons, et il est extrêmement rare – cela arrive parfois – de trouver le même vin décliné en millésimes différents.

Verticale

En tant que chroniqueur, il m'arrive quelquefois, ainsi qu'à mes collègues, d'être convié à déguster des vins d'années différentes d'une même cuvée et du même domaine évidemment. C'est ce qu'on appelle une verticale. Parce qu'il s'agit d'un exercice peu fréquent, nous le faisons habituellement en compagnie du propriétaire ou de son représentant. En général, cette approche de la dégustation est fort intéressante car elle nous permet de constater l'évolution du vin dans le temps, pour mieux le comprendre, mieux l'expliquer, et ainsi renseigner nos lecteurs en connaissance de cause. Toutefois, on doit tenir compte de nombreux éléments. Dans le désordre : l'encépagement a-t-il été modifié? L'âge des vignes dont le vin est issu a forcément changé, c'est-à-dire que s'il se trouve dans la verticale un 2010 élaboré avec des vignes de 20 ans, c'est que les vignes du 2000 n'avaient que 10 ans ; c'est assez logique, mais il s'agit là d'un paramètre déterminant qui peut faire toute la différence. Et il y en a d'autres. Le vinificateur est-il le même? La philosophie de la maison a-t-elle évolué ou carrément changé, que ce soit à la vigne (choix des clones, densités de plantation, moment des vendanges, façon de procéder – mécanique ou à la main? –, maturité du raisin, le niveau d'acidité, etc.) ou à la cave (matériel vinaire, méthodes de

LE CAS DU 2013

Nous étions à peine en novembre que des oiseaux de malheur donnaient déjà de faibles notes au 2013 en France. Remarquez, ça compense pour les Bordelais dont les mauvaises langues vous diront qu'ils ont une nette tendance à décréter toujours trop vite que l'année en cours sera un millésime exceptionnel. C'est vrai qu'il vaut mieux attendre le printemps suivant pour se prononcer, quoique... (voir «Les primeurs», p. 164). Donc, pour revenir au 2013, avant d'être alarmiste, il ne faudrait pas confondre qualité et quantité. Il est vrai qu'une saison un peu tardive, des problèmes climatiques en fin de printemps (orages de grêle en Côte-d'Or, à Vouvray et dans l'Entre-deux-Mers), et en corollaire dans quelques endroits de l'Hexagone, la coulure (fleurs non fécondées avec les cépages grenache, merlot, chardonnay et ugni blanc notamment), le millerandage (baies de tailles hétérogènes; avec entre autres le gamay) et le filage (grappes avortées) ont réduit sensiblement la quantité, parfois la qualité des récoltes. On peut penser encore aux grêles d'été en Champagne et en Aquitaine. Mais est-ce bien raisonnable d'émettre une opinion sur les vendanges quand celles-ci ne sont pas encore terminées? Critiqués sans doute hâtivement, les indices de maturité en ont surpris agréablement plus d'un, surtout dans le Languedoc-Roussillon. Certes, il se dit que cette région fait figure d'exception: «320 journées ensoleillées, 220 jours de vent, pas de stress hydrique. Grâce à leur maîtrise technique accumulée depuis 30 ans, la plupart des vignerons ont su attendre patiemment la maturité des raisins», précisait Jérôme Villaret, directeur de l'Interprofession, dans l'infolettre de Vitisphere.com de janvier 2014. Et l'œnologue Jean Natoli d'ajouter: «Dans le sud de la France, ce millésime va produire des vins très expressifs, avec beaucoup d'éclat aromatique, de fraîcheur et de vivacité en blanc, rosé et rouge. C'est un millésime excitant...» Comme quoi!

vinification, doses de sulfites, filtration ou non, etc.)? A-t-on transformé l'approche en ce qui concerne l'élevage du vin (fournisseur, origine et âge des barriques, temps de passage en fût, etc.)?

Quoi qu'il en soit, au-delà des constats que l'on peut faire sur l'évolution d'un vin, les différences d'un millésime à l'autre sont perceptibles car nous travaillons sur une base comparative, mais à l'arrivée, les écarts ne sont pas si marqués dans le cas des très bonnes maisons qui, tel que je l'explique au chapitre *Producteurs et vignerons, les bons... et les moins bons !*, apportent un soin méticuleux à leurs vins, quoi qu'il arrive. Tout au plus, comme la patte de l'artiste-peintre ou du sculpteur, constate-t-on un style, ainsi que l'empreinte d'un terroir quand le vin possède beaucoup de personnalité et une certaine typicité. Mais vu que le commun des mortels déguste un vin tout seul sans comparaison, il lui est difficile de déceler toutes ces subtilités. Le choix de la maison est donc tout aussi capital, sinon plus, que celui du millésime.

Les primeurs

À ne pas confondre avec les légumes achetés au marché et les vins primeurs ou nouveaux, à l'image du Beaujolais, qui sont des vins de l'année destinés à être bus dans les mois qui suivent la récolte, les vins vendus en primeur font partie d'une pratique très bordelaise, plutôt unique au monde, mais qui se tient ailleurs, comme en Italie. Celle-ci, qui existe depuis environ quatre décennies, consiste à vendre les vins du château deux ans avant leur livraison. Ainsi, les vins de l'année 2014, qui ont été dégustés fin mars, début avril 2015 (sur place évidemment puisqu'ils sont en barrique) par de nombreux critiques et professionnels du vin venus de partout, seront payés (au Québec, un dépôt de 40 % est exigé lors de la commande en mai et on acquitte le solde à la livraison) et livrés à l'automne 2017 (barsac et sauternes le seront en 2018). Avantage pour le consommateur : s'assurer, en échange d'une ristourne, d'acquérir des crus, souvent célèbres, à tout le moins recherchés, qu'il pourra garder précieusement dans sa cave. Avantages du producteur : faire entrer (en échange de son bien liquide) des liquidités, importantes quand on sait que les grands domaines qui y participent libèrent au-delà des deux tiers de leur production sur ce fameux marché. Enfin, avantage du côté des médias : se rendre sur place faire le marathon des dégustations et publier les commentaires et les notes qui joueront un rôle éventuel sur les cours et continueront d'alimenter, entre analyses pertinentes, remarques caustiques et compte rendus stériles, les conversations de notre Landerneau viticole (voir le chapitre *La dictature des notes*, p. 97).

Tout cela serait bien beau mais les nuages ont commencé à s'accumuler au-dessus du vignoble girondin, malgré, on peut en convenir, les retombées positives sur le transport (aérien, ferroviaire et routier), sur l'hébergement et sur la restauration de la région. Mais cela n'a rien à voir avec la qualité du millésime... Le malaise s'est plutôt installé suite aux prix beaucoup trop élevés, dit-on, des quatre années précédentes. Les consommateurs se sont sentis floués, des négociants n'ont pas écoulé toute la marchandise et c'est pour cela que l'on trouve aujourd'hui des 2010 et des 2011 à des prix qui font regretter d'avoir avancé les fonds à l'époque. Même si les propriétaires insistent aujourd'hui sur de supposées baisses grâce à des taux de change favorables, même si 2014 est un millésime miraculé qui ne sera pas loin d'être l'année du siècle (il y en a quand même encore 85 autres à venir...), la méfiance s'est enracinée peu à peu entre les rangs de cabernet et de merlot.

Personnellement, tout cela me laisse plutôt froid vu que volontairement je ne participe pas à cet exercice, pas très agréable au demeurant puisque le vin, c'est le moins que l'on puisse dire, difficile à goûter, est un peu rébarbatif, et surtout parce que ça sent trop la démarche *business*, de tous bords tous côtés, une démarche qui me concerne peu, professionnellement parlant. Je connais des collègues qui se font un devoir d'y aller, certains à la limite de l'excitation, d'autres qui remettent en cause la logistique, et qui déplorent le favoritisme et autres complaisances, le tout joué dans un parfum de comédie. D'ailleurs, c'est amusant ; Robert Parker, le gourou qui en a bien profité depuis 1978, aurait déclaré cette année qu'il ne croyait plus au système des primeurs et qu'il fallait baisser les prix.

Alors, c'est sans trop d'état d'âme que je revendique la préférence à me balader le moment venu d'un coin à l'autre du vignoble aquitain, de châteaux en châteaux, à pied, à cheval, en voiture ou à vélo, quand le vin est prêt à boire... pour mieux en parler.

La seule arme que je tolère,
c'est le tire-bouchon.

Jean Carmet, comédien français

Pris dans un bouchon

L'anecdote se passe il y a exactement 40 ans, en Bretagne, où je travaille en tant que serveur et commis-sommelier. Il s'agit d'une petite auberge qui sert une cuisine de bonne qualité et la carte des vins, classique, propose un choix intéressant. Le propriétaire a confié la direction de la salle à un maître d'hôtel caractériel, mais je dois le reconnaître, efficace sur le terrain. La suite de mon histoire va vous le prouver. Quatre clients prennent place, et rapidement, comme c'est souvent le cas, l'un d'eux dirige les opérations avec une certaine autorité pour ce qui est du choix des vins. Je prends la commande, apporte la bouteille, un grand cru, et l'ouvre dans les règles de l'art... de l'époque. Et c'est ce qui va me sauver la vie, façon de parler. Je verse le vin délicatement et le client prend son verre, le sent, le goûte brièvement et déclare sans hésiter, avec un ton qui ne prête pas au dialogue, que le vin est bouchonné. Vous me direz qu'à l'époque nous devions filer super doux devant les clients. Ce que je fais! Je retourne à l'office avec ma bouteille dans son panier et le verre du client, et me rapporte à mon supérieur, qui sans hésiter, me dit: « Nous allons le goûter et on verra après. » Nous le goûtons et je ne trouve rien à redire. « Tu le trouves bouchonné ce vin? », me demande-t-il. « Non, je ne pense pas! » « Eh bien, me répond-il, tu vas le servir à nouveau! » Et aussi sec, culotté vous ne pouvez imaginer, il lève la bouteille et rétablit le niveau avec la cuvée du Patron, un vin de table bien ordinaire. Il remet le bouchon à sa place, et replie la capsule. C'était ainsi, nous la découpions en laissant une partie qui servait de charnière, et celle-ci restait accrochée au goulot, tel un petit couvercle. Les anciens doivent s'en souvenir... Et ça faisait classe, soi-disant! Mais c'est ce qui va m'aider. Tout s'est passé en quelques minutes. Évidemment, je suis médusé et je refuse de jouer à ce petit jeu, mais le maître d'hôtel, sérieusement azimuté, m'y oblige, me menaçant d'un renvoi si je ne m'exécute pas. Tenant à mon emploi, et à reculons si je puis dire, je change le verre, l'air de rien. Je devais trembler un peu, mais je présente la bouteille au client, furtivement sans doute car je suis dans mes petits souliers. Je fais semblant de couper la capsule avec la lame de mon tire-bouchon en cachant la découpe précédente avec mes doigts, et à l'image, bien modestement, de l'ami Alain Choquette le magicien, je réussis à faire illusion, non sans quelques perles de sueur qui devaient poindre sur mon front. Je verse le vin dans le verre, le client le hume et le goûte, et déclare avec une fierté – pour ne pas dire une vanité – non dissimulée, prenant bien soin d'être écouté : « Ah! jeune homme, cette fois-ci, le vin est très bien! Vous pouvez servir! » J'ai réalisé peu après que j'avais beaucoup appris, en 15 minutes, sur la bêtise humaine...

La capsule qui va tout changer

Faisant partie de la génération de ceux qui n'ont connu que le liège à leurs débuts dans la profession, je peux confirmer que l'arrivée de la capsule à vis a déjà changé notre perception face à ce fléau qui persiste encore, j'ai nommé le goût de bouchon. En effet, le vin bouchonné, au sens large, touche 4 à 7 % des bouteilles dégustées, peut-être moins de nos jours, mais ce qui est, convenons-en, peu et trop à la fois. Je me mets à la place de celui qui a attendu tant d'années un grand vin, et qui découvre en ouvrant la bouteille une infecte bibine qui a subi au fil du temps l'ignominieuse influence d'un liège altéré. Et que dire de l'inquiétude légitime des producteurs qui mettent leurs cuvées dans des milliers, voire des millions de bouteilles, tout en se demandant si le bouchon va jouer son rôle jusqu'au bout sans gâter la marchandise? C'est ainsi que la capsule à vis a gagné du terrain. Je n'ai personnellement rien contre – et je suis même plutôt pour quand c'est bien fait – et ne vois là aucun problème ; juste des vins qui sont joliment capsulés (les capsules de la marque Stelvin sont impeccables et en progression constante), et prêts à être bus en toute convivialité.

Il suffit de consulter les travaux de divers symposiums sur la capsule à vis pour comprendre l'importance du phénomène. De nombreux producteurs l'utilisent maintenant intelligemment, et même parfois avec humour et fantaisie. D'autres ont opté pour elle il y a déjà quelques années avec un brin de provocation, comme le Bordelais François Lurton, qui produit et distribue dans le monde… des vins de l'Ancien et du Nouveau Monde. Et la capsule métallique à vis continue de faire des adeptes dans les pays traditionnels. Après Michel Laroche, à Chablis, qui en a été un des ardents défenseurs, d'autres ont suivi et plusieurs propriétés réputées, dont château Margaux, en font, parfois dans le secret, l'expérimentation. Certains négociants, en France et dans d'autres pays, proposent aujourd'hui avec succès auprès d'une clientèle jeune des vins de pays, notamment, à prix doux, qui sont capsulés de cette manière. Et c'est très bien! Fort utilisée en Australie, la capsule à vis connaît une progression croissante, en particulier sur les marchés anglo-saxons et scandinaves où la demande est très forte chez les importateurs. La Nouvelle-Zélande est certainement le chef de file en matière de capsule à vis puisque 90 % de ses vins, en 2015, sont bouchés avec cette technique qui plaît à beaucoup et déplaît en même temps à de nombreux consommateurs.

Le métal ou le liège?

Fini le cérémonial entourant l'ouverture d'un vénérable flacon? Terminée la bataille que se livrent l'œnophile peu expérimenté et le long bouchon qui n'en finit plus de sortir? À la poubelle tous les tire-bouchons de ce monde puisque la capsule à vis est arrivée? Va-t-on ouvrir à loisir son cru bourgeois et son chablis grand cru de la même façon que l'on procède avec une eau minérale? Eh bien, j'ai des petites nouvelles pour vous: gardez votre précieux limonadier, il devrait encore vous servir, car le bouchon de liège n'est pas près de disparaître, et c'est tant mieux. De toute évidence, même si la capsule progresse, la résistance contre ce nouveau système est encore très forte en France et dans la plupart des vignobles de type méditerranéen (le Portugal, pays où le blocage est peut-être davantage marqué – en tant que premier producteur de liège, cela se comprend – en fait partie même s'il est bordé par l'Atlantique). Les Nord-Américains, et particulièrement les Québécois, s'y sont mis facilement, mais dans les vieux pays – à part en Suisse, pays précurseur avec 80 % des bouteilles bouchées de cette façon – les vins avec capsule à vis souffrent encore d'une image négative, et sont perçus comme des vins ordinaires, à tout le moins inférieurs. Et puis, on peut le confesser, chez les vieux de mon âge… le romantisme du bouchon en a pris pour son rhume quand le vin s'est laissé encapsuler.

En fait, comme j'ai pu l'écrire dans mes livres *Entre les vignes* et *Le guide des vins du Nouveau Monde* consacré, entre autres, à la Nouvelle-Zélande, on a assisté il y a quelques années à un faux débat, je dirais même à un faux procès. Certains, sous prétexte de se montrer sous un jour avant-gardiste pur et dur, ont condamné sans discernement et pour toujours le liège, responsable des vins bouchonnés. Mais, selon moi, cela va trop loin. Il ne faudrait tout

---

DE L'ARBRE AU BOUCHON

Suite à des contrôles rigoureux (principalement l'âge des écorces grâce à de nouvelles technologies, et l'extraction des composés volatils du liège pour enrayer le fléau des TCA), les bouchonniers sélectionnent sur le terrain la matière première, qui est transportée dans les meilleurs délais. Après des mois de séchage, l'écorce est mise à bouillir dans des chaudières en acier inox, puis stockée dans des endroits couverts et ventilés. Puis, après avoir été bouilli une deuxième fois, le liège est mis au repos jusqu'à ce qu'il acquière les bonnes conditions et le degré d'humidité pour être perforé, produisant ainsi des cylindres, les futurs bouchons. On procède alors à un premier choix, puis on corrige leur dimension, sélectionnant électroniquement les têtes et le corps. Lavés et marqués à l'encre ou au feu, assouplis mécaniquement, ils sortent de l'usine une fois le certificat d'analyse délivré par le laboratoire.

de même pas que la présence, parfois, de goûts moisis, issus de bouchons défectueux et pour d'autres raisons, et causés en grande partie par les TCA (voir l'encadré à ce sujet, p. 175), mette en péril les magnifiques suberaies centenaires où pousse le noble chêne-liège, principalement au Portugal et en Espagne. J'ai visité dans ces deux pays plusieurs bouchonniers, de grandes entreprises et des petites maisons, dans l'Alentejo pour le premier, dans l'Estremadura et la région de Don Quichotte pour le second. Et les choses ont bougrement changé. Des forêts, beaucoup mieux gérées il faut le reconnaître, jusqu'au produit final, ces sociétés offrent, dit-on, à leurs clients, une traçabilité intégrale. Par ailleurs, n'y a-t-il pas désinformation quand on affirme que la généralisation de la capsule à vis va permettre la préservation des forêts de chêne-liège? Certainement, puisqu'il s'agit justement du contraire. Finis les besoins en liège? Alors, il est inutile d'entretenir les fameuses suberaies de notre planète!

Et puis, en deux mots, il est clair que ce mode de bouchage, en plus d'avoir fait ses preuves pendant des décennies, plus particulièrement avec les vins de garde, reste le plus respectueux des écosystèmes puisque le liège est d'origine naturelle, totalement recyclable, et défendu fort heureusement par les organisations écologiques, telle que la WWF (World Wildlife Fund). Ajoutons à cela l'engouement pour le courant bio qui est très fort, si je prends le cas de la France, et dont les personnes directement visées – les producteurs et les consommateurs – réclament le liège comme matériau pour le bouchage de leurs vins préférés. Je cite l'actuel président de la Fédération française du liège, Christophe Sauvaud: «La filière estime parfaitement légitime de revendiquer que les vins bio soient bouchés avec du liège.» Et il poursuit, précisant que la réglementation européenne de 2012 établit «les normes de certification bio de l'ensemble du processus de production des vins, de la vigne à la bouteille», sans un mot au sujet des bouchons et indiquant que des démarches ont été engagées «pour que la question du bouchage soit intégrée dans le cahier des charges des vins biologiques». En tout cas, d'après cette organisation, le liège est le mode de bouchage qui respecte le mieux l'environnement pour 73 % des consommateurs français. On pourrait

TOUT SAVOIR SUR LE CHÊNE-LIÈGE[15]

Le **chêne-liège** (*Quercus suber*) est un arbre unique en son genre car son écorce de liège se régénère une fois prélevée. C'est lorsque l'arbre atteint l'âge de 35 ans que la première couche de liège est extraite. Il faut cependant attendre encore au moins 18 ans avant d'obtenir une écorce adaptée à la production de bouchons de qualité. Cette délicate opération d'écorçage, confiée à des spécialistes, sera répétée tous les neuf ans, période durant laquelle les arbres ne seront jamais coupés ni endommagés.

Hauteur : Un arbre adulte atteint dans la plupart des cas 10 à 15 mètres de hauteur (voire 25 mètres exceptionnellement).

Âge : L'âge limite naturel d'un chêne-liège est compris entre 200 et 300 ans. Communément, un arbre régulièrement écorcé vit de 150 à 200 ans.

Écorce
Liège mâle : Sur un arbre jamais écorcé, elle est de couleur grisâtre, très épaisse, peu dense et fortement crevassée. En termes de production, on l'appelle liège mâle. Elle représente une bonne protection contre le feu et permet au

arguer qu'ils prêchent pour leur paroisse, mais les résultats de ce sondage confirment les positions et les réactions que je rencontre sur le terrain.

Néanmoins, ce qui est curieux et amusant, c'est d'entendre l'argument hypocrite de quelques producteurs qui consiste à faire deux poids deux mesures en disant que plusieurs de leurs vins sont bouchés avec une capsule métallique mais que l'on garde le bouchon de liège traditionnel pour les meilleurs. Est-ce à dire que

chêne de reprendre rapidement sa croissance après le passage d'un incendie.

Liège femelle : Dans le cas des arbres écorcés, le liège mâle est remplacé par le liège de reproduction ou liège femelle, de couleur jaune, rouge puis noire. Cette nouvelle écorce est beaucoup plus régulière que la précédente, présentant des crevasses moins profondes et des caractéristiques dans l'ensemble très homogènes. C'est à partir de la deuxième levée de liège femelle que l'on commence à fabriquer des bouchons de liège.

Production dans le monde (en tonnes ; 300 000 au total)
1er : Portugal (160 000)
2e : Espagne (75 000)
3e : Maroc (12 000)
4e : Italie (11 000)
5e : Algérie (10 000)
6e : Tunisie (8 000)
7e : France (4 000)

les premiers ne sont pas assez bons pour mériter le liège ? Les plus pragmatiques avouent que la capsule coûte tout simplement deux à trois fois moins cher qu'un bouchon de liège. Multipliez ce bénéfice par des centaines de milliers ou des millions de flacons et vous aurez compris l'enjeu économique que représente ce *twist cap* qui a changé nos habitudes.

Les avantages de la capsule à vis

Depuis des années, des scientifiques ont démontré que cette forme de bouchage est une des meilleures alternatives au liège pour la conservation. En voici les avantages :

- L'ouverture du flacon est simplifiée, ne nécessitant pas de tire-bouchon et évitant la chute de débris de liège dans le vin ;

- Il n'y a plus de risques de goût de bouchon ;

- Les arômes, la fraîcheur et le fruit du vin sont parfaitement sauvegardés, et ce dernier, malgré le peu de recul que nous avons encore à ce sujet, pourrait vieillir en fonction de ses propres qualités. Pourtant, je me souviens d'un rapport scientifique, publié il y a une dizaine d'années par des œnologues, qui livrait des résultats étonnamment positifs suite à une dégustation de mercurey 1966 et de nuits-saint-georges premier cru 1964 conservés en capsule à vis pendant 40 ans ;

- Peu importe la marque de la capsule, les œnologues optent pour des joints d'étanchéité en fonction de l'échange gazeux souhaité, afin de garder une constance dans la qualité, d'un flacon à l'autre ;

- L'étanchéité de la bouteille est parfaite ;

- Le stockage est facilité dans la mesure où les bouteilles peuvent être conservées à la verticale ou à l'horizontale ;

- La bouteille se rebouche facilement ;

- Si on est sensible à la tradition et au décorum, on peut toujours, une fois décapsulé, passer le vin en carafe. Ça ne lui fera pas de tort.

LE TCA OU TRICHLOROANISOLE

Il s'agit d'une composante chimique qui donne une odeur rappelant le liège moisi et la poussière, ce goût de bouchon indésirable caractérisé par des odeurs de cave humide qui gâche l'appréciation d'un vin. Ces chlorophénols, issus de molécules contenues dans le chlore, peuvent émaner de l'air ambiant, d'écorces d'arbres pollués par des insecticides, de produits de traitement du bois présents dans les locaux (charpente, palettes), et se concentrer dans les matériaux poreux comme le liège. Joyeuses perspectives! Cela dit, il est bon de souligner que la SAQ offre aux consommateurs une bonne politique de retour et d'échange sur les vins bouchonnés (voir p. 225). De plus, il serait peut-être pertinent aussi de penser au retour des bouchons en vue de leur recyclage, à l'image de ce qui se fait dans certains pays (voir l'encadré sur le recyclage p. 176).

Des alternatives

En plus des différentes approches de bouchage synthétique (il y a un peu de tout, dont Nomacorc qui utilise une technologie brevetée de coextrusion pour des bouchons dotés d'un cœur intérieur en mousse et d'une enveloppe extérieure souple en polyéthylène), l'autre possibilité est le Vinolok. Il s'agit d'une méthode créée par un pharmacien autrichien qui s'est inspiré de ses fioles pour concevoir un obturateur sous la forme d'un bouchon de verre agrémenté d'un joint de silicone pour garantir l'étanchéité, et une courte capsule pour une meilleure sécurité. Trois fois plus cher qu'un bouchon de liège ordinaire, mais presque moins cher qu'un bouchon de liège de qualité supérieure, on comprendra que ce mode de bouchage s'adresse à des vins haut de gamme. Contrairement au liège, il ne permet aucun échange avec l'air (cette question de l'impact des échanges gazeux à travers le bouchon de liège sur le vieillissement du vin reste sujette à débat) et promet une étanchéité parfaite. Il a fait ses preuves sur les vins blancs et

ET LE RECYCLAGE ?

C'est plutôt une bonne nouvelle puisqu'en France, 300 tonnes de liège seraient recyclées chaque année, un chiffre qui progresse de 30 à 50 % par an. En effet, de nombreux industriels, ainsi que des architectes et autres designers, sont à la recherche de ce matériau noble qui, une fois recyclé, peut se retrouver dans l'industrie automobile, l'aéronautique, la mode (les chaussures notamment), la décoration intérieure, le mobilier, l'habitation (isolation) et les studios d'enregistrement (insonorisation), etc. Et pour faciliter la récupération, on nous apprend que les professionnels français du liège multiplient les points de collecte et comptent sur les fêtes de fin d'année pour faire le plein de bouchons et inciter le public à venir les déposer dans les emplacements recensés dans l'application Planète Liège, disponible gratuitement sur App Store.

rosés, mais reste timide sur le marché des vins rouges, jugé habituellement traditionnel. Un autre avantage : il permet un rebouchage hermétique et à volonté, sur le modèle des bouchons de porto.

D'autre part, Diam Bouchage (n° 2 mondial de l'industrie du liège avec 20 % du marché) qui est une filiale d'Oeneo, un groupe connu à travers la tonnellerie (Seguin Moreau) et le bouchage, connaît un succès grandissant avec son Diam qui, assure-t-on, met le vin entièrement à l'abri des risques indésirables liés au goût de bouchon. Le procédé Diamant consiste à extraire du liège l'indésirable molécule 2,4,6-TCA, en faisant appel à une technologie complexe, dite technologie du CO_2 supercritique, qui a déjà fait ses preuves dans d'autres secteurs, tels que le café et la parfumerie.

Dernièrement, un nouveau bouchon est arrivé sur le marché, et je l'ai expérimenté aisément... sans tire-bouchon, avec la complicité de la cave du Val d'Orbieu. Il s'agit d'une invention en liège

(système Helix) qui se place – plutôt qui se visse – dans des bouteilles au goulot fileté, résultat de longs travaux dirigés conjointe-
ment par le Portugais Amorim, chef de file mondial du liège, et de
la société américaine Owens-Illinois, spécialisée dans l'emballage
en verre. Évidemment, la volonté est de fabriquer des bouteilles
au goulot adapté à ce bouchon qui vise le vrai compromis entre le
traditionnel et la capsule à vis. Il faudra voir dans l'avenir comment se comportent les vins qui ont été bouchés ainsi, mais j'ai
trouvé cela très pratique et digne d'intérêt. Et puis, il y en a
d'autres déjà et d'autres encore qui feront tout pour faire de nos
beaux tire-bouchons de collection des objets de musée... Quoi
qu'il en soit, et ce n'est pas par excès de diplomatie, je suis
convaincu que le liège, la capsule métallique et d'autres alternatives sont des modes de bouchage destinés à cohabiter en bonne
harmonie, pour le bénéfice du consommateur, en autant que le vin
soit bon. Le liège sera probablement toujours en demande – et
c'est tant mieux – mais il y a un temps aussi pour passer à la capsule sans culpabiliser.

La civilisation latine est une
civilisation de vignerons.

Marcel Lachiver, auteur et historien français

Producteurs et vignerons, les bons… et les moins bons !

Dernièrement, je me suis retrouvé, avec des collègues, au Clos de Tart, un domaine bourguignon qui m'inspire à chaque fois que j'y retourne. Fait assez rare, et pour ainsi dire incroyable, ce petit vignoble de sept hectares et demi créé par les Bernardines de Tart au XIIe siècle n'a connu que trois propriétaires. Après les religieuses, la propriété est passée à la famille Marey-Monge en 1789, puis à la famille Mommessin qui l'a acquise en 1930 au cours d'une vente aux enchères. Celui qui nous a reçus s'appelle Sylvain Pitiot, le régisseur qui transmet le relais en douceur jusqu'aux prochaines vendanges. Depuis 1995, il a dirigé toutes les opérations, de la vigne à la cave, avec une lucidité et une simplicité désarmantes. Il nous a sans cesse répété que ce n'est pas lui qui fait le vin, mais bel et bien la nature, conscient du fabuleux potentiel de ce microclimat bourguignon. Pour lutter contre l'érosion, les vignes de pinot noir sont plantées sur une ligne nord-sud perpendiculaire à la pente. Leur âge moyen est de 60 ans, les plus anciennes étant centenaires. Si l'appellation autorise un rendement de 35 hl/ha, celui du Clos de Tart oscille entre 21 et 30 hl/ha selon les années. Sur des sols de marnes calcaires, le travail se fait par parcelles afin de respecter les spécificités de chacune d'entre elles. Les raisins sont donc vinifiés séparément, de façon traditionnelle, avec le moins d'interventions possible, et la mise en bouteille a généralement lieu au début du printemps. Justement, nous y étions le 4 mars dernier. Nous avons assisté au fin fond de la cave, incrédules, à un moment magique qui se déroule encore avec les gestes d'autrefois, dans une routine monacale et un certain dépouillement. Trois employés étaient assis, le premier à la tireuse, qui remplissait les bouteilles à un rythme lent, six à la fois, le vin venant d'en haut par gravité et sortant d'un boyau tout simple. À sa gauche, le second vérifiait les niveaux, puis le troisième bouchait un par un chaque flacon, le tout avec un matériel impeccable mais loin de toute sophistication. Bien sûr, avec une si petite surface, le nombre de bouteilles est limité, surtout vu les bas rendements pratiqués. Je vous raconte cette anecdote pour souligner notre surprise, en pensant aux collectionneurs qui se procurent ce grand cru aux tanins de velours, rare et distingué, et qui n'imaginent pas, au prix qu'ils ont payé, la belle rusticité des lieux et la sobriété des gestes qui ont présidé à sa naissance.

Et je répondrais ici à un copain de dégustation qui m'a déclaré quelques jours après cette visite, comme on le dirait d'une voiture, et sur un ton assuré qui ressemblait à une évidence à sens unique, tirant aussi vite que Lucky Luke avant de savoir de quoi je voulais parler : « Oh tu sais, je ne suis pas très clos de tart, plutôt clos des lambrays ! » (Il s'agit d'un vin produit dans la parcelle voisine, à moitié prix il est vrai, issu du même cépage.) Personnellement, moi qui adore tout autant le clos des lambrays (mais je n'ai eu ni le temps ni la possibilité de le lui dire), je crois qu'il y a un temps pour tout, et que la différence serait somme toute ténue aux papilles de quelqu'un qui paye pour un mois son modeste logement au même prix qu'une bouteille de ce grand vin.

Les bons vins sont le miroir de ceux qui les font

Ce n'est pas la première fois que je reprends cette phrase que l'œnologue Jacques Puisais m'a confiée lors d'un tournage : « Les vins que l'on boit doivent avoir la gueule de l'endroit ! » Il en rajoutait en disant combien la personnalité des vignerons, des œnologues, des producteurs en général, est intimement liée à celle de leurs vins. Pour ma part, ça fait des lustres que j'ai décidé de m'arrêter à ceux qui sont produits par les bonnes personnes puisque mon travail m'amène à les rencontrer. À l'image de la relation que l'on a avec son médecin, son garagiste ou son dentiste, le lien de confiance est trop important pour être négligé.

Et puisqu'on n'a jamais produit autant de vins, inventé autant de marques et imprimé autant d'étiquettes qu'aujourd'hui, vaut mieux se faire plaisir avec des vins qui nous parlent, des vins qui expriment leur lieu d'origine, et surtout prendre son temps sans avoir peur de faire des choix délibérés. Vous allez me dire : ben oui, c'est facile pour lui et ses copains de savoir quoi acheter ; ils passent leur temps à goûter…. Hé hé, c'est en partie vrai et je n'ai pas l'intention de faire pitié. Mais c'est justement là que j'ose intervenir en vous disant : évaluez vos goûts et vos préférences, avec méthode, en prenant des notes, et fiez-vous aux auteurs, chroniqueurs, aux conseillers, cavistes avec lesquels vous pouvez partager sans crainte vos points de vue.

C'est dans cet état d'esprit que je recommande ce que j'appelle «mes valeurs sûres», à l'image des 160 maisons présentées dans mon dernier opus sur les vins français[16], sans compter les centaines de bons domaines cités appellation par appellation. Règle générale : une maison reconnue, qu'elle soit grande ou petite, élabore des vins d'une qualité constante, peu importe la gamme et donc le niveau de prix, peu importe le millésime (voir le chapitre *L'obsession du millésime*, p. 159), mais il faut bien entendu moduler. Il arrive évidemment, et c'est normal, que l'on puisse ne pas aimer certains vins d'un producteur que l'on apprécie. C'est une question d'objectivité, mais une chose est sûre, en général, une bonne maison qui met en application des règles collées à une philosophie qui lui ressemble, a fortiori un producteur prestigieux, n'apposera pas sa signature, son nom, sur un vin ordinaire (voir l'encadré «Grand et bon!», p. 182). Vous ne voulez pas trop dépenser ? Voici la clef : achetez les entrées et milieux de gamme d'une maison réputée pour ses grandes cuvées ou ses crus renommés. Habituellement, peu importe le pays ou la région, ça marche! Et la vie est trop courte à mon sens pour boire n'importe quoi, qu'il s'agisse d'un vin industriel dépourvu d'âme, à tout le moins exempt d'une agréable personnalité – typicité pourrait-on dire – ou de la cuvée d'un type un peu tordu ou d'un jusqu'au-boutiste têtu comme un âne.

Surtout, ne vous compliquez pas la vie ! Et quitte à me répéter, vous risquez de vous casser les dents si vous vous imposez des

GRAND ET BON!

En effet, je me suis fait un devoir de présenter dans mon dernier livre sur les vins de France, les grandes maisons, région par région, parmi celles que je considère comme étant mes valeurs sûres, et dont on peut trouver les vins assez facilement grâce à une production conséquente. Pour en citer plusieurs, je pense à Léon Beyer, Hugel et Trimbach en Alsace, à André Lurton, Jean-Pierre Moueix et à Sichel à Bordeaux, à Alphonse Mellot, Couly-Dutheil et Henri Bourgeois dans la vallée de la Loire, à Bouchard Père et Fils, J. Drouhin, Laroche, Louis Jadot et Louis Latour en Bourgogne, à JeanJean, Mas Amiel et aux Domaine Gauby, Cazes et Paul Mas en Languedoc, et enfin à Chapoutier, au Château de La Gardine, à Guigal et à la Famille Perrin dans le Rhône.

On trouve moins de ces grandes entreprises dans le Jura et le Sud-Ouest, en Savoie, en Corse, et en Provence. Quant à la Champagne, à Cognac, à Jerez et à la vallée du Douro, quatre régions du globe où l'on élabore des produits qui n'ont rien à voir entre eux, le plus gros pourcentage de la production est assuré par des maisons qui sont aussi importantes, en termes de volume, que renommées, voire prestigieuses. En Italie, où l'on

règles strictes dans vos choix. Comme on le dit dans un langage fleuri, il est inutile de vous mettre la rate au court-bouillon… Tout va bien! Il est presque certain que même un vin d'une appellation connue de la côte de Beaune en Bourgogne – un pommard si vous voulez, à 45 $ – mal vinifié et mis en bouteille par un négociant inconnu, sera moins bon dans l'absolu qu'un autre d'une appellation modeste de la côte chalonnaise – un givry premier cru à 30 $, par exemple, à base du même pinot noir –, mais signé d'un producteur consciencieux qui pratique de faibles rendements à l'hectare, à partir de vieilles vignes sur un bon terroir, et, qui plus est, élève ses vins dans des conditions irréprochables. Le vocabulaire du vin ne trompe pas et s'apparente à celui que l'on colle à l'humain :

compte des dizaines de milliers de producteurs, de grandes compagnies familiales sont également synonymes de qualité. En voici 10 dans l'ordre alphabétique : Antinori, Banfi, Donnafugata, Frescobaldi, Gaia, Lungarotti, Masi, Mastroberardino, Ricasoli, Zonin ; il y en a d'autres.

En Espagne, pays qui a le vent en poupe à bien des égards, on connaît de nombreux exploitants importants en volume et en qualité dans la Rioja. Mais la Catalogne n'est pas en reste avec des sociétés qui ont pour nom Parés Baltà ou Miguel Torres. Je reste prudent avec les mégastructures du Nouveau Monde, quoique des groupes comme Rosemount ou Penfolds, en Australie, sont très respectés des amateurs. En Amérique du Sud, au Chili (Casa Lapostolle, Errazuriz, Los Vascos, Santa Rita, etc.), en Argentine (Catena Zapata, Clos de Los Siete, Trapiche, etc.) et dans une moindre mesure au Brésil, ces établissements qui produisent à grande échelle sont capables de nous offrir d'excellentes cuvées. L'Uruguay et le Mexique – pays d'Amérique latine situé en Amérique du Nord – ont des exploitations viticoles de taille moyenne ou modeste.

un vin mal élevé ressemble à un homme mal élevé, et vaut mieux s'en méfier ! Et en général, il en va de la responsabilité des parents.

Les critères qui mènent à un choix final, de la taille de la vigne à la température de service, sont trop nombreux et déterminants sur la qualité d'un vin pour que l'on en tire des conclusions prématurées. C'est pour cela qu'il est pertinent d'apprendre, de se renseigner, de lire un bon livre, de consulter Internet, de faire partie d'un club solide et sérieux... mais où l'on ne se prend pas au sérieux. Et de s'intéresser aux gens qui gravitent autour du vin avec passion et conscience. Je pense à ceux qui sont clairs, dans l'esprit et dans le geste, et qui connaissent bien leur métier, tous ces vignerons, grands ou petits artisans, ces producteurs et ces faiseurs de vins (ou *winemakers* comme on dit maintenant), connus ou anonymes, ces chefs de cave humbles et discrets, ces directeurs commerciaux sympathiques, tous ces propriétaires, qu'ils soient issus de la classe moyenne, de la petite bourgeoisie ou de la haute aristocratie, qui ont en commun l'élégance, la courtoisie, l'éducation, tout simplement, qui façonne les belles personnes, affables et polies, faciles d'accès et droites comme leurs vins. Ceux qui ont assez d'humilité pour être encore impressionnés, au-delà des générations, devant la noblesse de leur propre terroir, et se mettre en retrait pour mieux le sublimer. En idéalisant un peu, on se dit qu'ils ne peuvent produire que des bons vins, à tout le moins des crus d'une grande justesse, dotés de finesse et d'équilibre.

Petit, petit, petit, tout est mini dans notre vie…

C'est ce que chantait Jacques Dutronc dans les années 1960… Dix ans plus tard, on publiait sous le titre *Small Is Beautiful – une société à la mesure de l'homme*, une série d'essais sur l'économie mondiale d'un certain Schumacher (Britannique d'origine allemande) dont les principaux thèmes portaient sur l'importance de l'échelle humaine, l'intégrité environnementale dans les décisions commerciales, l'utilisation des ressources naturelles, etc. Quand on regarde le chemin parcouru, on peut penser que ces préceptes ont eu du bon. De là à croire que toutes les recommandations ont été appliquées à la lettre, je n'en suis pas sûr, mais en tout cas la notion du *small is beautiful* tous azimuts a fait au fil des ans des adeptes qui ont tendance parfois à manquer de discernement. À part les petits prix pour des grands vins, dont bien légitimement nous sommes toujours à l'affût, les petits nez qui hument sans problème, parfois même mieux que les gros, les petits rendements (en production) grâce à de hautes densités de plantation, les petits pots qui contiennent les meilleurs onguents, le Petit Prince, le petit Robert, la petite maison dans la prairie et les Petits Lu (délicieux biscuits nantais), la notion de petitesse n'est pas toujours garante de haute qualité. C'est la même chose pour le vin. On dirait que certains se sont mis martel en tête en pensant que seules les petites exploitations viticoles en faisaient du bon, et qu'en conséquence tout ce qui sortait des grandes était suspect. Un peu limite comme analyse !

En fait, peu importe le poids et la dimension du domaine, du château, de la propriété familiale, du clos, de la société de négoce, du négociant-éleveur, de la cave coopérative, des vignerons de tout acabit, je le répète : il existe des petits producteurs qui font des vins moyens, et d'autres, nombreux, qui font des vins excellents. Et forcément le contraire existe aussi. Trop de grandes sociétés ont une démarche industrielle et navrante de leur production, j'en conviens, mais de grandes maisons qui sont animées d'une philosophie qualitative à chaque étape du processus, et qui emploient des dizaines, voire des centaines de salariés, peuvent élaborer de très belles cuvées.

Le vin au féminin

Je suis toujours impressionné par le nombre d'associations qui se portent à la défense d'une multitude de causes, me posant des questions sur leur portée réelle et la signification des résultats, mais je dois dire que dans ce cas-là, un vent de fraîcheur souffle sur le milieu quelque peu macho de la viticulture, parfois crispé et encore assis sur ses certitudes. Longtemps restées dans l'ombre de leur vigneron de mari, cantonnées bien souvent aux tâches ingrates, les femmes du vin sont davantage dans la lumière, et si c'est tant mieux pour le consommateur, il s'agit d'abord et avant tout d'une reconnaissance des plus légitimes.

Que ce soit dans les affaires, à la tête d'un domaine ou simplement à la vigne ou à la cave, mais également en tant que consultante, diplômée en œnologie ou en sommellerie, dans le journalisme (chroniqueuse, blogueuse, pigiste, etc.) ou dans la vente (cavistes, représentantes, etc.), les femmes sont activement présentes depuis le début des années 2000, et l'on ne peut que s'en réjouir. Je reprends d'ailleurs cette phrase qui résume tout à fait ma pensée : « Si la femme est l'avenir de l'homme [en référence au poème de Louis Aragon], elle doit être forcément aussi celui de la viticulture[17]. » C'est justement en l'an 2000 que la charmante Virginie Taupenot rencontre Anne Parent, viticultrice à Pommard, qui lui confie son envie de fédérer une sorte de réseau féminin autour du vin. Virginie et quatre autres professionnelles décident d'aller de l'avant et créent Femmes et vins de Bourgogne, une association «féminine mais pas féministe». L'objectif de leur association est de se structurer en tant que femmes œuvrant dans le monde du vin, mais à l'instar de toutes les femmes qui ont des contraintes familiales, en jonglant avec le travail, les enfants, la vie de famille, etc. Elles trouvent donc là un moyen de se serrer les coudes, comme elles disent, de s'apporter de l'aide et des conseils.

Lors de notre première rencontre, nous nous sommes tout de suite bien entendus. Pourquoi? Parce qu'au-delà du fait que j'ai toujours apprécié la sensibilité de la femme en général, et professionnellement dans l'approche de la dégustation, nous partageons l'idée qu'il est toujours aussi ridicule de parler de vins virils et de vins féminins. Dire d'un pauillac qu'il est masculin et d'un margaux qu'il est féminin est en effet bien réducteur, puisque du côté humain, un homme peut fortement assumer sa virilité tout en manifestant nuances et délicatesse dans son comportement, tout comme une femme peut afficher sa féminité tout en faisant preuve de solidité, de force de caractère et de détermination. Et cette règle s'applique au vin. C'est ainsi que passant d'une productrice à l'autre (une quarantaine de femmes, de Chablis jusqu'à à la côte chalonnaise), je me suis régalé, et dans le verre et dans le propos. Non seulement j'ai dégusté des vins splendides (et parfois des moins bons), mais j'ai apprécié chez ces femmes, au-delà de la solidarité, la philosophie, le sens de l'humour, cette façon de faire sérieusement les choses sans prendre la grosse tête, l'absence de compétition et, m'a-t-il semblé, de jalousie, ce vilain défaut qui fait des ravages.

Ailleurs en France, on peut trouver de semblables associations telles que Les Aliénors (productrices dans le Bordelais), Les Divines d'Alsace, Les Éléonore de Provence ou Les Vinifilles dans le Languedoc-Roussillon. Citons également Les Étoiles en Beaujolais, Femmes Vignes Rhône qui défend dans ses statuts le travail des femmes dans la filière vitivinicole, Femmes de Vin créé pour devenir le premier cercle féminin national, ainsi que le Concours femmes et vins de France au cours duquel les vins sont exclusivement dégustés par des femmes. Ailleurs, citons Women of the Vine aux États-Unis, et Le Donne Del Vino, en Italie, constitué de vigneronnes, productrices, sommelières, restauratrices. Créée en 1988, leur association compte aujourd'hui 650 membres.

Rebelles

Comme je le précise précédemment, quand arrive le moment de choisir une bonne maison, une cuvée pour un événement ou pour un article, il faut que le vin soit bon, mais j'attache en outre une grande importance aux hommes – et aux femmes – qui sont derrière. Tiens donc, monsieur a des principes? Eh oui, je suppose qu'on en a tous. Ainsi, quand je vais au restaurant, je refuse de mettre les pieds dans l'établissement de quelqu'un qui agit de vile manière, notamment avec ses employés – il y en a encore – et pour les mêmes raisons, je fais l'impasse sans hésiter sur les producteurs dépourvus des qualités humaines auxquelles nous sommes en droit de nous attendre. Heureusement, il y en a peu, et en général, cela se passe bien. Mais vu le vaste choix, j'aime autant promouvoir, encourager et fréquenter ceux qui sont agréables et qui possèdent en quelque sorte le prérequis à tout échange, à tout commerce.

Dans la catégorie des rebelles, classe que je sépare en deux, il y a, hélas, les rebelles d'opérette qui nous donneraient presque l'envie de boire autre chose. Par conséquent, pour me prémunir contre ces pisse-vinaigre (c'est embêtant pour un vigneron) à la provocation gratuite, ces agitateurs engoncés dans leurs certitudes ou ces extrémistes de la bouteille qui font parfois dans le snobisme à l'envers, je préfère les ignorer.

Je vous raconte quand même cette petite histoire révélatrice que j'ai vécue il y a quelques années, et qui se déroule dans la vallée de la Loire, en Anjou-Saumurois, région pour laquelle j'ai un faible et une certaine affection, pour la bonne raison que j'y ai vécu et traîné mes bottes voilà plus de 40 ans. Et puis, au-delà de mes souvenirs de jeunesse, entre la musique et mon travail de serveur dans un restaurant d'Angers, le vignoble m'a séduit de son savennières, de son bonnezeaux, de ses coteaux-du-layon et coteaux-de-l'aubance, et de son saumur-champigny. Toujours est-il que je croise dans un salon qui se tient à Montréal un couple de vignerons qui vient justement du coin. Les vins sont bons, et je décide de faire un saut chez eux très bientôt. En effet, mon travail m'amène en Touraine et je loue une voiture pour faire un détour par leur vignoble. Rendez-vous pris, je ferai d'une pierre trois coups : revoir ces gens qui m'ont semblé sympathiques, visiter leur propriété et leur acheter des vins pour offrir aux amis qui m'attendent. La dame me reçoit, gentille et réservée comme le sont les gens de la région. Nous allons retrouver son mari qui est dans les vignes, et je me joins à lui. Pour l'instant, tout va bien, il semble un peu impatient et me conduit fissa dans un autre vignoble, que je prends pour le sien. Eh bien non, au lieu de me montrer sa façon de travailler chez lui, il me plante dans la vigne du voisin qu'il critique copieusement et vertement sur son approche de viticulteur. Voyez un peu comment ce type cultive sa vigne, c'est lamentable, nous qui faisons dans le bio, nous n'acceptons pas ce mode de culture, bla, bla, bla, j'en passe et des meilleures. Remonté contre son mitoyen de confrère qui, par la force des choses, n'aura pas la chance de s'expliquer, peut-être remonté contre lui-même — sans le savoir et je me permets de rêver... pour être si sectaire, borné et intolérant — il me sert un discours autoritaire, à vrai dire pénible, et dont je me serais bien passé. Je me suis trompé sur le bonhomme... Puis, nous nous rendons chez lui déguster quelques vins. Encore un exercice âpre et harassant ! Dans l'absolu, ses vins sont bons, mais la qualité diminue tant l'échange avec le mec est médiocre. Je m'accroche à mon crayon et me demande ce que je suis venu faire dans cette galère de hargne et de misère, dans une région réputée pour sa douceur. Dis-moi Joachim (du Bellay), les mœurs ont-elles changé au pays du bon roi René ? Quoi qu'il en soit, je décide d'acheter sept bouteilles. En supercommerçant, il me reproche le nombre : 6 ou 12, ce serait mieux ! Devant tant de mauvaise grâce, je résiste et j'insiste — très gentiment même s'il commence sérieusement à me courir sur le haricot — ce sera sept bouteilles (et dans ma tête : ou rien !). Après avoir encaissé, il me dit qu'il doit aller les chercher dans un entrepôt à la sortie du village où il procède habituellement à l'embouteillage. Mais très curieusement, insiste lourdement pour que je l'attende chez lui. Devant cette situation gênante qui laisse planer un doute, je me fais alors un malin plaisir de lui expliquer, avec un grand sourire, que ce sera beaucoup mieux pour moi de le suivre, et que cela me permettra de gagner du temps. C'est alors que je découvre, quelques minutes plus tard à son corps défendant – il m'a demandé de rester dans ma voiture – le bâtiment où ses vins sont entreposés. Je n'ai pas suivi ses directives, alerté par son comportement erratique, et je découvre l'antre du bonhomme, un véritable capharnaüm, sale et croulant sous les cartons, la poussière et toutes sortes de détritus, avec une petite chaîne d'embouteillage trônant au beau milieu de débris et de rebuts. De toute évidence, il voulait m'empêcher de voir cet endroit infâme et indigne d'un donneur de leçon. Sidéré, désarçonné, je prends mes bouteilles et je salue mon insurgé de vigneron… Puis, une fois seul sur la route, je me dis que j'avais peut-être une gueule qui ne lui revenait pas, après tout!

J'en ai rencontré d'autres de la même espèce qui détiennent rageusement la vérité et qui proposent, c'est quand même étonnant, de bons, parfois d'excellents produits, mais je me dis qu'il est peut-être préférable de les voir faire du vin plutôt que le gendarme, sinon on se garderait de rouler dans leur patelin. Et puis, pour adoucir mon propos, comme l'a écrit le jeune essayiste français Vincent Cespedes, disons, à choisir, qu'« il vaut mieux être belle et rebelle que moche et remoche… »

Quant aux autres rebelles, je les aime bien parce que je me sens moi-même l'âme rebelle en écrivant ce livre ; je me sens d'ailleurs ainsi depuis belle lurette, dans l'esprit de la citation du poète et dramaturge norvégien Henrik Ibsen, à savoir que « la seule vraie rébellion est la recherche du bonheur ». Disons qu'ils ont assez de jugement pour faire avancer les choses et défendre leurs convictions, avec maladresse parfois, mais aussi beaucoup de détermination. Davantage réfractaires et indisciplinés que révoltés, récalcitrants et rétifs à certaines règles certes, ils sont dotés d'une forte personnalité, cachant souvent un cœur aussi grand qu'un jéroboam et une sensibilité à fleur de peau. Je pense en écrivant ces mots à plusieurs personnes, tel que Nicolas Joly, qui fulmine et il n'a pas tort, quand on fait l'amalgame entre les vins technologiques et les crus authentiques. Je vois encore Charles Smith, producteur turbulent de l'État de Washington avec qui j'ai finalement passé (chez lui) une bonne soirée après avoir donné fermement mon avis. Tignasse de rocker des années 1970, notre trublion imposant est connu pour renverser tous les a priori mais il n'en est pas moins un homme d'affaires avisé. Avec sa chemise à carreaux et ses airs de franc-tireur, il nous propose des étiquettes aux noms accrocheurs : Kung Fu Girl, Old Bones, Boom Boom et Velvet Devil... Ses vins sont généreux, vifs et sympathiques, dans la mesure où l'on n'est pas dupe de son petit jeu, des rentre-dedans qui ne font pas dans la dentelle, à son image, mais auxquels on a envie de s'arrêter parce qu'on sait que l'on va s'amuser, dans le propos et dans le verre... Ce fut une expérience rafraîchissante dans l'environnement un peu tape-à-l'œil du vin américain. Tout comme Randall Grahm, pionnier iconoclaste et visionnaire qui a bousculé bien des principes dans les années 1980 pour faire de Bonny Doon, une des maisons les plus respectées du vignoble californien. Et il y en a d'autres, en France notamment, carrément charmants et attachants, comme Ostertag en Alsace, Alphonse Mellot père et fils à Sancerre, Stéphane Tissot dans le Jura, Jean-Noël Bousquet dans les Corbières, Eloi Dürbach dans les Alpilles, Antoine Arena en Corse, François Villard dans le Rhône septentrional, Marcel Richaud à Cairanne, etc. Et en prime, ils font de bons, de très bons vins. Alors, si la seule vraie rébellion est la recherche du bonheur, c'est encore dans un bon vin qu'on peut le trouver, pas loin, sans doute, de la vérité.

Les Sans Vice Ni Vertu (SVNV)

Bien sûr, c'est une façon de parler qui est entrée dans le langage populaire, mais des consommateurs peu avisés – ou mal renseignés – ont tendance à traiter des vins ordinaires d'infâme piquette. Faut pas pousser mémé dans les orties ! Surtout quand on sait que le vrai sens du mot *piquette,* que l'on servait autrefois aux travailleurs qui œuvraient à la propriété, correspond au départ à une boisson obtenue par la fermentation de marcs de raisins avec de l'eau et théoriquement sans addition de sucre. Par extension, piquette signifie aujourd'hui un vin médiocre qui est soit trop acide, oxydé, ou qui a tourné en vinaigre, ou tout cela à la fois. Mais dire que les vins que l'on trouve dans la grande distribution en France ou dans nos grandes épiceries et nos dépanneurs québécois, sont de lamentables piquettes, est exagéré et ressemble à un raccourci facile. Mais je ne suis pas en train de vous dire qu'ils sont bons pour autant; ils ne sont pas mauvais tout simplement! En fait, il s'agit la plupart du temps de vins de marque auxquels on pourrait adjoindre l'acronyme SVNV : Sans Vice Ni Vertu, très souvent hélas, en appellation incontrôlée… et incontrôlable (voir p. 193).

Regardons d'abord ce qu'il en est chez nous : tous les vins vendus en épicerie ou au dépanneur ont été embouteillés ici, avec pour obligation de respecter des normes rattachées à d'obscures règles du commerce international. On ne comprend pas trop pourquoi, mais il est interdit d'inscrire, par exemple, le nom du ou des cépages utilisés. On peut ainsi se procurer quelques vins français d'appellation (côtes-du-rhône, sauvignon de Touraine), italiens (chianti, montepulciano d'abruzzo) et espagnols, des produits australiens, chiliens, américains, canadiens, néo-zélandais, allemands, etc., et toute une kyrielle de vins de table sans aucune notion d'origine, sans rien savoir de l'environnement d'où ces vins proviennent. Outre le fait d'ignorer les « secrets » de leur élaboration – ou plutôt de leur fabrication – il est facile d'admettre que tout repose sur la forme, prétendument originale, d'un flacon, l'aspect de l'étiquette, la marque, soi-disant invitante, faisant parfois allusion, par la couleur et par le nom, à un vin connu offert à la SAQ. Habituellement, le trait est gros aux yeux des amateurs chevronnés et des professionnels, mais la confusion est bien installée, suffisamment insidieuse pour rouler dans la farine le consommateur qui fait son épicerie. Et pour les avoir goûtés, ces vins n'ont pas grand-chose à dire… Les plus persifleurs parleraient de grosse cavalerie. En fait, c'est un peu comme une personne que l'on voit pour la première fois. Elle se présente de manière agréable et l'on a envie de poursuivre la conversation. Hélas, on se rend compte au bout d'une heure – à peu près, c'est selon – qu'elle n'en a pas, justement, de conversation. La personne est gentille, plutôt mignonne – fille ou garçon, c'est du pareil au même – mais au bout d'un certain temps, on s'emm… pardon, on s'ennuie sérieusement. C'est un peu la même chose avec la plupart des vins SVNV : pas de défaut apparent. La couleur est correcte. Le nez ? Rien ! En bouche ? Rien ! Une personnalité, du caractère ? Vous pouvez répéter la question ? Voilà ce qui arrive avec ce genre de produit qui n'a de profit que ceux qui sont empochés par l'entreprise et l'épicier qui les commercialisent. En outre, et ce n'est pas le moindre des arguments : il faut ajouter au prix affiché une taxe de 15 %, ce qui mène un bordeaux bien discret vendu au dépanneur 17,85 $ au prix net de 20,52 $ (j'ai trouvé le même en épicerie à 15,99 $ + taxe = 18,39 $). À ce prix, vous avez au même moment un rouge à la SAQ de meilleure qualité. Même calcul pour un chianti à 15,89 $ qui coûtera en fait 17,15 $, alors qu'à ce prix vous dénichez à la SAQ des rouges italiens qui ont autre chose à offrir. Bon, mal pris dans un coin perdu à 50 kilomètres d'une succursale du monopole, on pourrait comprendre, mais quand, à deux pas de votre épicerie, vous avez un magasin mieux garni qu'en France ou en Espagne, je ne saisis pas l'intérêt. Malgré tout, je ne verrais absolument pas d'un mauvais œil l'opportunité d'acheter de très bons vins à l'épicerie, dans la mesure où ceux-ci seraient traités (entreposés, présentés, proposés, expliqués, etc.) dans d'excellentes conditions.

C'est ce qui m'amène à vous expliquer la réalité dans la plupart des pays producteurs européens. Prenons le cas de la France où l'on va souvent faire son épicerie dans les *hard-discounts* (les grandes surfaces à superrabais ; 19 % des ventes), les hypermarchés et autres magasins à grandes surfaces telles que Auchan, Carrefour, Casino, E. Leclerc, Intermarché, Super U (64 % des ventes). On y trouve un choix de vins avec lequel on peut trouver chaussure à son pied, mais à mon avis guère au-delà de 25 % de ce que l'on propose. La raison est fort simple : tout au long de l'année ces enseignes ont développé des liens privilégiés avec le grand négoce bordelais, principalement, ce qui leur permet d'avoir accès à la plupart des meilleurs crus girondins, et avec une bonne partie du négoce champenois. Pour ces deux régions, pas de problème, même si certaines maisons se refusent à faire des affaires avec ces mégastructures. Mais regardez du côté de l'Alsace, de la

Loire, de la Bourgogne, du Jura, de la Corse, du Sud-Ouest, du Languedoc-Roussillon, de la vallée du Rhône et de la Provence, c'est la disette, à prix à peu près correct certes, mais bel et bien l'indigence (et quand ce n'est pas très bon, où est la raison d'acheter?). À part quelques exceptions qui confirment la règle, surtout durant les foires au vin de l'automne, très suivies, pendant lesquelles, il faut le souligner, de nombreux commerçants font un réel effort, vous trouverez beaucoup de vins proposés par un négoce qualitatif défaillant (de nombreuses maisons inconnues au bataillon qui font dans la quantité industrielle). Et vous serez obligés, pour fuir ces vins eux aussi SVNV, de vous rabattre sur des cavistes (6 % des ventes seulement) au catalogue mieux inspiré mais à des prix forcément plus élevés. Je vous invite à consulter le chapitre *Le commerce des vins et des spiritueux*, p. 223 pour lire mes explications à propos des confusions que le touriste québécois fait souvent, quand il se rend en Europe, en comparant les prix dans les magasins, grandes surfaces très souvent, parfois dans les boutiques spécialisées.

Enfin, faut pas croire! C'est un peu la même réalité en ce qui concerne le sempiternel vin maison, surtout au restaurant (au magasin il n'y a guère d'espoir), avec lequel on voudrait voir dans le carafon du patron le bon vin à petit prix qu'il a déniché expressément pour nous. Cela peut arriver, mais il ne faut pas trop rêver!

Bémols au rayon des appellations

On conviendra que le système des appellations d'origine et les institutions qui le régissent, que l'on soit en France, en Italie ou dans d'autres pays, sont encore la cible de vives critiques. Le contexte international et bon nombre de vignobles du Nouveau Monde où tout est encore permis, les vins de marque et les fortes contraintes sur les tenants de la tradition face à la concurrence, ont certes changé les règles du jeu, mais on ne doit pas négliger en outre la progression des tendances, que ce soit en matière de viticulture biologique, de biodynamie ou l'arrivée des vins nature, par exemple. Tout cela pour dire que le client en perd un peu son latin, et que même s'il s'agit d'une approche qui présente un intérêt capital et beaucoup d'avantages pour la défense des dénominations viticoles, il y a assurément encore trop d'AOC (ou d'AOP), de DOC, DOCG, IGP, IGT, etc.

On aurait pu simplifier la situation dans le vignoble hexagonal, et profiter des changements des cinq dernières années pour regrouper celles qui partagent des affinités. Mais au pays du «Papy qui fait de la résistance[18]», ce n'est pas évident! En fin de compte, le consommateur est désorienté, et c'est sans compter la pléthore de cuvées en lien avec les cépages, les parcelles, un anniversaire, ou en hommage aux enfants, au tonton, à la mamie, au petit pont d'à côté, et *tutti quanti*.

Finalement, pendant que plusieurs avancent que l'appellation d'origine est un paravent pour ceux qui ne font pas de bons vins, alors qu'elle est perçue généralement comme un outil dont les vignerons sont dépositaires, des viticulteurs s'en dissocient pour passer en simple Vin de Table, refusant de se faire dicter des stéréotypes. Sans vouloir ménager la chèvre et le chou, voici deux points de vue opposés, mais représentatifs de l'opinion des gens concernés.

D'abord celui de Michel Chapoutier, élu en novembre 2014 à la tête d'Inter Rhône, l'interprofession des vins de la vallée du Rhône. Ardent défenseur du système des appellations, il évoquait dernièrement dans une entrevue au *Figaro* (24 février 2015) le grand potentiel du patrimoine géologique français.

> La France, disait-il, doit défendre ses AOC, plutôt que de chercher à produire un vin qui corresponde à un type de clientèle. Les appellations permettent, en cela, de produire des «photographies» du terroir, de multiplier les origines des vins et de diversifier la production. Elles constituent, à ce titre, de véritables opportunités de développement pour le producteur.

Et plus loin, à la question : peut-on faire de bons vins à petit prix ? Il répondait :

> Oui, si on aide les jeunes vignerons à s'installer et à planter à moindre coût. C'est à cette condition qu'ils

produiront des vins sérieux, même sur de faibles rendements. J'ai moi-même racheté une propriété en difficulté à mon grand-père en 1990 et j'ai toujours refusé la ghettoïsation des vins à prix élevé, ainsi que le snobisme viticole. Il faut aider le savoir-faire.

L'autre point de vue, c'est celui d'Isabelle Legeron, Master of Wine installée en Angleterre, dans l'entrevue menée par Elisabeth Franck-Dumas pour le journal *Libération* (10 septembre 2012) et à qui on demandait quel regard elle porte sur le monde du vin en France :

> Ce qui m'étonne toujours ici, particulièrement dans les articles sur le vin, c'est cette béatification, ce romantisme par rapport au vin, ce manque de recul critique. J'ai l'impression que les gens n'ont pas la liberté d'affirmer qu'un vin n'est pas bon. Alors qu'il faut avoir les pieds sur terre pour parler du vin, c'est un produit agricole ! Le vin, ce n'est pas le design d'une cave… […] Il y a d'ailleurs une chose assez surprenante en France, quand on va déguster dans un vignoble : on se rend très rarement dans les vignes. On visite la cave, on va voir les chais, et on passe à la dégustation sans avoir vu un pied de vigne. Ah bon ? Vous voulez voir les vignes ? Pourquoi ?

Et lorsqu'on lui demande si la France est également un lieu de renouveau pour les vins nature, elle précise :

> […] le système scandaleux de l'AOC devrait être aboli : quand on est un jeune producteur dans une appellation, qu'on fait des vins qui sont dits « atypiques » et que pour cette raison-là on n'a pas le droit à l'appellation, c'est une catastrophe. C'est pour cela que j'adore les appellations Vins de France, Vin de Table, Vin de Pays, c'est là que l'on trouve des gens hypercréatifs qui veulent sortir du carcan préhistorique de l'AOC.

Chacun se fera son idée…

Une star,
c'est quelqu'un
qui travaille dur
pour être connu et qui, ensuite,
porte des lunettes noires
pour qu'on
ne le reconnaisse pas.

Fred Allen, humoriste américain

Le vin des stars

Dans la déferlante de mes dégustations, je ne peux échapper au vin *glamour*, aux cuvées recherchées de personnalités qui évoluent normalement dans le milieu artistique, le sport ou la politique, et qui ont succombé aux charmes de la divine boisson, au point d'en produire eux-mêmes, ou à défaut de le faire faire puis de le signer pour mieux le commercialiser. Certains se méfient, à juste raison, d'autres disent que c'est du snobisme, de la poudre aux yeux ou du cinéma, et que l'on fait plus dans le *people* que dans le vin. Mais ne dit-on pas que l'important c'est d'aimer? C'est ainsi que l'écrivait si bien Alfred de Musset dans *La coupe et les lèvres*: «Aimer est le grand point, qu'importe la maîtresse? / Qu'importe le flacon, pourvu qu'on ait l'ivresse?» C'est vrai, dans la mesure où le prix de l'étiquette ne dépasse pas celui du contenu logé dans la bouteille.

À tout seigneur tout honneur, commençons par l'acteur Gérard Depardieu, connu également pour ses sorties médiatiques intempestives. Je vous dirais, en ce qui me concerne, même si je concède qu'il ne fait pas dans la dentelle, que j'ai plutôt un a priori favorable à son égard, autant pour la maîtrise de son art que pour sa passion de vigneron. J'ai eu le plaisir, il y a 25 ans, de côtoyer le comédien Jean Carmet, natif de Bourgueil, à l'occasion d'un tournage pour un documentaire consacré à la passion du vin. Il m'a raconté alors comment il l'avait transmise, cette passion, à son ami Gégé, à coup de mémorables et inoubliables descentes de caves. C'est ainsi que ce dernier avait acquis en Anjou le fameux château de Tigné, domaine que j'ai donc visité au début de son aventure. On ne pouvait que se rendre à l'évidence: Depardieu était sincère et déjà amoureux de la vigne et du vin. Le temps a passé, il est venu nous voir à Montréal et je n'avais pas été convaincu par tous ses produits même si les échanges avaient été vraiment agréables. Au début des années 2000, l'acteur s'est associé à l'homme d'affaires Bernard Magrez, propriétaire d'une quarantaine de châteaux dans le Bordelais, pour créer la société La Clef du terroir. Depuis, ils produisent plusieurs cuvées dans le Bordelais, ainsi que dans le Languedoc et le Roussillon. Dans l'excellent magazine *Terre de Vins*[19], il y a deux ans, il s'exprimait ainsi: « J'ai appris la poésie du vin plus que l'œnologie. C'est ce qui m'a fasciné. [...] Sur ces terroirs de qualité, on a commencé par faire des rendements inférieurs à ceux pratiqués dans les régions en question. On a vendangé grain par grain, comme on le fait au Pape-Clément. » On y apprend qu'avec cinq vignobles, ils produisent entre 70 000 et 80 000 bouteilles annuellement, sans oublier le domaine de Tigné et ses 350 000 bouteilles. À la lueur de ces précisions, reconnaissons que Depardieu ne fait pas du vin en dilettante. Au tour de son ex maintenant. Si elle s'est investie à cette époque dans le Bordelais aux côtés de son amoureux, Carole Bouquet, dont on peut dire qu'elle a du caractère, de belles courbes, de la finesse, de la longueur, qualités qu'elle partage avec nombre de grands crus, a décidé de faire cavalier seul quand ils se sont quittés. Son amour du vin, qu'elle a canalisé en terre sicilienne, est indéniable. Pour avoir visité son petit domaine qui se trouve à Pantelleria, une île au sol d'origine volcanique plus proche de la Tunisie (70 km) que de la Sicile (85 km environ), je peux attester, en toute objectivité, que son passito, l'excellent Sangue d'Oro, fait partie des meilleurs de l'endroit. Il possède, à juste titre, un bouquet raffiné de crème brûlée et de zestes d'orange, et une élégance comparable à celle de sa jolie propriétaire. Contrairement à ce qui arrive avec certains vins de stars, non seulement le vin est savoureux, mais son prix est mérité. J'ai appris sur place que la comédienne y vient régulièrement, qu'elle ne rate aucune vendange et qu'elle est très bien conseillée, à la vigne comme à la cave. Sans tomber dans les potins, on devine, au moment d'écrire ces lignes, que la belle Carole va se remettre au médoc, au pauillac plus précisément...

Après ce couple mythique, dirigeons-nous maintenant vers le domaine de Francis Cabrel, un autre artiste que j'apprécie depuis longtemps. Tout d'abord, disons qu'il a commencé modestement en apportant sa caution à des vins judicieusement présentés sous le vocable Vins de l'Échanson, vinifiés à l'époque par Mathieu Cosse, un vigneron passionné qui a pris ses marques dans le vignoble français. On passait d'un cahors à un Vin de Pays des Côtes de Thongue sans que l'on soit particulièrement impressionné. C'était bien, mais rien pour écrire à sa mère. Et puis, au fil des ans, notre chanteur a décidé de mettre ses énergies — et ses économies — dans sa jolie propriété d'Astaffort, sans fla-fla ni flonflon. Avec son frère Philippe qui s'est découvert une passion pour la vigne, ils ont donné au domaine du Boiron, situé dans la région d'Agen, une crédibilité qui les honore. Merlot, cabernet sauvignon et tannat (connu à Madiran) s'unissent dans la cuvée principale pour donner un rouge d'une robe profonde, aux arômes fruités indéniables et aux tanins serrés et bien mûrs. Un autre rouge à base de malbec et le Petit Boiron (assemblage de merlot, malbec et tannat) complètent la gamme en AOP Brulhois, qui est en outre en viticulture certifiée bio.

Tout aussi sympathique que son propriétaire, à l'écran et dans la vraie vie, le Château Bel-Évêque de Pierre Richard ne fait pas dans l'esbroufe. Le grand blond devenu blanc nous propose des rouges et des rosés de Corbières toujours raisonnables quant au rapport qualité-prix-plaisir. C'est justement le panneau dans lequel certains tombent et que l'ineffable comédien a su éviter.

Je n'ai rien contre le fait que des artistes mettent en bouteille leur passion du vin, ça ne me fait ni chaud ni froid, mais quand on sent derrière tout ça le piège médiatique, il y a lieu de se poser des questions, et de se méfier de ceux qui dans ce cas font autant de cinéma au sens figuré qu'au sens propre. Comme le réalisateur du *Parrain* et de *Dracula*, Francis Ford Coppola. Pas facile à suivre dans ses aventures œnologiques ! Après avoir créé en 1978 le domaine Niebaum-Coppola, le plantureux propriétaire plusieurs fois oscarisé a acquis de nouveaux vignobles, puis changé de nom en utilisant le fameux Rubicon, qui était sa cuvée prestige depuis le début. À Rutherford, nous avions assisté en 1994, avec des amis sommeliers, à un des meilleurs exposés sur la viticulture, le tableau noir planté dans la vigne. Mais les choses ont bien changé. En 2011, il rebaptise son vignoble situé à Napa Inglenook Winery, du nom de ce grand vignoble mythique coiffé d'un grand château. On continue à vinifier la marque cuvée Rubicon et d'autres vins, et l'on propose à la boutique une multitude d'objets de luxe à des prix réservés aux habitués de Hollywood. Un peu dans la même veine, à Geyserville, dans le nord du comté de Sonoma, on fait carrément dans le tourisme de masse en offrant une ribambelle de cuvées pas très excitantes parmi lesquelles la gamme Diamond Series, mais également des services (restauration, piscine, un musée consacré aux succès de Coppola) ainsi que divers produits allant des pâtes à la poterie, en passant par les sauces, des vêtements, des livres et des bougies. Je crois quand même avec tout cela que le maître se sert un peu de son nom pour nous faire son cinoche…

Toujours dans le gotha cinématographique, l'acteur Christophe Lambert a connu entre 2001 et 2004 une période vigneronne en posant ses valises au château Tour Seran, dans le Médoc. Plus au sud, à quelques encablures du pont du Gard, l'immense Jean-Louis Trintignant exploite le domaine Rouge Garance, sur une superficie de 28 hectares cultivés en bio. De la réalisation et la production de films à la production de vin, il n'y avait qu'un pas que Luc Besson, futé dans ses choix, a franchi allègrement en investissant en Languedoc, dans les appellations Saint-Chinian et Faugères.

Évidemment, je ne peux faire l'impasse sur Brad Pitt et sa jolie Angelina qui ont acquis le château Miraval, à Correns dans le Var en 2008. Avec la complicité et le savoir-faire de la famille Perrin, propriétaire du château de Beaucastel, à Châteauneuf-du-Pape, ils ont lancé en grande pompe − et en bouteille − un rosé qui a connu un réel succès. De son côté, le ténébreux Antonio Banderas est fier de son Anta Banderas, un assemblage fameux de tempranillo, cabernet sauvignon et merlot, produit en Espagne dans un immense domaine situé dans le Ribera del Duero.

Le sport n'est pas en reste avec ses vedettes. Honneur tout d'abord à Wayne Gretzky, passé avec autant d'aisance que sur la glace, des arénas au vignoble de Niagara. Je pense aussi aux footballeurs David Beckham et Bixente Lizarazu. Le premier, roi du ballon rond, s'est porté acquéreur en 2003 du somptueux domaine de Saint-Vincent (80 hectares), à Bargemon, dans le Haut-Var, à une vingtaine de kilomètres au nord de Draguignan, pour mieux apprivoiser sans aucun doute le ballon de rouge. Le second, basque français, a troqué le ballon pour les communications et le vin au château Plaisance, en AOC Saint-Émilion Grand Cru. Le pilote de Formule 1 Jean Alesi reste prosaïque avec une modeste propriété près d'Avignon qui donne naissance à un délicieux côtes-du-rhône Clos de l'Hermitage. Jarno Trulli, qui a piloté jusqu'en 2011, n'est pas en reste. Enfant des Abruzzes, c'est d'abord par cette région qu'il a conquis notre marché, avec ses cuvées de la Podere Castorani. Et ce qui ne gâte rien, il parle de la vigne et du vin avec autant de cœur et de lucidité que bien des producteurs que j'ai rencontrés. Avec intelligence, passion et simplicité, il nous conduit dans ses vignes alors qu'il aurait pu investir dans une région beaucoup plus branchée. Santé Jarno!

Bon, on se demande ce qu'ils font là, mais il paraît qu'il y a aussi en Italie Drew Barrymore avec un pinot grigio (« Le pinot grigio? J'adoooore! ») et Bob Dylan, qui, lui, se serait associé à l'Italien Antonio Terni pour prêter son nom aux crus de la Fattoria Le Terrazze dans la région des Marches, très jolie en passant. Sans oublier ce cher Sting qui y va d'un Message In A Bottle, un chianti produit sur son domaine Il Palagio, à 45 minutes de Florence. Pas très loin de là d'ailleurs, en toute discrétion, bien avant la mode du vin, le grand Léo Ferré s'était installé au domaine San Donatino, dans la splendide commune de Castellina in Chianti. C'était en 1971. Léo nous a quittés en 1993, mais sa veuve, Maria Christina Diaz, et son fils Mathieu sont toujours là, pour nous faire goûter à leur Poggio ai Mori. Avec le temps…

Ce qui distingue
les adultes des enfants,
c'est la taille de leurs jouets.

Françoise Giroud, écrivaine et journaliste française

Les jouets du vin[20]

Montréal, début des années 1990, demi-finale du concours du meilleur sommelier international en vins et spiritueux de France au Canada, organisé par la Sopexa, et pour lequel on m'a demandé de faire partie du jury. Avec un collègue, je fais passer les épreuves de service. Les candidats défilent devant nous, un à un, et l'épreuve consiste à ouvrir un magnum dans les règles de l'art. Tout se passe normalement, quand un des prétendants au titre se pointe devant nous, habillé en sommelier, tiré à quatre épingles. Il nous présente la bouteille avec une certaine aisance, donnant distinctement le nom du vin. Tout va bien ! C'est alors qu'il se met à chercher dans la poche intérieure de son rondin son tire-bouchon. Il semble avoir des difficultés, et pour cause, il nous sort péniblement, telle une mitraillette, un gros ustensile de type Peugeot, Rabbit ou Le Creuset, ergonomique et sophistiqué, avec en prime une technologie de rotation pour une poussée sans effort et une efficacité inégalée, comme le souligne la publicité. Il n'a pas lésiné sur les moyens, mais nous n'en croyons pas nos yeux, et pour la discrétion, on repassera. Avec un tel engin, il est hors jeu. Mon collègue lui colle un zéro et me demande ce que j'en pense. Je veux me cacher car il s'agit d'un de mes anciens élèves. « Mais qu'est-ce qui lui a pris à ce zigoto ? C'est toi qui leur as montré ça ? » Jamais de la vie ! Il pensait nous impressionner sans doute. Je lui ai mis quelques points quand même puisqu'il a ouvert le flacon. Le pauvre ne s'est pas rendu à la finale…

Je le précise tout au long de ce livre, je suis évidemment pour tout ce qui facilite et encourage la découverte du vin, surtout lorsque l'on procède habilement et honnêtement. Cependant, je pense que l'on exagère un tantinet au rayon des accessoires, et autres bidules plus futiles qu'utiles, qui prolifèrent dans les boutiques spécialisées. Je ne veux surtout pas critiquer ces dernières, car non seulement elles font un formidable travail d'éducation auprès des consommateurs, tout en les aidant à s'équiper de judicieuse façon, mais elles sont aussi d'un grand intérêt pour ceux qui ne savent plus quoi s'acheter, et, avouons-le, une bénédiction pour les autres, nombreux, qui ne savent plus quoi offrir. Tout le monde y trouve son compte et c'est sans doute cela qui prévaut, même si l'on est en droit de se poser des questions quand on échappe sur les carreaux de la cuisine son plateau de 12 verres payés 45 $ l'unité !

C'est dans cet état d'esprit que je vous invite à vous méfier de tous ces gadgets, qui collent parfaitement à leur définition : objets amusants et nouveaux mais pas obligatoirement commodes et indispensables. Entre l'appareil qui sert soi-disant à évaluer le potentiel de longévité d'un vin en le faisant vieillir d'un an à la seconde, celui qui dissipe les tanins en moins de deux, en passant par l'hérétique fouet à champagne, et la multitude d'aérateurs qui confine à l'obsession respiratoire, soyez vigilants et faites preuve d'imagination sélective. Protégez-vous de ceux qui profitent de la mode pour inventer n'importe quoi, et faire des affaires en misant sur la méconnaissance du client dont on sous-estime l'intelligence et surestime le portefeuille.

Je ne peux que laisser à votre seul jugement le loisir, le droit et la capacité, c'est selon, de vous procurer ces articles qui vont, paraît-il, révolutionner notre univers œnophile. Comme cette initiative lancée par trois Nantais, conçue pour se servir un verre de vin n'importe quand, à température parfaite, sans ouvrir toute une bouteille (un peu à l'image des capsules de café). La compagnie, appelée 10-vins (D-vine pour les anglophones), propose dans son catalogue une sélection de vins en éprouvettes d'une contenance de 100 millilitres, pour consommation immédiate ou pour conservation à l'abri de l'air et de la lumière jusqu'à trois ans, afin de continuer à les faire vieillir – on n'arrête pas le progrès.

Le tire-bouchon à pédale!

Quand on regarde du côté de l'ouverture des bouteilles, on tombe carrément dans la bêtise et on se rend compte que beaucoup exploitent la naïveté des amateurs. Après les dizaines de types d'ouvre-bouteilles, voilà que l'on nous offre un tire-bouchon électrique à batteries rechargeables en inox. À 120 beaux dollars, cette petite merveille a été conçue – dit la publicité – pour déboucher les grands crus ou les vins de table sans effort et en peu de temps. C'est plutôt drôle, surtout quand on voit arriver sur le marché tous ces flacons bouchés par des capsules à vis. À quand le limonadier à pédale ou à air comprimé à 250 $ pour faire valser les plus récalcitrantes?

Toutefois, pour nos amis collectionneurs, je ne peux faire l'impasse sur la collection Château Laguiole, dédiée à de grands sommeliers de la planète. Créés par Guy Vialis, ces couteaux sont extrêmement efficaces et même s'ils ne sont pas donnés, ils sont garantis à vie. Très classe, ils sont composés d'une vrille filetée 5 mailles, d'un levier décapsuleur et d'une petite lame courbe micro-dentée, et fabriqués en corne blonde ou noire au choix, mais aussi avec les bois de rose, de tonneau ou d'amourette, en érable, en ébène, en bruyère ou en genévrier. Le créateur et ancien sommelier parisien propose également, à prix acceptable, un sabre en olivier ou en ébène. Justement, comme si l'on sabrait le champagne tous les dimanches – et Dieu sait que j'ai sabré un paquet de bouteilles avec un simple couteau de chef – vous pouvez toujours vous procurer des articles au manche en bois de cerf, en corne de buffle ou d'antilope, ou bien en dent d'hippopotame. Je ne vous dis pas le prix mais l'exotisme est assuré! Toujours du côté des bulles, vous pouvez vous acheter des pinces pour les bouchons récalcitrants. Entre 40 et 250 $ pièce, un joli placement, surtout quand on sait que vous l'utiliserez rarement. Par contre, il existe pour celles et ceux qui paniquent à l'idée d'ouvrir ce type de bouteille, un instrument élégant (le Pop Bulle) distribué par Screwpull, créé en passant par un ingénieux Québécois, qui permet de faire sauter le bouchon sans difficulté et en toute sécurité Infaillible et facile à manier!

Le bon tire-bouchon

Même s'il en existe de nombreux modèles, le tire-bouchon – appelé également sommelier (à tort), couteau-sommelier (après que le *de* ait disparu…) ou couteau-limonadier (le vrai est muni d'un décapsuleur utilisé dans le département limonade d'un bar-café-bistro) – muni d'un levier, reste le modèle classique. Peu importe la marque, il faudra faire attention de garder la lame bien aiguisée en tout temps, éviter les leviers en forme de crochet (utiles pour les boîtes de conserve, mais calamiteux pour les bouteilles) et privilégier des vrilles (ou mèches), en téflon éventuellement, assez longues (cinq mailles idéalement), et filetées (de filet, saillie en hélice sur une pièce cylindrique) pour assurer une meilleure prise dans le liège. Le tire-bouchon à deux leviers s'est généralisé. Ce n'est peut-être pas le plus esthétique mais il est efficace. Pour une bonne présentation, il est important de veiller à la qualité de la lame et d'éviter celles qui sont munies de dents, style barracuda, qui déchirent la capsule au lieu de la découper proprement.

La verrerie

On dit souvent que pour réussir un bon film, il y a trois conditions à réunir : le scénario, le scénario, et le scénario ! Pour réussir dans le commerce de détail : l'emplacement, trois fois l'emplacement ! J'ai envie de dire que c'est un peu la même chose pour un bon vin : le verre, trois fois le verre ! Bon, il n'y a pas de règle précise en matière de verres à vin. Pourtant, le choix final peut faire toute la différence.

Des œnophiles, qui connaissent la démarche de la cristallerie Riedel, diront que l'idée qui consiste à créer un verre en fonction de chaque vin est juste bonne pour le commerce. Pourtant il s'agit là d'une vieille coutume, en France et en Italie notamment, où depuis longtemps nombre d'appellations ont leur verre bien à elles. D'aucuns rétorqueront qu'un cru prestigieux n'a pas besoin d'un gobelet particulier pour mettre ses qualités en relief. Évidemment, je ne peux souscrire à cette affirmation. Imaginez un instant le servir dans un verre à moutarde ou à dry martini… Ce serait la même hérésie que de ne pas offrir à un tableau de maître la lumière qui lui revient. Malgré cela, si, avec les années, j'ai développé des préférences et un vif penchant pour le cristal, carafes et verres confondus, et si de temps à autre je souffre encore en silence lorsque je suis reçu ici et là, j'estime que l'on pousse un peu loin le bouchon en faisant croire aux amateurs qu'il faille un verre par couleur, par cépage, par dénomination, et pour chaque eau-de-vie. Dans un environnement d'analyse sensorielle, ou dans certains concours de dégustation, passe encore, quoique bien souvent un seul et unique verre, s'il est bien choisi, fera l'affaire sans compromis.

Mais dans un contexte domestique, l'approche est à mes yeux bien excessive, surtout quand on connaît le prix parfois dément de ces splendides objets, et il est fort légitime d'être perplexe devant tant de luxe, que sa fragilité naturelle rend, hélas, trop souvent éphémère. Mais n'est-ce pas là le génie des Riedel et consorts (Zalto, Ritzenhoff, etc.) de proposer sans arrêt et avec tant de conviction des nouveaux modèles qui, cassables par nature, devront de toute évidence un jour être remplacés ? Il en va des verres et des carafes ainsi que de mes principes de vie : l'important pour moi est de trouver le juste équilibre entre une démarche relativement hédoniste, entre ma conscience professionnelle qui invite à la minutie et au respect du produit, et un sens moral, émotionnel et social qui nous rappelle que tout cela est quand même bien dérisoire à côté du malheur d'autrui…

Les bons verres

Il sera important de choisir des verres incolores d'une grande sobriété afin de mieux apprécier la robe du vin. On doit éviter en principe les trop grands contenants, de style aquarium, lesquels ont connu une certaine vogue mais ne conviennent pas à l'analyse olfactive. Contrairement au verre inadéquat de la couverture de ce livre, des bords légèrement resserrés vers le haut faciliteront l'exercice, et des parois aussi fines que le buvant (le bord où l'on pose ses lèvres) mettront le vin en valeur et rendront la dégustation agréable. Le verre utilisé encore fréquemment, appelé INAO (normalisé autrefois par l'Institut national des appellations d'origine, en France), autorise des conditions de dégustation correctes, mais pas optimales, et il offre par ailleurs peu de fantaisie à table. En revanche, il peut convenir aux vins spécifiques, notamment les portos, sherrys et autres vins de glace, présentés trop souvent dans des verres aussi petits que ridicules. Pour ma part, je préfère servir tous mes vins, y compris ces derniers, dans des verres de style Ouverture, popularisés par la maison autrichienne Riedel. Spiegelau (collection Authentis) et d'autres marques, dans des calibres et des modèles différents, peuvent tout à fait convenir aussi comme ceux de la maison Schott Zwiesel et les Respirant (*breathable glass*) de Eisch. Dans ces derniers, plus fragiles, le vin, peu importe la couleur, affiche des signes évidents d'aération après trois à cinq minutes, tout en préservant sa personnalité. Quant au champagne et à tous les vins effervescents, il sera essentiel, si l'on veut profiter de tout leur potentiel, et amortir si l'on peut dire les coûts élevés qui s'y rattachent, de se procurer des flûtes ou des verres tulipe d'une grande finesse, en demandant si ceux-ci sont dotés par le fabricant d'un fond présentant des aspérités, afin d'exacerber la mousse, maintes fois évanescente. En ce qui me concerne, je n'ai rien trouvé de mieux que la flûte Vinalies n° 1 de la Verrerie de la Marne (Lehmann Glass).

Pour ne pas vous tromper, il sera opportun de vous rendre dans une boutique où l'on se fera un plaisir de vous conseiller adéquatement en fonction de vos préférences… et de votre budget, mais vous pouvez sans aucun complexe vous rendre dans des magasins d'ustensiles de cuisine où l'on peut, à prix sages, trouver son bonheur.

Les autres incontournables

Avant de vous souhaiter d'enrichissantes et palpitantes dégustations, voici des articles qui vous seront très pratiques, sans pour autant vous faire passer pour un snob.

Le découpe-capsules

La société Screwpull fabrique un accessoire qui assure un découpage quasi infaillible, mais toujours au-dessus de la bague du goulot. Dans la même veine, on trouvera le tire-bouchon en plastique, pas très élégant mais ô combien fonctionnel, puisque le même principe à l'aide de quatre rondelles coupantes est intégré à l'ensemble.

LA HONTE À CHABLIS !

Il y a une vingtaine d'années, je débarque à Paris avec 12 de mes élèves en sommellerie; direction la Bourgogne ! Je leur fais la surprise de leur proposer une halte à Chablis avant d'arriver à Beaune. La proposition est acceptée d'emblée. Nous quittons l'autoroute pour nous rendre dans la capitale du chablisien. Arrêt sur la place principale et achat de bon pain croustillant, d'eau minérale, de charcuteries, de fromages fins et de fruits, sans oublier, chez un caviste, de deux ou trois bouteilles de chablis premier cru. Connaissant assez bien l'endroit, je les conduis directement, passé le serein, dans le saint des saints : les grands crus dont l'environnement ressemble à un amphithéâtre naturel. Nous garons les voitures dans un coin tranquille à la croisée des chemins délimitant les Bougros, Les Preuses et Vaudésir, trois climats prisés des œnophiles. Il fait beau et le bonheur est à son comble, quelques heures seulement après avoir quitté Montréal. Nous sortons les victuailles, rompons le pain avant d'étendre le pâté de campagne avec les couteaux fournis par l'épicier, et j'ouvre mon tire-bouchon, jamais bien loin. J'ai pensé à tout ? Oh la honte ! J'ai oublié les verres ! Moi, le sommelier devenu prof, et forcément payé pour donner des leçons... j'ai lamentablement oublié les verres. On va boire à la bouteille, chacun son tour ? Que faire ? C'est l'eau qui va nous sauver. Ni une ni deux, je propose de vider sept petites bouteilles d'eau en plastique. Une fois bues, nous les découpons en deux avec la lame de mon limonadier. Nous avons dès lors 14 contenants qui représentent l'antithèse de nos Ouverture en cristal. Je ne vous dis pas, mais le chablis premier cru acheté rafraîchi a coulé dans nos verres de fortune à la plus grande satisfaction de mes élèves nouvellement diplômés.

Le sans-goutte
Une invention épatante qui ressemble à une pastille argentée et qui évite les gouttes lors du service. Il suffit de le rouler puis de l'introduire dans le goulot. Le matériau utilisé coupe littéralement le filet de vin.

Le bouchon hermétique
Pour garder deux ou trois jours des vins effervescents sans qu'ils ne perdent trop de leur mousse.

Le seau à vin transparent
Pour mettre en valeur l'étiquette grâce à un effet de loupe, et mieux contrôler le niveau de vin restant dans la bouteille. Vos invités aimeront beaucoup. On en trouve en verre, très fragiles ; d'autres, en plastique de qualité, sont tout à fait à la hauteur de la situation.

Le seau à vin d'Alsace
En plus de rafraîchir adéquatement le vin blanc, ce seau se révèle très pratique lorsque l'on veut placer un rouge dans l'eau très fraîche du robinet, car sa hauteur permet d'immerger complètement une bouteille de 750 ml. Un beau souvenir à rapporter d'un séjour en Alsace.

Les glaçons en inox (de la marque Gouté)
Ceux-ci permettent de refroidir les boissons, dont certains whiskies, ainsi que les vins blancs, sans les diluer. Impeccable !

Le verre Taster
De la série Les Impitoyables, fait main et soufflé bouche, léger, facile à transporter, il est idéal pour mettre en valeur la palette aromatique d'un vin, tout autant que ses défauts…

L'entonnoir-aérateur
À mon avis, un des objets intelligents arrivés sur le marché depuis une quinzaine d'années. Parmi les différents modèles, l'entonnoir à plusieurs orifices permet une excellente oxygénation des vins rouges jeunes. On l'utilise idéalement avec une carafe évasée ; vos invités apprécieront l'exercice. En prime, on peut ajouter à cet entonnoir une petite passoire et retenir d'éventuels sédiments.

Les carafes

Il est aisé aujourd'hui de se procurer de belles carafes en cristal à prix doux. Elles vous serviront à décanter les vins rouges âgés qui présentent des dépôts, ou à aérer un rouge encore jeune avec l'entonnoir à cinq trous.

On le verse une demi-heure environ avant de servir. L'influence de l'air sera assez significative pour en améliorer la qualité. Et pourquoi pas pour le vin blanc? C'est idéal pour mettre en valeur son éclat et sa luminosité, les teintes dorées, les reflets verts, les nuances ambrées d'un cru vénérable. Et au risque de me répéter, la carafe peut donner un brin de décorum à un vin qui sort d'une bouteille à vis métallique! Enfin, on voudrait nous faire croire, c'est très tendance, que le passage en carafe est idéal pour certaines cuvées de champagne. Je ne souscris à pas à ces théories soi-disant révolutionnaires que j'ai expérimentées pour en avoir le cœur net: aucune amélioration dans l'appréciation du vin, qu'il soit demi-sec ou pas, et forcément diminution de l'effervescence. Heureusement, je ne suis pas le seul à fuir cette pratique. Et puis, à bien y penser, si vous n'aimez pas les bulles, ne vous compliquez pas la vie avec ça et ouvrez un bon meursault de cinq à six ans…

L'égouttoir à carafe

Bien utile pour éviter la casse, d'autant plus qu'il est important de rincer ses carafes après chaque utilisation.

Le linge en microfibre

N'ayons pas peur des mots: magique et génial! Essuie les verres facilement sans laisser de traces.

Les coffrets d'arômes

Certes moins incontournables mais bien pratiques pour s'améliorer, ces coffrets pédagogiques qui ne sont pas donnés, inventés par le sympathique Français Jean Lenoir, favorisent l'approche olfactive du vin, la mémorisation des odeurs, et aiguisent le nez de tout un chacun. Les aficionados du single malt se régaleront avec *Le Nez du Whisky*, et ses 54 flacons d'arômes, agrémentés d'un livre riche en informations.

Le bouchon-conservateur

Personnellement, je ne m'en sers pas puisque je pars du principe qu'une bouteille de vin est ouverte pour être bue... D'autant plus que je ne suis pas le premier qui s'est rendu compte qu'un vin bien bâti, peu importe sa couleur, conservé dans un cellier ou au réfrigérateur, peut se montrer sous un meilleur jour le lendemain. Bon, je comprends très bien que des personnes veuillent le conserver plusieurs jours et davantage. Dans ce cas, la petite pompe Vacuvin, avec ses bouchons de caoutchouc, remplit son office. Mieux encore, d'après certains collègues, l'AntiOx, de la société Pulltex, préserve pendant près de 10 jours le vin de l'oxydation, comme son nom le suggère.

Le cellier

Si la construction d'une cave, si petite soit-elle, dans un coin de la maison, peut représenter un investissement à considérer, il est certain qu'on ne recommandera jamais assez à ceux qui veulent se constituer une réserve, qu'elle soit modeste, moyenne ou imposante, de se procurer en fonction de leurs besoins et de leurs moyens, une armoire-cellier spécialement conçue pour respecter les températures d'entreposage et éviter les trop grandes variations nuisibles à une bonne conservation.

On en trouve de toutes sortes et à tous les prix, certaines offrant une finition de luxe, d'autres encastrables, astucieuses et fonctionnelles, s'intégrant parfaitement au décor de votre maison ou de votre appartement. Néanmoins, si vous décidez d'installer votre propre cave, voici différents éléments dont vous devrez tenir compte.

1. La température, ni trop haute ni trop basse, devrait se situer entre 12 et 15 °C. La choisir, la programmer et s'y tenir, car le vin n'aime pas subir les variations.

2. L'humidité ne doit être ni excessive ni insuffisante. Trop d'humidité favorise le développement de moisissures aussi bien sur les étiquettes que sur les bouchons. À l'inverse, un air très sec entraîne un dessèchement des bouchons et, conséquemment, une évaporation du vin. Une hygrométrie idéale se situe entre 60 et 70 %.

3. L'aération sera assurée par un système de ventilation qui éliminera les risques d'odeurs nuisibles.

4. Les vibrations empêchent souvent le vin de vieillir dans de bonnes conditions. Il faudra veiller à les réduire au minimum.

5. La lumière, qui a un effet réducteur sur le vin, est l'un de ses pires ennemis. Dès lors, il sera nécessaire, si l'on souhaite le conserver plusieurs années, de maintenir les bouteilles couchées, dans l'obscurité.

Le thermomètre

La température de service a en effet une importance capitale sur l'appréciation du vin. Bien souvent, dans les restaurants mais également à la maison, les blancs sont servis trop froids, et les rouges trop chauds. C'est comme dans les salons de dégustation. Si l'on peut féliciter les responsables pour l'accueil et la qualité générale de l'organisation, ce n'est pas normal pour autant de se faire dire, quand on déplore la trop haute température de nombreux vins rouges et la fraîcheur marquée des blancs, que la dégustation se termine dans deux heures et que c'est trop compliqué. Hélas, si plusieurs le font très bien, il semble que ce ne soit pas une priorité pour d'autres. Pour plus de précisions, il suffira de retourner aux pages 32 et 33.

On le voit de moins en moins, mais la fâcheuse habitude qui consiste à glisser des glaçons dans le vin, blanc, rouge ou rosé, pour le refroidir est totalement injustifiée : l'eau et le vin n'ont jamais fait bon ménage... dans le même verre ! En pratique, l'utilisation du réfrigérateur, puis du seau à vin, est tout à fait normale. À ce sujet, on constate trop souvent qu'au restaurant, le serveur ne met pas assez d'eau et de glace pour immerger la bouteille et refroidir le vin de façon uniforme. Enfin, placer un vin au congélateur afin de le refroidir subitement, ou au micro-ondes pour le réchauffer, fait partie des méthodes bien draconiennes. Va pour les solutions de dépannage, mais un peu de patience et beaucoup de bon sens vous permettront d'atteindre en douceur les températures adéquates. Alors, un conseil : prenez de bonnes habitudes en vous servant d'un petit thermomètre spécialement conçu à cet effet.

L'arroseur arrosé

Il faut bien avouer – et c'est peut-être pour cette raison que j'ai choisi ce métier – que servir des vins dans les règles de l'art, c'est-à-dire à la température idéale, dans le bon verre, et avec les mets appropriés, ne nécessite pas un talent hors du commun ou des prédispositions exceptionnelles. Encore que! Et puis, Victor Hugo m'a sans doute influencé, lui qui a écrit: «Il y a des hommes qui sont nés pour servir leurs pays et d'autres qui sont nés pour servir à table.» Quoi qu'il en soit, je me souviens de cette journée à la maison où nous avions invité des amis pour fêter la sortie de mon premier livre, juste après avoir participé au concours du meilleur sommelier canadien, alors que j'étais déjà prof de sommellerie. Dans la joie et la bonne humeur, j'ai ouvert un magnum de champagne, aussi effervescent que mon état d'esprit. Puis j'ai versé le vin saute-bouchon qui s'est mis à déborder des flûtes dans une écume indisciplinée et incontrôlable. Il y en avait partout. Mais ce n'est pas ça qui m'a vraiment gêné. C'est quand mon fils de 11 ans, qui assistait à la scène, a claironné devant l'assistance: «Voilà le résultat! Vous comprenez maintenant pourquoi il n'est arrivé que troisième à la finale!»

Il suffit pourtant de peu pour faire de vos repas des réussites. La clef est de respecter quelques principes de base et vous passerez dès lors pour un expert (ce qui vous fera sans doute plaisir), mais, surtout, vous comblerez les attentes de vos invités. Vous n'avez qu'à considérer le vin pour ce qu'il est, à travers ses origines, sa personnalité, et la place que vous lui avez réservée dans le repas. Que certains veuillent l'intellectualiser ou le rendre compliqué, soit, encore faut-il déjà savoir le servir, sans manières, mais comme il faut.

Combien de fois, même chez des vignerons, c'est encore le parcours du combattant (et je ne parle pas des capsules déchiquetées, lacérées par des lames de couteau mal utilisées), à tel point que je me demande pourquoi palabrer, discourir et philosopher pendant des heures sur le terroir et l'âge des vignes ou de pinailler sur les densités de plantation, si c'est pour massacrer en trois minutes son propre travail, le labeur acharné de plusieurs mois, voire de plusieurs années. Incompréhensible! Tout comme chez les gens qui ne font aucun effort pour mettre en valeur les vins pour lesquels ils ont dépensé un certain montant d'argent.

Alors, est-ce une déformation professionnelle qui vire en fixation? Allez savoir! Si je consultais? Pourquoi pas? Bien honnêtement, je suis capable de m'adapter peu importe les circonstances et j'y prends même du plaisir. Je suis conscient évidemment qu'il n'y a pas péril en la demeure, mais entre ceux qui en font trop et les dilettantes qui n'en font pas assez sous prétexte de simplicité volontaire, il suffit de trouver le juste milieu. Souhaiter se faire servir son vin dans le bon verre et à la bonne température – puisque c'est de cela qu'il s'agit – me semble minimal et fort légitime. Mais peut-être en fin de compte que je suis un peu snob? Si faire l'apologie du bon goût relève du snobisme, alors c'est le moment, à la lecture de ce chapitre, de me traiter ainsi. Je ne vous en tiendrai pas rigueur. Après tout, même Raphaël Enthoven, notre philosophe, avance que « le snobisme est une disposition du caractère qui dépend des circonstances, une faiblesse, une passion triste, un esclavage où l'incertitude sur ce qu'on est, impose soudain de réduire l'autre à ce qu'on voudrait qu'il soit ». En revanche, je ne lui ferai pas l'affront de lui dire que nombreux sont ceux qui pensent que la philosophie, ce n'est que le snobisme du bon sens. Ça signifie aussi qu'on est toujours sans aucun doute le snob de quelqu'un…

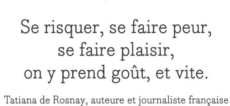

Se risquer, se faire peur,
se faire plaisir,
on y prend goût, et vite.

Tatiana de Rosnay, auteure et journaliste française

Pour le plaisir du vin, tout simplement!

Vous aurez compris que, si j'ai écrit ce livre gentiment pamphlétaire, c'est en pensant aussi à celles et ceux qui sont souvent décarçonnés devant leur verre de vin. Non pas qu'ils appréhendent le geste de se le porter au nez, puis à la bouche, mais ils ont peur d'exposer une ignorance imaginaire, entretenue par des individus qui se plaisent à compliquer pour rien le jus de la treille et son environnement.

Même si certains se l'interdisent – ce que l'on doit respecter   , le vin est universel, né de cette terre qui nous appartient. Et, faut-il le répéter, il n'est pas réservé à des privilégiés qui seraient les seuls à en avoir compris les subtilités. Fort heureusement d'ailleurs, car dans ce cas on observerait une baisse conséquente de la production… Aussi, n'écoutez pas ce que racontent ceux qui, sans réelle et profonde culture du vin, se donnent avant tout de l'importance, ceux qui rendent opaque, mystérieux et hermétique leur petit milieu afin de se garder, pire encore, de s'octroyer une chasse gardée dans laquelle ils vont se prévaloir d'un prétendu bagage, alors que la finalité du vin est d'exister tout simplement pour être bu et partagé dans la convivialité.

Fiez-vous à votre instinct, à vos envies, à vos intuitions et à votre flair – au sens propre comme au figuré. Ce choix de liberté et d'indépendance d'esprit ne vous empêchera pas d'apprendre avec des gens de confiance, de vous mettre au parfum justement, et de vous questionner de temps en temps, en plus de faire de

vous un véritable œnophile, un connaisseur, un meilleur dégustateur, maître de ses perceptions. Nous sommes tous concernés par
ce que l'on consomme, et c'est pour cela qu'il est important, sans
entrer nécessairement dans les arcanes de l'œnologie, de
connaître l'histoire de ce savoureux nectar, de savoir d'où il vient
et comment il est élaboré. Plusieurs parleront de traçabilité pour
s'assurer de sa qualité, mais la sensibilité à son écosystème et à la
défense de celui-ci est également un facteur à considérer.

Découvrez, comparez, et ne vous laissez pas influencer! Vous
avez le droit de vous exprimer quand vous goûtez et buvez du vin,
d'en parler comme bon vous semble, de dire ce que vous ressen-
tez, sans obligation de performance ni de justification. Tenez-vous
loin des extrêmes, et méfiez-vous des diktats, des dogmes et des
affirmations lancées le plus souvent pour la satisfaction de ceux
qui les expriment, car le bon vin, celui qui a une âme, est au-
dessus de toutes les mouvances, les bonnes comme les mauvaises.
Tout le reste, c'est du cinéma, du bluff ou du chiqué… pour faire
plus chic.

Soyez à l'affût de l'évolution des choses et des découvertes,
mais ne vous laissez pas impressionner par les nouveautés qui
confinent à n'importe quel produit industriel que le commerce
veut nous imposer pour s'enrichir, ou à un vin issu d'une tendance,
qui est née sans doute d'une bonne intention, mais qui prend le
risque à long terme de tomber dans ses propres clichés. En fait, il
n'y a rien de pire, en matière de goût − puisque nous avons l'avantage de le posséder, la capacité de le parfaire et le bonheur d'en
jouir − que de le voir s'uniformiser, s'aplanir bêtement.

Faites attention, entre autres, aux vins surévalués à la réputation exagérée. Il en existe un paquet, peut-être plus encore que
des vins mauvais, car aujourd'hui, il faut se lever tôt pour produire
du picrate. Mais des vins auréolés d'une supposée gloire qui en
met plein la vue et qui ne méritent pas leur prix, il y en a à la pelle.
Notamment, hélas, à l'appel de ceux dont les yeux brillent quand
ils tombent à pieds joints dans le miroir aux alouettes d'une œnologie clinquante et prétentieuse. Le vrai vin n'a pas besoin de
paraître comme les snobs invétérés, il n'a pas besoin d'artifice
pour se rehausser, il est comme la plupart d'entre nous, tel qu'il

est… né de parents qui nous transmettent leurs valeurs et leur personnalité. Il est fils de la nature, d'une terre et du soleil, puisqu'il vient d'un lieu qui l'a façonné, dans son origine et son authenticité.

Même s'il favorise de temps à autre la mélancolie, parfois la tristesse, puisqu'il est capable de s'adapter à nos sentiments, le vin, comme une stimulante récompense, est joyeux par définition, optimiste, rassembleur, humaniste et surtout pas compliqué. Et, je lui dois bien cela, je terminerai en lui laissant le dernier mot, tel qu'il s'exprime dans le poème de Charles Baudelaire (*L'âme du vin*) : « Car j'éprouve une joie immense quand je tombe / Dans le gosier d'un homme usé par ses travaux… »

ACTUALITÉS

L'alcool, c'est comme le succès.
C'est très bien tant
que ça ne vous monte pas à la tête.

Henny Youngman, violoniste et comédien anglo-américain

Le commerce des vins et des spiritueux

Regard sur la Société des Alcools du Québec

Si j'ai essayé de mettre quelques pendules à l'heure dans les chapitres précédents, j'ai pensé, pour cette deuxième partie, qu'il serait bon d'en faire autant à propos de la Société des Alcools du Québec. Notre monopole, dont on dit tout et son contraire depuis qu'il existe, a ses défenseurs tout comme ses indéfectibles détracteurs ; mais quoi qu'on en dise, cette société –, dont le mandat est de faire le commerce des boissons alcooliques, en important et en distribuant des vins et des spiritueux du monde entier – est devenue un incontournable de la province. De l'avis de beaucoup, c'est une entreprise que la plupart des Québécois se sont familièrement et positivement appropriée ; d'autres, en revanche, qui adorent boire du vin mais qui le trouvent toujours hors de prix, ont développé une curieuse relation d'amour-haine avec elle. Et puis, il y a ceux qui se plaignent tout le temps : on paye beaucoup trop cher ; on n'arrive pas à trouver des vins de Corse ou des Canaries ; ils s'en mettent plein les poches, les syndicats font la pluie et le beau temps, la machine est trop lourde, c'est moins ruineux en Ontario et mieux aux États-Unis, j'en passe et des meilleures. Sans parler des demandes de recours collectifs et des sorties médiatiques récurrentes pour sa privatisation.

Pourtant, on peut se féliciter, avec l'intérêt évident des Québécois pour le bon jus de la treille, et les salons qui se multiplient (voir l'encadré «De salon en salon, comme un coureur de fond…», p. 232), du nombre impressionnant de producteurs qui adorent venir ici nous présenter des dizaines, pour ne pas dire des centaines de vins. Et même si avec cela, on ne sait plus où « donner de la langue », on a entendu parler ces derniers temps de « prohibition ». N'est-ce pas un peu démagogique ? Certes, on assiste fatalement à ces dérives, aux phénomènes de mode et à ces courants de pensée dont je parle abondamment dans ce livre, mais on doit admettre qu'il ne faut rien exagérer, et qu'il y a *in fine* peu de pays où l'offre a progressé de cette manière aussi rapidement.

Structure générale du commerce des vins et des spiritueux au Québec – Les différentes instances

La Société des Alcools du Québec

C'est une évidence que la Commission des liqueurs de Québec (fondée en 1921), puis la Régie des alcools du Québec (1961) ont laissé des traces dans l'imaginaire des gens puisque plusieurs continuent de se fourvoyer dans son intitulé exact, et vont encore acheter leurs vins à la « commission » ou à la « régie ». Mais l'actuelle Société des alcools du Québec (1971) a su prendre sa place dans les préoccupations des Québécois. Il faut en effet reconnaître d'emblée qu'elle constitue, par sa nature monopolistique, un sacré paradoxe puisque son unique actionnaire, le ministre des Finances du Québec, attend d'elle chaque année d'énormes bénéfices réalisés sur cet alcool dont les méfaits sur la santé des citoyens doivent être contrés par son propre gouvernement.

Obligations, points forts et petits bémols
Parmi les obligations importantes de la société d'État, on peut parler de l'universalité des prix sur le territoire du Québec puisque la SAQ a mis en place une politique de prix unique pour toute la province. Que l'on habite à Rimouski, à Montréal ou à Sainte-Adèle, on paie le même prix pour les produits. C'est un élément fort positif qui, dans un contexte non monopolistique, n'existerait sans doute pas !

La société d'État est aussi tenue à l'obligation de transparence. Il faut donc comprendre que chacun de ses gestes est épié par les parties concernées : consommateurs, restaurateurs, agents, fournisseurs, groupes de pression, journalistes, députés de l'opposition, etc. Ce qui ne l'empêche pas de vivre avec, en conformité avec la loi de la gouvernance et l'accès à l'information. On pourra, à ce sujet, consulter sur le site Internet de la société, le rapport annuel de l'année précédente – une brique de plus de 100 pages – aussi transparent qu'une carafe en cristal.

Parmi les points forts que chacun s'accorde à reconnaître au monopole, on note :

1. Le fait que tous les employés de succursale reçoivent une formation en continu. La nature du produit fait en sorte qu'une fois acquises, ces connaissances se développent rapidement en passion pour nombre d'entre eux, surtout parmi les conseillers en vins chez qui vient ensuite le plaisir de transmettre ;

2. La politique de retour des produits défectueux, dit produits inaptes. Avec ou sans preuve d'achat, selon le cas, et suivant un protocole clair disponible dans toutes les succursales, les vins défectueux peuvent être remboursés ou échangés. Un élément important qui existe rarement ailleurs. Cela dit, ce n'est pas une raison, comme certains petits filous le font, pour retourner des bouteilles de «faux mauvais vin» après avoir bu le bon ;

3. L'étendue de l'offre en ligne. De plus en plus appréciée et utilisée, elle permet aux gens habitant en région d'avoir accès à une plus grande variété de produits. Entre nous, c'est mieux que de faire la queue pendant deux heures dans la froidure de novembre pour acheter du vin nouveau ;

4. La capacité de se renouveler et d'innover. Depuis que la SAQ a pris un virage résolument commercial au début des années 1980, elle n'a eu de cesse d'évoluer en ce sens. Quant aux promotions et aux rabais, s'ils sont très courus

par la clientèle – c'est plutôt logique – ils ne font pas l'unanimité, surtout chez les agents promotionnels qui trouvent ce système lourd à supporter ;

5. La réputation de son laboratoire d'œnologie et la qualité de l'analyse scientifique des vins et des spiritueux, qui sont reconnus dans le monde entier (voir l'encadré « La multiplication du vin » ci-dessous) ;

6. La qualité d'entreposage des vins qui donne confiance aux producteurs. Il suffit de voir ce qui se passe ailleurs pour en être convaincu ;

7. La garantie de paiement pour les producteurs. Tant mieux pour eux !

LA MULTIPLICATION DU VIN

De par sa situation, la SAQ constitue un chien de garde contre les dérapages qui peuvent survenir chez nous en matière de commercialisation du vin. On peut penser à ceux qui veulent contourner la loi en vendant le précieux nectar par le biais d'Internet. Ou à ce scandale qui a éclaté en avril 2015 et qui mettait en scène un producteur italien vendant du vin en vrac, envoyé officiellement en Ontario à une *winery* de Niagara. Une partie, comme par hasard, était détournée vers le Québec pour se retrouver dans une réserve indienne où un véritable œnologue, paraît-il, procédait à de croquignolesques manipulations pour créer pas moins d'une vingtaine de cuvées différentes à partir du même vin. Qui veut du merlot italien dodu et fruité? Qui veut du *sangipulciano* (croisement que je viens d'inventer de sangiovese et de montepulciano)? C'est ainsi que des consommateurs du Québec allaient s'approvisionner en picrate ou en bibine, c'est selon, payées entre six et huit dollars la bouteille.

Évidemment, il y a bien aussi quelques bémols fréquemment soulevés en plus de ceux que j'aborde un peu plus loin. Pour certains, ces bémols se trouvent du côté de l'aménagement des magasins et de l'optimisation du réseau (entre les succursales de la SAQ, les dépanneurs et les marchés d'alimentation qui pourraient, il est vrai, être autorisés à vendre des vins de meilleure qualité). Pour d'autres, ils concernent plutôt la forte syndicalisation, la rémunération du personnel, le coût des avantages sociaux et le versement de bonis généreux, et enfin, l'urgence de réorganiser les ressources humaines, entre le nombre élevé de cadres, de chefs de secteurs, de directeurs et d'employés à temps partiel. Un ménage à l'horizon?

La Régie des alcools, des courses et des jeux du Québec[21]

La RACJQ et la SAQ sont deux entités qui se complètent, mais par le jeu des inévitables amalgames, on impute souvent à la seconde des responsabilités qui incombent à la première. Il est donc important de savoir que la RACJQ est un organisme gouvernemental qui:

- a compétence sur la vente et la fabrication d'alcool, les courses de chevaux, les jeux (bingo, tirages, concours publicitaires, appareils d'amusement, appareils de loterie vidéo) et les sports de combat professionnels;

- rend publiques les listes des licences ou permis en vigueur dans ses différents secteurs d'activité;

- délivre les permis autorisant le service ou la vente de boissons alcooliques au public. Ces permis concernent les établissements tels que les bars, les brasseries, les tavernes, les clubs, les restaurants et les épiceries;

- délivre aussi les permis de réunion requis pour vendre ou pour servir des boissons alcooliques lors d'événements à caractère social, culturel, éducationnel, sportif ou familial;

❧ délivre les permis de fabricant qui se déclinent selon les divers types d'exploitation et de boissons alcooliques de même que les permis relatifs à la distribution et à l'entreposage de boissons alcooliques. Le fabricant qui entend diffuser ou faire diffuser de la publicité en matière de boissons alcooliques doit, au préalable, la faire approuver par la Régie.

Les agences promotionnelles

Bien installées dans le paysage du commerce des vins et des spiritueux au Québec, les agences promotionnelles font le lien entre les fournisseurs, la SAQ et le consommateur. Contrairement à ce que certains laissent croire trop souvent, ces agences ne font pas d'importation car c'est uniquement la société d'État qui a le droit de le faire. Elles déposent par contre régulièrement des dossiers pour faire entrer de nouveaux fournisseurs à la SAQ. Les agents promotionnels sont en fait des intermédiaires qui défendent les intérêts des producteurs et agissent un peu comme des agents d'artistes, sauf que dans ce cas-ci, les artistes sont celles et ceux qui fournissent les vins et les spiritueux issus de toute la planète. La plupart de ces agences font en général un excellent travail de représentation et de suivi promotionnel. Ce sont souvent les responsables de ces entreprises qui permettent aux professionnels dont je fais partie de côtoyer les meilleurs producteurs, et nombre d'entre elles font partie de l'Association québécoise des agences de vins, bières et spiritueux (AQAVBS).

Mais là où le bât blesse, et cela n'engage que moi, c'est qu'il existe aujourd'hui une pléthore d'agences qui se sont établies, et qui continuent de se constituer à la va-comme-je-te-pousse. On part en vacances dans les vignobles, on rencontre un ou des producteurs avec qui le courant passe, et on décide de devenir leur agent. C'est sympa, ça permettra deux ou trois voyages ici et là. Mais on ne s'improvise pas agent promotionnel! En plus de se dire importateurs – ce qui est légalement erroné – plusieurs marchent avec un grand manque de professionnalisme et de compétence sur les plates-bandes de ceux qui, parce qu'ils connaissent sur le bout des doigts les réalités du marché, savent transiger avec le monopole. Hélas, si de rares et vrais connaisseurs sincères et passionnés tirent honorablement leur épingle du jeu en allant sur ce terrain parfois miné, je croise régulièrement des vignerons qui se sont laissé berner par des types moins scrupuleux, provoquant confusions, déceptions et amertumes, tant chez les producteurs que chez les clients potentiels. Et quand les dossiers d'inscription sont mal ficelés la première fois, c'est souvent moins facile quand on veut récidiver. Combien de producteurs floués resteront dans un marché marginal qui leur fera vendre quelques caisses de vins dont les amateurs n'entendront jamais parler ? Il en va d'un vin comme d'un film ou d'un parfum, non seulement le réseau de distribution est indispensable, mais la force de frappe de l'agent qui négocie, représente et fait la promotion, est primordiale. En fait, dans le contexte actuel, il y a sans doute péril en la demeure si on laisse n'importe qui se prétendre « importateur ». C'est vrai qu'entre importateur et imposteur, il n'y a que trois lettres à changer...

Le regroupement des agences spécialisées dans la promotion des importations privées des alcools et des vins (RASPIPAV)

D'autres agences, le plus souvent aussi efficaces que les précédentes, font principalement dans l'importation privée, et ont créé le RASPIPAV qui compte près de 45 membres. Plusieurs d'entre elles font également partie de l'AQAVBS. Or, si on ne peut mettre en doute la foi et la passion du vin qui animent la majorité de ces agents, la difficulté pour la clientèle réside entre autres dans le fait de pouvoir se faire livrer une seule bouteille à la fois. Le journaliste Marc-André Gagnon, du site Vinquebec.com, explique d'ailleurs que « si le secteur des agences d'importation privée est en pleine croissance au Québec, il est maintenant plafonné par des règles strictes et obsolètes. Les ventes ne se font qu'à la caisse, et les agents ne peuvent vendre dans les marchés d'alimentation ni avoir de kiosques de vente, d'entrepôts, et de magasins ». Cependant, j'ai appris au cours d'une entrevue que j'ai réalisée au printemps 2015 avec Alain Brunet, le président-directeur général de la SAQ, que des pourparlers sont en cours afin de simplifier la mécanique de ces fameuses importations, qui peuvent, on en conviendra, réserver d'agréables surprises.

Éduc'alcool

Cet organisme indépendant et sans but lucratif joue un rôle prépondérant dans le contrôle de la consommation alcoolique au Québec, et son efficacité en fait un modèle dans le monde. Je lui ai donc réservé le chapitre suivant, *Le vin et la santé*.

La SAQ sous la loupe

Une diversité inégalée[22]

Je me revois dans les années 1977 et 1978, (je suis arrivé au Québec en 1976, l'année des Jeux olympiques), aller dans des restaurants plus abordables que celui de l'Hôtel La Sapinière où j'exerçais mon métier de sommelier, pour savoir ce que l'on proposait couramment aux clients. Cela se situait entre le Liebfraumilch Madona (vendu à la SAQ à 4,20 $) et le chablis de Bichot (10,65 $) en passant par le Prince Blanc (bordeaux ; 3,50 $) et le Nierstein (Allemagne ; 4,80 $). En rouge, on pouvait naviguer entre la Lichette (vin de table français ; 3,95 $), le Mouton-Cadet (bordeaux ; 5,50 $), le Pisse-Dru (beaujolais ; 5,95 $) et la Fiole du Pape (châteauneuf-du-pape ; 9,35 $). Et du côté des rosés, on ne pouvait éviter le Mateus (pétillant portugais à 3,20 $) et l'Anjou Royal de Neuville (5,55 $). Du côté des magasins de la SAQ, les jeunes générations auront du mal à imaginer qu'il subsistait encore à cette époque quelques succursales assez déprimantes, dont une à Sainte-Adèle, qui se résumaient en un comptoir derrière lequel des hommes en blouse grise prenaient commande puis allaient chercher, à l'arrière, sur les tablettes d'un entrepôt, le flacon demandé. Je vous assure, c'était tristounet !

Aujourd'hui, ce sont autour de 20 000 vins différents (8 800 environ en magasin, auxquels s'ajoutent ceux qui sont proposés en importation privée), issus d'une bonne trentaine de pays, qui nous sont offerts. Comme on le verra plus loin, il est vrai que le nombre de vins modestes pourrait être augmenté et offert à des prix accessibles. Mais personne ne peut critiquer, à l'heure actuelle, le choix et la diversité qui caractérisent notre marché, tous produits confondus. Allez dans les magasins français, italiens, espagnols, portugais, chiliens, argentins, sud-africains ou australiens. Je les

L'ASSOCIATION QUÉBÉCOISE DES AGENCES DE VINS, BIÈRES ET SPIRITUEUX[23]

L'AQAVBS compte environ 75 membres, dont une quinzaine de membres correspondants qui comprennent des délégations commerciales et des bureaux représentatifs par pays. Fondée en 1969, elle représente plus de 95 % des produits vendus à travers le réseau de plus de 400 succursales de la SAQ. Elle travaille à promouvoir et à défendre les intérêts de ses membres. Elle a pour objet de regrouper les agences œuvrant dans l'industrie des vins, bières et spiritueux, dans le but d'étudier toutes les phases concernant leurs relations avec la SAQ ou tout autre organisme public ou parapublic et les consommateurs, par :

- la recherche d'une harmonisation des lois économiques, des règlements et des usages commerciaux entre les pays exportateurs ou autres provinces du Canada et le Québec ;
- le maintien de la qualité des produits, du respect des marques commerciales et des appellations d'origine pour assurer la protection des consommateurs ;
- la liaison qu'elle assure sur une base régulière et constante avec les représentants de la SAQ, du Gouvernement du Québec, des associations de l'industrie, des médias, des groupes d'intérêt public et autres intervenants concernant la promotion et les ventes des boissons alcooliques au Québec.

visite régulièrement, et je peux vous affirmer qu'à part les vins du pays, c'est le néant. *Nada, niente, nothing...* Je ne connais aucune ville en France, en Italie ou en Espagne, avec la même densité de population que celle où je réside ici, où l'on trouve un magasin qui propose à sa clientèle la diversité et la qualité des maisons que l'on a au Québec. Honnêtement, même en prenant seulement les vins de spécialité (cuvées plus recherchées offertes dans les succursales Sélection) avec lesquels on peut se faire réellement plaisir,

DE SALON EN SALON, COMME UN COUREUR DE FOND...

Les temps ont changé depuis l'ère tristounette des années 1970! Aujourd'hui, les amateurs et les professionnels (sommeliers, chroniqueurs, restaurateurs, etc.) sont sollicités tout au long de l'année, mais la situation se complique particulièrement à l'automne, et cela pendant près de six semaines d'affilée. En fait, ça ne s'arrête pas! De salon en salon, des dizaines de milliers d'œnophiles et de professionnels tantôt crachent, tantôt avalent les vins que leur proposent des centaines de producteurs venus des quatre coins du monde. Et l'on a droit à tout: des vins bio de Bio-Bio (au Chili) et d'ailleurs, des vins nature naturellement, des vins sans soufre, d'autres qui font souffrir, des crus classés qui ont de la classe, des vins surclassés qui n'en ont pas, des riserva et des crianza à vous laisser baba, des bulles qui perlent et d'autres moins, un passito ou un recioto pour ceux qui se lèvent tôt, des vins de soif pour ceux qui se couchent tard, des vins puissants dans des carafes, des DOC, des AOP, des IGT et des IP; bien malin celui qui s'y retrouve, les dents noircies, le nez usé... Voilà que se pointent les Salons des vins de Nouvelle-Zélande et du Chili, puis le Jugement de Montréal, la Dégustation des vins du Sud-

un œnophile averti aura-t-il le temps au cours de l'année de tout déguster? Impossible! De nombreux conseillers en vins me disent qu'ils ont du mal à s'y retrouver et qu'ils n'ont pas de place, physiquement, pour présenter les nouveautés!

Notre monopole nous propose donc une offre, c'est indéniable, inégalée. C'est pour cela que j'ai peur qu'on en fasse trop, peut-être, avec le projet *Cliquer – Acheter – Ramasser* qui existe déjà, mais qui présenterait aux consommateurs dans un avenir rapproché un catalogue de 15 000 à 20 000 produits (ceux du monopole auxquels s'ajouteraient les importations privées), commandés par Internet et livrables à la SAQ. Selon Alain Brunet, en misant sur les nouvelles technologies, la société d'État se débarrassera de certaines barrières en ce qui concerne la distribution. Les produits

Ouest, puis celle du Jura, le Salon des vins d'importations privées, le Salon des vins de l'Italie, la Grande Dégustation de Montréal, etc. Et c'est sans compter les tournées de vignerons indépendantes, les soirées gastronomiques, les dégustations professionnelles réservées aux chroniqueurs, les animations privées, etc.

Même si les événements se télescopent, et qu'on doit se tenir en forme comme un marathonien, je ne m'en plains pas. Cet engouement autour du vin est pour moi une excellente nouvelle. Et la clientèle est encore là, avide de connaissances et prête à participer. J'aime penser que cette effervescence n'est pas arrivée par hasard, et qu'elle est le fruit du long travail de certains défricheurs. Je pense par exemple aux agences implantées dans le décor depuis des décennies, qui proposaient déjà à Montréal un Salon des vins au début des années 1980, mais aussi aux artisans de la première heure, dont mes amis Jules (Roiseux) et Don-Jean Léandri, aux magazines sur le sujet, à certaines émissions télé et aux écoles qui ont commencé à offrir des formations spécialisées.

n'auront plus besoin d'être envoyés en magasin. Mais à l'inventaire physique déjà important s'ajoutera un inventaire virtuel qui risque, à mon avis, de donner le vertige. Va-t-il falloir installer des centres de transfusion pour écouler tout ce jus ? Ce serait joyeux !

À force de vouloir sans cesse augmenter l'offre et multiplier les marchés de niche, ne risque-t-on pas une forme de dilution dans les ventes, avec des parts de marché qui rétrécissent fatalement pour les fournisseurs ? Je suis conscient que mon point de vue s'oppose à celui de Frédéric Laurin, professeur en économie à l'Université du Québec à Trois-Rivières, partisan d'une libéralisation partielle du marché, et qui manifestement ne voit pas ce qui se passe ailleurs, en France par exemple, comme je l'explique ici et dans le chapitre *Producteurs et vignerons...* (voir p. 179), ou près de chez lui, au

Nouveau-Brunswick ou dans le fin fond de la Saskatchewan. Ce n'est pas un projet, et je cite «qui permettrait à de petits cavistes d'ouvrir leurs portes au Québec, venant faire concurrence à la SAQ» qui va changer grand-chose, tant du point de vue de l'offre, déjà considérable au risque de me répéter, que de la baisse des prix, qu'il envisage d'au moins 30 %, tient-il à spécifier.

La sélection des produits

N'ayant pas de vins à vendre à la SAQ, je ne suis, ni de près ni de loin, impliqué dans le processus de leur sélection. Mais, en quelques mots, il faut savoir qu'il existe principalement deux familles : les vins de grande distribution et les vins courants que l'on trouve dans presque tous les magasins SAQ Classique, et les vins de spécialité disponibles notamment dans les SAQ Sélection. Pour en avoir discuté avec pas mal d'agents promotionnels, il apparaît que par souci de transparence et pour répondre à une gestion par catégorie (plus de 70 au total, dont une cinquantaine pour le vin, tels que champagne, alsace, vin rouge Toscane, vin de dessert, etc.) inspirée du secteur de l'alimentation, la mécanique de sélection est devenue un frein à l'entrée de nouveaux produits qui n'ont pas encore obtenu de notoriété sur le marché. Le processus d'appel d'offres serait quant à lui l'élément qui retarde le plus la chaîne d'approvisionnement. De plus, on semble donner une grande importance aux notes accordées par des guides de vins comme le *Wine Spectator* ou le *Wine Advocate*. Pour la présélection des vins de spécialité par exemple, on retient les notes et les médailles avec 25 points sur un total initial de 32 (puis, je dois le signaler, sur un total final de 100). Or, cette surenchère des notes peut mener à une appréciation biaisée des vins et limiter la découverte de nouveaux produits. Les consommateurs développent en effet des comportements étranges, en achetant, par exemple, du même producteur, deux fois plus souvent le vin qui a eu 94 que celui qui a eu 90. J'ai tenu à recueillir aussi l'avis de la société d'État par le biais de son PDG à propos de ces cotes, et il semblerait qu'une partie de la clientèle y soit sensible jusqu'à en demander. En ce qui concerne les vins courants d'autre part, le processus est rigoureux et bien encadré, mais en voie de réaménagement, afin de l'alléger.

LES QUÉBÉCOIS AIMENT SURTOUT LE VIN[24]

Lié aux arts de la table, aux retrouvailles et aux célébrations de toutes sortes, le vin est très populaire au Québec puisqu'il représente 79,4 % des ventes en litres, contre 14,5 % pour les spiritueux. Le solde (6,1 %) concerne les boissons panachées, la bière et le cidre. Le rouge est dans le haut de la vague avec 67,5 % des ventes, mais le blanc est en progression (28 %, comparativement à 23,7 % il y a à peine cinq ans) et le rosé se réserve 4,5 % de parts de marché.

Parts de marché des vins tranquilles vendus au Québec par pays d'origine :

France = 30 %
Italie = 23 %
États-Unis = 15 %
Espagne = 8 %
Australie = 6 %
Argentine = 4 %
Portugal = 4 %
Chili = 3 %
Afrique du Sud = 2 %
Nouvelle-Zélande = 2 %
Autres = 3 %

Le prix des vins

Avant d'aller plus loin, il sera important, pour se faire une bonne idée du coût des vins au Québec, de regarder dans le tableau qui suit la répartition (ou ventilation) du prix de vente d'un vin importé, fixé par le monopole, en dollars et en pourcentages. Démonstration éloquente qui vous permettra de savoir où va votre argent quand vous achetez des vins et des spiritueux, entre le prix du fournisseur, le bénéfice de la SAQ et nos taxes chéries…

RÉPARTITION DU PRIX DE VENTE À LA SAQ		
Vin importé, format 750 ml (en dollars et en pourcentages) au 29 mars 2014		
Majoration*	7,34 $	45,3 %
Prix du fournisseur en dollars canadiens incluant le transport	5,44 $	33,6 %
Taxe de vente provinciale	1,40 $	8,6 %
Taxe spécifique versée au gouvernement du Québec	0,84 $	5,2 %
Taxe fédérale sur les produits et services	0,70 $	4,3 %
Droits d'accise et de douane versés au gouvernement du Canada	0,48 $	3,0 %
Prix de vente au détail (la bouteille)	16,20 $	
* La majoration permet d'assumer les frais de vente et mise en marché, de distribution et d'administration et de dégager un résultat net.		

Cela dit, je sais que cela ne cadre pas vraiment avec la perception qu'ont souvent les clients, mais, et ce n'est pas la première fois que je le signale, je suis encore étonné du prix raisonnable de certains − je dis bien certains − vins offerts chez nous. Je ne fais que mon travail, je cours les boutiques, je fouille, je regarde, je note, je compare, mais les chiffres parlent, comme dans ce tableau comparatif. Alors, encore une fois, je m'adresse à ceux qui sont convaincus de se faire plumer quand ils achètent une bouteille de vin. Certes, on assiste parfois à des écarts de prix entre les flacons vendus ici et d'autres vendus dans les pays producteurs, qui semblent donner le vertige. Sauf qu'on ne peut pas comparer des choux de Bruxelles avec des choux-fleurs. Je sais, cela reste des choux! Mais soyons honnêtes un instant, entre le morgon de Dominique Piron ou le gaillac du Domaine Rotier proposés dans nos succursales et les mêmes appellations d'un obscur négociant qui, en France, vend son vin acheté en vrac à des fournisseurs inconnus, il y a un monde, de même qu'entre deux vins de Toscane d'excellente qualité vendus chez nous et n'importe quel vin de la même région acheté dans une épicerie en Italie. Il ne faut jamais oublier qu'on peut trouver des cuvées entre 3 et 150 euros la bouteille dans la même dénomination Toscana, et qu'il faut donc être sérieux et vigilant quand on compare. En plus de la qualité première de la sélection des vins vendus à la SAQ, il faut aussi considérer, par exemple, les facteurs taxes (élevées il est vrai), distance, transport, entreposage, etc. On remarque alors que les vins qui sont plus dispendieux ici ne le sont pas tant que cela. Pour ce qui est des spiritueux, c'est un peu la même chose, comme j'ai pu le vérifier lors d'un reportage en Écosse (juin 2013) où le Glenfiddich 12 ans, à quantité égale, était 8,25 $ plus cher à la

NOM DES VINS	Prix dans le pays d'origine*	Prix SAQ	Date	Écart à la SAQ
Coteaux du Languedoc La Clape L'Épervier 2011, Château Pech Redon	21,50 $ Chez un caviste (France)	22,85 $	Juillet 2015	+ 6,5 %
Crémant de Loire rosé Langlois-Château	23,50 $ Grande surface	22,05 $	Avril 2015	- 6,5 %
Mas Jullien Carlan 2013	40,60 $ Chez un caviste	43,75 $	Juillet 2015	+ 8 %
Château Figeac, Saint-Émilion grand cru classé 2011	152,00 $ Hypermarché E. Leclerc	154,00 $	Juillet 2015	+ 1,5 %
Saint-Joseph 2012, Courbis	27,70 $ Chez un caviste	27,50 $	Juillet 2015	
Coudoulet de Beaucastel blanc 2013	32,60 $ Chez un caviste	30,75 $	Avril 2015	- 6 %
Madiran Montus 2010	34,00 $ Chez un caviste	30,25 $	Juillet 2015	- 12,5 %
Champagne Brut blanc de blancs Delamotte	63,00 $ Chez Nicolas (Paris)	65,25 $	Juillet 2015	+ 3,5 %
Châteauneuf-du-Pape La Gardine 2010	42,00 $ Hypermarché E. Leclerc	37,50 $	Juillet 2015	- 11,9 %
Passito di Pantelleria, Ben Ryé, Donnafugata (375 ml)	38,00 $ Chez un caviste à Marsala (Sicile) où il est embouteillé	32,00 $	Septembre 2014	- 12,5 %
Toscana, Villa Antinori 2011 Marchesi Antinori	26,65 $ Duty Free à Venise	24,50 $	Mai 2015	- 9 %
Ribera del Duero Crianza, Celeste, Miguel Torres	24,50 $ À Puerto Pollença (île de Majorque, Espagne)	21,60 $	Mars 2015	- 13,5 %
* Tous les prix sont en dollars canadiens, avec le taux de change du moment pour ceux qui ont été recensés en Europe.				

distillerie et 12 $ de plus dans les boutiques d'Édimbourg qu'à la SAQ. Et parmi d'autres, l'excellent blend Té Bheag était au même prix au Québec qu'à la maison mère, située sur l'envoûtante île de Skye où je l'ai dégusté.

Maintenant, comme je le souligne plus bas, il est évident que dans l'entrée de gamme (c'est-à-dire entre 9 $ et 12 $ chez nous), il vaut mieux acheter dans le pays de production, ce qui veut dire y vivre pour en profiter. Cela dit, je ne comprends pas ceux qui souscrivent à l'idée qu'il est normal que les spécialités d'un pays coûtent moins cher sur place – ce qui n'est pas toujours vrai – tout en pensant que les vins importés devraient coûter à peu près le même prix au Québec. Illogique ! On passe aussi sous silence l'importance du pouvoir d'achat. Par exemple, les meilleurs vins chiliens et argentins, offerts à des prix raisonnables chez nous, sont souvent plus onéreux chez des cavistes de Santiago et de Buenos Aires, où le pouvoir d'achat, c'est bien connu, n'est pas aussi grand qu'ici. De plus, même chez le producteur, et c'est pour ainsi dire comme cela partout, les vins ne sont pas donnés, loin de là. Allez dans la vallée de l'Okanagan, et dans les vignobles de Niagara, de Washington et de la Californie, là où l'œnotourisme est bien développé, ou dans les coteaux valaisans de nos amis Suisses, et vous constaterez que les mêmes vins chez le producteur sont environ 15 à 25 % moins chers seulement qu'ici.

De leur côté, les Européens qui commandent directement chez les vignerons de leur propre pays doivent acquitter des frais de transport. Comme je l'explique dans le chapitre *Producteurs et vignerons, les bons… et les moins bons* (voir p. 179), il est important de savoir qu'en France (où neuf bouteilles sur dix vendues sont françaises), environ 86 % des vins consommés à domicile sont achetés dans la grande distribution, c'est-à-dire dans les supérettes, épiceries du coin, supers et hypermarchés, où le choix qualitatif est souvent discutable. Pour avoir consciencieusement enquêté sur le terrain pour les besoins de ce livre, je constate également qu'avec un pouvoir d'achat qui a nettement diminué ces dernières années, une grande partie de la population française achète des vins bas de gamme, très souvent en vrac (dans un cubitainer que l'on remplit soi-même ou le *bag in box*, l'équivalent de notre vinier), réservant leurs grandes dépenses en vin pour les occasions spéciales (fêtes familiales, Pâques, Noël, Nouvel An, etc.).

En France, donc, les autres moyens pour se procurer du vin comme la vente directe chez le proprio, les achats sur le Net (qui sont en forte progression), chez les cavistes et dans les magasins spécialisés (circuits où l'on trouve ce qui se fait de mieux en général dans les vignobles de l'Hexagone) représentent un pourcentage faible de la consommation, et l'accès à ces produits d'excellente qualité se fait en conséquence à des prix majorés. Je dois concéder cela dit que l'on peut, en France, commencer à se faire plaisir avec de bonnes cuvées à partir de 7 à 10 euros (10 à 14 $) jusqu'à 18 à 20 euros (25 à 28 $), ce qui se rapproche de notre réalité pour les plus coûteux. La chaîne de magasins franchisés Cavavin (160 boutiques en France) propose par exemple d'excellents crus à prix doux, puisque ses patrons, qui profitent de bons prix grâce à une centrale d'achats, pratiquent des marges bénéficiaires très minces pour attirer les amateurs, tout en proposant la livraison à domicile.

Quant à comparer notre monopole à la réalité des grandes surfaces états-uniennes où l'on peut tomber sur de bonnes affaires... Certes, mais il reste à savoir si l'on a envie de vivre à l'image des Américains, avec leurs avantages peut-être, mais aussi les nombreux inconvénients, dont la couverture sociale, déficiente comme chacun sait.

En fin de compte au Québec, dans la fourchette de prix des vins de milieu et haut de gamme, on peut avoir de véritables et agréables surprises si l'on regarde de près, c'est-à-dire si on compare la même étiquette, le même producteur, idéalement le même millésime, la même marque, etc. Je ne suis pas le seul à le penser, évidemment, puisque le blogueur David Pelletier (Lesommelierfou.com) me confiait également : « Je surveille fréquemment le cours des prix à la SAQ en comparaison avec le LCBO, un autre très gros joueur et notre voisin direct. Notre monopole se tire bien mieux d'affaire que beaucoup de gens ne le laissent entendre. Comparer un marché monopolistique à un marché ouvert comme celui prôné dans certains États américains est injuste. Plus souvent qu'autrement, l'offre globale est médiocre dans ces mêmes États. »

Par contre, je m'interroge sérieusement sur le bien-fondé de la SAQ de présenter parfois des vins onéreux dont la qualité n'est pas à la hauteur de leur prix. À ma question, des cadres m'ont répondu que ces cuvées destinées à une clientèle bien ciblée sortaient déjà de la cave à des prix élevés pour la simple raison qu'ils sont en demande, et qu'il fallait les commander, sinon d'autres marchés allaient s'en occuper. Comme j'ai pu l'expliquer auparavant, l'importance et l'influence des notes dans ce cas-ci restent un vaste sujet. Bien souvent, sur une douzaine de sources (pondérées sur 20 ou sur 100), et à part l'équipe Signature (composée de quatre dégustateurs de la société d'État), nombre d'entre elles, qui feraient la pluie et le beau temps, viennent de l'étranger... Ce n'est pas parce que le prix est élevé et la cote haute que c'est forcément bon. Je prends pour exemple un vin du Piémont, pas mauvais mais pas terrible non plus, à 154 $ (imaginez au restaurant!). Ce n'est pas un peu trop pour une prétendue notoriété ? Lors d'une dégustation au printemps dernier, j'en ai repéré ainsi une dizaine dont la qualité gustative n'était pas à la hauteur des prix, qui oscillaient entre 41 $ et 154 $. Les responsables des achats qui se fient beaucoup aux notes sont-ils infaillibles ?

Enfin, il serait souhaitable au Québec, et cela fait des années que je le suggère, que les restaurateurs paient moins cher leurs vins que le consommateur à domicile, à tout le moins en échange d'un minimum commandé. C'est pour cela, afin de contrer une baisse d'achalandage due aux prix élevés des vins, que se sont développés des établissements qui proposent une cuisine raffinée dont ils tirent un bon profit, tout en ayant un permis qui autorise les clients à apporter leurs propres vins. Situation pour ainsi dire impensable en Europe mais qui voit ici le nombre d'adeptes augmenter. Avec un peu de chance, on va peut-être pouvoir bientôt apporter notre steak !

Et les vins d'entrée de gamme?

Tout le monde s'entend, moi y compris, pour dire qu'il y a beaucoup à améliorer du côté des vins d'entrée de gamme, des vins simples mais de bonne qualité et à des prix attractifs. Au cours de notre entretien, le PDG de la SAQ le reconnaissait lui-même :

> En matière de gestion de catégorie, nous avons été un peu lents à réagir avec les vins d'entrée de gamme. Cela dit,

il faut savoir qu'il y a eu un déséquilibre de ce côté-là. En gros, cela représente environ 18 % de notre marché, mais ce segment a baissé constamment depuis dix ans. Il faut bien comprendre que c'est le public qui choisit, et chacun sait que le goût des Québécois a beaucoup évolué en matière de vin depuis 30 ans. Aussi, quand la part de marché était à 18 % et l'offre à 15 ou 16 %, on a dû, en un peu plus d'un an, réagir pour que l'offre corresponde à la demande, et c'est ce qui a été fait.

Ce à propos de quoi un agent promotionnel m'a gentiment expliqué :

Il est urgent de revoir la taxation sur les vins à petits prix pour obtenir des vins d'entrée de gamme ayant un véritable rapport qualité-prix. Aujourd'hui, ces vins sont issus de régions de production sans mention de cépage, sans millésime, une boisson alcoolique nommée simplement vin. Rien de révolutionnaire, comme le Revolution California, marque lancée dernièrement ! Le monopole doit profiter de son levier pour offrir de meilleurs vins et non de meilleurs plans promotionnels !

LES FAUSSES BONNES AFFAIRES D'AÉROPORT

Devant les magasins *Duty Free* dans lesquels trop de voyageurs, qui croient encore aux miracles, pensent profiter de super-aubaines : passez votre chemin ! Je vais régulièrement dans nombre d'entre eux et le constat est éloquent. J'ai justement échangé au cours d'un déjeuner de presse avec une responsable de ces boutiques à Roissy–Charles-de-Gaulle, qui me confirmait que ses patrons n'étaient pas du tout gênés de vendre à gros prix les vins, champagnes et autres spiritueux. Pour la simple et bonne raison que ça marche encore !

Bref, l'offre n'est pas encore à la hauteur des désirs des consommateurs. Mais de là à se rendre en autobus de Québec jusqu'en Ontario pour faire des affaires d'or, je reste dubitatif et perplexe...

Le cas des importations privées

Arrivées timidement il y a une quinzaine d'années, les importations privées correspondent à un marché en plein développement de produits non référencés à la SAQ, le plus souvent des vins d'artisans emblématiques de leurs appellations. Ils sont proposés par des agences privées à des particuliers, des restaurateurs et des clubs de vins, mais transitent par le monopole qui les importe et les réceptionne en imposant des règles précises. De l'avis de quelques agents, la SAQ est ambivalente sur la façon de gérer cette alternative, et doit rendre plus transparente pour le bénéfice des consommateurs la fixation des prix de ces vins qui sont parfois revendus à des tarifs élevés. Il est anormal, disent-ils, qu'un agent d'importation privée puisse faire plus de profit avec ses frais administratifs que le vigneron avec la production de son vin.

C'est par ailleurs un secret de Polichinelle que certains restaurateurs mettent à leur carte des vins d'importation privée pour appuyer fort sur le bouton du coefficient multiplicateur, vu que la clientèle n'a aucune idée du prix payé au départ. Et voilà que l'on croule sous des propositions «de vins rares et fabuleux», de prétendues exclusivités vendues à prix faramineux sous prétexte qu'elles ont été élaborées par des «vedettes» de l'œnologie ou de la viticulture, alors qu'il s'agit simplement de producteurs qui ne font que leur travail. L'idée est pourtant intéressante s'il s'agit de se démarquer avec des découvertes réelles que l'on veut partager, et je mentionne à nouveau que je ne remets absolument pas en question le principe de l'importation privée. Je ne fais que soulever des questions d'éthique chez certains commerçants.

Il y en a qui pensent cependant qu'il serait bon d'ouvrir le marché à ces «importateurs» privés, leur permettre d'être cavistes et d'avoir pignon sur rue. Et puisque la SAQ touche une majoration sur les produits vendus en importation privée de la même façon qu'elle en perçoit sur les produits en succursale, il n'y aurait aucune perte de revenus pour la société d'État. Ce qui, en fin de compte, amènerait cette dernière à revoir son modèle commercial.

La place des vins canadiens et québécois dans le marché local

Pour suivre de près les réalités viticoles ontariennes et québécoises depuis leurs balbutiements, je pense qu'on monte aux barricades un peu vite lorsqu'on évoque les vins produits chez nous et dans la province voisine, et surtout, encore une fois, que l'on compare des concombres avec des rutabagas (pour rester dans la veine maraîchère…).

Ainsi, en ce qui concerne la commercialisation des vins locaux, et l'éternelle comparaison entre la SAQ et le LCBO (le monopole ontarien), Sylvain Charlebois, spécialiste de la distribution et des politiques agroalimentaires qui enseigne à l'Université de Guelph, énonçait, dans un article paru dans le journal *La Presse* en juillet 2015, qu'« en vertu de campagnes agressives et quasi continuelles, plus de 40 % des vins vendus dans la province ontarienne sont d'origine locale. Ses magasins Wine Rack n'offrent que des vins ontariens, et rien d'autre. C'est certes une approche enviée par les producteurs québécois. »

De son côté, David Pelletier ajoute : « L'offre nationale est lamentable. Bon an mal an, les recettes de la SAQ attribuables aux vins canadiens (dont le Québec) n'atteignent pas 1 %. Le gouvernement Marois, durant son court règne, avait mandaté la SAQ de faire une plus grande place aux vins d'ici via le projet Origine Québec. »

Désolé, mais ces affirmations me semblent biaisées pour la bonne raison que la comparaison tient difficilement entre le vignoble ontarien d'environ 6 500 hectares, au climat relativement favorable, autonome et mature, produisant des vins issus des cépages nobles de l'espèce *Vitis vinifera*, et le vignoble québécois au climat difficile, qui se cherche encore – avec moins de 600 hectares –, et qui produit des vins différents (dont plusieurs sont excellents) issus pour la presque totalité de variétés hybrides. On ne peut quand même pas demander aux vignerons d'ici de vendre des vins qu'ils n'ont pas ! Et concernant la présence de vins de l'Ontario sur nos tablettes, sujet qui semble tarabuster bien du monde, le PDG de la SAQ explique : « Tant pour les vins de l'Ontario que ceux de l'Okanagan, le problème ne vient pas de la SAQ, mais des producteurs qui préfèrent les vendre sur place, notamment dans le contexte de l'œnotourisme. Et comme ils ont du succès, ce sont eux qui ne sont pas trop intéressés à exporter au Québec. »

Certes, plusieurs, comme Marc-André Gagnon, y voient une injustice ou une situation incongrue et se plaignent que les vignerons du Québec ne peuvent vendre leurs vins dans leur région, particulièrement dans les commerces d'alimentation du coin. Il est important de stipuler que c'est dû, semble-t-il, au fait qu'ils détiennent un permis d'artisan émis par la RACJQ, et que ce permis est régi par un règlement strict sur les modalités de vente des boissons alcooliques. Mais la bonne nouvelle, c'est qu'on vient d'apprendre que pour l'exercice 2014-2015, les ventes en volume toutes catégories des produits Origine Québec (on parle évidemment des vins issus du vignoble québécois, mais entre nous, la véritable définition reste à clarifier), ont connu une progression appréciable avoisinant 22 %, à près de 1,3 million de litres. Et la SAQ souhaite poursuivre la mise en valeur de ces produits qu'elle introduirait dans 80 nouvelles succursales, pour un total de 260 points de vente. Quant au projet de loi 395 présenté en juin 2013, visant à augmenter la visibilité de ces vins dans les succursales de la SAQ, mais aussi dans les épiceries, les restaurants et les marchés publics, et pour lequel les producteurs hélas n'ont pas été consultés, la loi n'a toujours pas été votée. On parle dorénavant de décembre 2015, mais l'histoire ne dit pas s'il faut ou non croire au père Noël !

Et la privatisation dans tout cela ?

Alors là, attention danger ! Sujet délicat ! Terrain glissant ! Dossier casse-gueule ! On peut affirmer qu'au niveau de la structure de fonctionnement de la SAQ il y a évidemment des points à changer et à améliorer. Mais de là à dire qu'en privatisant la société d'État, le consommateur aura accès à plus de choix et de diversité, à une qualité supérieure et à de meilleurs prix, je n'en suis pas convaincu, et je ne suis d'ailleurs pas le seul. Quand on connaît la situation en Alberta, on voit bien que cela reste à prouver. Dans cette province, le commerce des vins et des alcools a été libéralisé en septembre 1993. Le choix, qui était limité, et le nombre de magasins ont peut-être augmenté, mais au détriment de la qualité du service, surtout en dehors des grands centres, et les prix, eux, n'ont pas vraiment baissé. Comme on l'a vu plus haut, la SAQ offre une immense sélection de produits rarement égalée ailleurs, en dehors de divers «magasins entrepôts» aux États-Unis. Il est probable qu'une éventuelle privatisation concentrerait le choix sur les produits les plus vendus, qui sont souvent d'une qualité passable comme on peut l'observer dans de nombreux hypermarchés européens. De plus, la SAQ possède un pouvoir non négligeable de négociation sur les prix avec ses fournisseurs puisqu'elle figure parmi les cinq premiers acheteurs au monde, tous produits confondus, et certainement parmi les trois premiers pour ce qui est des vins d'Europe (surtout les grands), entre la France, l'Italie, l'Espagne et le Portugal. Voilà encore un drôle de paradoxe dans une société capitaliste, mais on peut convenir du fait que différentes instances privées n'auront jamais séparémont oc pouvoir de marchander avec les producteurs de la planète.

Néanmoins, depuis la parution d'un article dans *La Presse* en juillet 2015 nous annonçant la publication d'un document conséquent – le rapport Robillard, rédigé par des économistes et remis au Conseil du trésor – et sa sortie en août, largement relayée dans les médias, les esprits se sont échauffés. On y apprend qu'une privatisation, même de l'ordre de 10 %, permettrait au gouvernement de faire des économies, qu'ouvrir la porte à la concurrence obligerait la SAQ à diminuer ses marges bénéficiaires, que les clients auraient accès à plus de produits – c'est une véritable obsession! – et à des horaires d'ouverture de magasin mieux adaptés. Est-on proche de la cure minceur de notre monopole réclamée par certains? Une première chose est sûre, choix de société ou pas, nous sommes dans une situation pour ainsi dire cornélienne, entre le désir des consommateurs qui aimeraient voir baisser les prix, et le gouvernement qui voudrait voir sa vache à lait, comme plusieurs aiment à surnommer notre société d'État, lui rapporter encore et toujours davantage de profits. La seconde, c'est que si l'on n'est pas sorti du bois dans cette affaire, on peut tout de même se consoler en se disant que beaucoup de vin – du bon je l'espère – aura le temps de couler dans nos gosiers d'ici à ce que la question soit réglée!

Le vin peut être
à bon droit considéré
comme la plus saine,
la plus hygiénique
des boissons.

Louis Pasteur, chimiste et biologiste français

Le vin et la santé

Le célèbre biologiste Louis Pasteur était-il ivre lorsqu'il a osé écrire cette phrase dans ses *Études sur le vin*? On serait porté à le croire en écoutant tous les partisans de l'abstinence qui sévissent ici et ailleurs, et en suivant les campagnes antialcooliques qui ne font pas dans la dentelle. C'est comme si, sur ce sujet, il ne pouvait exister que des attitudes ou des positions extrêmes. Ainsi, entre la loi Évin qui sévit en France (voir l'encadré «La loi Évin», p. 248), drastique, intolérante, jusqu'au-boutiste, et la nouvelle émission québécoise *Les recettes pompettes*, menée par un animateur qui me semble être un homme intelligent, mais au cours de laquelle on prend un coup sérieux, avec la cuisine pour prétexte à une rencontre déjantée en compagnie d'une personnalité publique, il existe un fossé dans lequel on pourrait engloutir des millions d'hectolitres de vin.

Et les poncifs sur la consommation de vin ont la vie dure. Je me souviens par exemple d'un reportage à la télévision d'État, intitulé «La modération a-t-elle toujours bien meilleur goût?», inspiré du slogan porté par Éduc'alcool, à l'émission *Enjeux*. Cette série habituellement sérieuse m'a semblé tout bonnement biaisée. Le documentaire remettait en cause le fait que le vin, parce qu'il posséderait des vertus thérapeutiques, pourrait être considéré comme un «médicament», comme certaines personnes voudraient le faire croire. Soit. Mais il tombait aussi dans l'éternel piège qui confond vin et alcool pour la simple raison que l'on trouve de l'alcool dans le vin. Encore un reportage qui mélangeait tout, où l'on faisait l'amalgame entre le bon vin, bu modérément et en toute connaissance de cause, et les alcools de tout acabit qui peuvent causer des dommages irréparables en cas de surconsommation. En fait, à part quelques chiffres ici et là, le documentaire ne nous apprenait pas grand-chose, et ne montrait quasiment que des protagonistes aux propos d'une banalité déconcertante. Le sujet était d'autant plus faussé qu'à côté des images calmes et posées des personnes qui réfutaient les études sur les bienfaits du vin, on nous montrait sans arrêt l'envers de la médaille avec des séquences de personnes festoyant allègrement, trinquant à qui mieux mieux ou criant comme des forcenés. Bonjour les clichés !

LA LOI ÉVIN

Relative à la lutte contre le tabagisme et l'alcoolisme, promulguée en France en janvier 1991, cette loi restreint fortement la « propagande ou la publicité » du divin nectar au pays qui produit sur ses terres parmi les meilleurs crus de la planète. Elle stipule en effet que la promotion des boissons alcooliques en général n'est permise que sur certains supports (presse écrite, sauf les publications pour la jeunesse, radio ou parfois affichettes, mais dans des contextes très particuliers). La publicité permise est par ailleurs encadrée de règles strictes (mention obligatoire des dangers de l'abus d'alcool, par exemple). En septembre 2013, le gouvernement Hollande en a rajouté une couche en lançant un *plan gouvernemental de lutte contre la drogue et les conduites addictives* sur quatre ans, lors d'un comité interministériel présidé par son premier ministre.

En ce qui concerne le vin, les cinq mesures envisagées étaient :

1. Interdiction de parler du vin sur Internet ;
2. Interdiction de parler positivement du vin dans les médias ;
3. Taxation du vin au nom de la santé publique ;
4. Radicalisation du message sanitaire ;
5. Durcissement des mentions sanitaires sur les étiquettes.

Comme si le vin rimait toujours et encore avec consommation excessive, beuverie et trivialité, comme si la notion de plaisir devait toujours passer par l'effet pur et simple de l'alcool, poison incontournable qui ôte les inhibitions comme chacun sait…

Entre la répression et l'éducation

Tous les œnophiles dignes de ce nom savent que le bon vin est synonyme d'autre chose que de se bourrer la face, de boire comme un trou ou de se prendre une cuite (ce ne sont pas les expressions fleuries qui manquent pour illustrer cette situation). Hélas, on assiste trop souvent aux pratiques réductrices du raccourci et du nivelage par le bas qui mènent à des malentendus. Il n'y a pas péril en la demeure à voir augmenter la consommation du vin de qualité au Québec, quand on sait que dans plusieurs pays, la majeure partie de la population se porte assez bien malgré une moyenne annuelle de 30 à 40 litres par habitant. Il faut donc cerner les vrais problèmes (comme les maladies, la violence conjugale et les accidents de la route) et les solutions ailleurs. Malheureusement, tous les pays n'ont pas adopté une approche comme celle prônée par Éduc'alcool chez nous. La France, notamment, ne semble pas savoir faire la différence entre éducation et répression. S'imposant face à la lutte contre le tabagisme et l'alcoolisme, la loi Évin est tombée, elle aussi, dans les pièges de la confusion des genres. Dans sa pièce de théâtre *Tueur sans gages,* le dramaturge Eugène Ionesco écrit: «La pénicilline et la lutte contre l'alcoolisme sont bien plus efficaces que les changements de gouvernements.» Ce serait encore mieux si les autorités gouvernementales de tous les pays mettaient en place des politiques éducatives intelligentes.

Le vrai paradoxe

Avec le temps et l'expérience, j'ai appris que la vie est pleine de petites contradictions et de grands paradoxes, et que le monde du vin est loin d'échapper à cette réalité. Par exemple, dans le beau pays qui m'a vu naître, le paradoxe français, ou *french paradox* pour nos amis anglo-saxons – qui démontrait qu'une consommation éclairée de vin était bénéfique pour la santé – n'est plus celui

ÉDUC'ALCOOL, UN MODÈLE INSPIRANT[25]

Histoire et mission

Éduc'alcool est né en 1989 de la volonté de ses membres fonda-teurs de mener des actions de prévention et d'éducation afin de contribuer à faire des Québécois qui choisissent de boire de bons consommateurs plutôt que de gros consommateurs. Depuis sa fondation, il s'est imposé comme un intervenant de premier plan sur la scène québécoise et internationale dans son domaine.

Il s'agit d'un organisme indépendant et sans but lucratif qui regroupe des institutions parapubliques, des associations de l'in-dustrie des boissons alcooliques et des personnes de la société civile provenant de divers milieux (santé publique, universités, journalisme), qui mettent sur pied des programmes de prévention (comme Alcochoix, destiné aux adultes qui considèrent qu'ils boivent trop), d'éducation (matériel didactique proposé aux ensei-gnants des niveaux primaire et secondaire) et d'information (conférence animée et interactive offerte gratuitement aux entre-prises en collaboration avec l'organisme Nez rouge) pour aider jeunes et adultes à prendre des décisions responsables et éclai-rées face à la consommation de l'alcool et agir sur les contextes de consommation. Son slogan résume d'ailleurs bien son engage-ment sociétal : La modération a bien meilleur goût.

Budget et financement

Le budget de l'organisme provient des redevances perçues sur les ventes d'alcool de ses membres. Ces contributions sont pré-levées par la SAQ à même les ventes des produits des membres institutionnels et remises à l'organisme sur une base régulière de manière à lui assurer un financement adéquat pour remplir son mandat.

Les membres institutionnels

Les membres institutionnels d'Éduc'alcool appartiennent à cinq grands secteurs d'activité représentés par des organismes constitués. On y trouve :

- la Société des alcools du Québec pour le secteur de l'importation, de la distribution et de la vente au détail;
- l'Association des distillateurs du Québec et les distillateurs qui sont dotés d'un permis d'exploitation et vendent leurs produits par le réseau de la Société des alcools du Québec pour le secteur des spiritueux;
- l'Association des viniculteurs négociants du Québec, l'Association des vignerons indépendants du Québec et les viniculteurs qui sont dotés d'un permis d'exploitation et vendent leurs produits par le réseau de la Société des alcools du Québec pour le secteur des vins;
- l'Association des cidriculteurs artisans du Québec et les fabricants qui sont dotés d'un permis d'exploitation et vendent leurs produits par le réseau de la Société des alcools du Québec pour le secteur des cidres;
- l'Association québécoise des agences de vins, bières et spiritueux (AQAVBS) et les agents qui font la promotion de produits vendus par le réseau de la Société des alcools du Québec pour le secteur de la représentation.

Les partenaires

Éduc'alcool tente de bâtir des partenariats pour mener ses opérations et bâtir ses programmes et campagnes. Sans exclusivité, il s'associe de manière durable à des organismes qui partagent ses objectifs. C'est le cas notamment de l'Opération Nez rouge, du Collège des médecins du Québec, de la Société de sauvetage, de l'Association des écoles de conduite du Québec, des commissions scolaires, du ministère de l'Éducation, de l'Institut de tourisme et d'hôtellerie du Québec, de l'Association des terrains de golf du Québec, de l'Esplanade des jeunes, pour n'en citer que quelques-uns. Éduc'alcool bénéficie également de multiples partenariats avec les médias d'information qui le soutiennent amplement en lui accordant du temps d'antenne et de l'espace publicitaire gratuit ou à tarif très réduit.

que l'on croit. Aujourd'hui en France, où le choix du consomma-teur se limite pour ainsi dire à la production nationale – tout comme en Espagne ou en Italie –, et où la filière viticole occupe la deuxième position comme contributeur à la balance commerciale, devant le luxe (parfums et cosmétiques) et après l'aéronautique, la véritable antinomie réside dans le fait que les autorités gouver-nementales, avec cette fameuse loi de M. Claude Évin, font tout pour saper leur propre industrie viticole, et cela au nom de la morale et de la santé des Français.

Heureusement, l'organisme Vin & Société a réagi vigoureuse-ment au plan du gouvernement Hollande qui souhaitait encore dur-cir la loi, en lançant sur la Toile une campagne de sensibilisation qui a connu un réel succès et qui a contribué à faire suspendre les mesures 1 et 3 (voir l'encadré « La loi Évin », p. 248). Mais la bataille continue pour lever les autres points et redonner au vin français ses lettres de noblesse dans son propre pays. D'autres poursuivent leurs dérapages, comme le directeur général de l'Association natio-nale de prévention en alcoologie et addictologie (ANPAA), qui, lors d'une entrevue avec la revue *Wine Spectator* (7 octobre 2013), invitait notamment les autorités françaises à interdire de parler du vin sur Internet, en s'inspirant de ce qui se fait en Australie pour contrer la pornographie, la pédophilie et les sites pro-nazis. Affli-geant ! De son côté, consterné par la violence de propos qui amalgam-ment le vin avec des pratiques répréhensibles ou tout simplement illégales, Joël Forgeau, le président de Vin & Société, répliquait à cela avec justesse dans un communiqué (disponible sur le site Vitisphere.com) : « Plutôt que l'interdit, inefficace, nous devrions privilégier l'éducation, seule à même de lutter contre les comporte-ments à risques. […] Le lectorat ne manquera pas de s'étonner du dernier paradoxe français : le vin est exporté dans le monde entier mais diabolisé dans son propre pays en raison de positions extré-mistes ». Au risque de me répéter, vive Éduc'alcool !

Des nouvelles fraîches

En juin 2015, en marge de la visite officielle du président français François Hollande sur le site de Vinexpo à Bordeaux, les parle-mentaires de son pays ont fait le choix de clarifier la loi Évin, permettant ainsi aux journalistes et aux acteurs de l'œnotourisme de sortir de l'insécurité juridique. Et les centaines de milliers de personnes concernées par la vigne et le vin en France ont salué à travers Vin & Société ce vote qui concilie santé publique, information et promotion responsable du vin. Le communiqué que l'organisme a diffusé, signé par Joël Forgeau, précise :

> Si le vin est un atout économique et une richesse culturelle incontestables pour la France, il est essentiel d'en encadrer la publicité, notamment pour protéger les jeunes et les populations à risque. Or, la jurisprudence développée depuis 25 ans avait entraîné une confusion entre information et publicité, comme en témoignent les condamnations de journaux, dont les articles de presse avaient été requalifiés en publicité. Ces condamnations avaient créé une insécurité juridique forte et de l'autocensure préjudiciables à un secteur économique majeur pour notre pays. Cette situation est un juste retour à l'esprit initial de la loi Évin. Les parlementaires réaffirment le fondement même de leur mission – légiférer – et définissent un cadre légal clair pour les journalistes, les acteurs de l'œnotourisme, les milliers d'artistes et d'écrivains, les agences de communication et de publicité, les avocats, tous concernés par les conditions d'application de cette loi. Ils adressent également un signal fort à toutes les régions viticoles dans lesquelles émergent des projets emblématiques soutenus par des fonds régionaux ou départementaux.

Le communiqué mentionne par la suite que cette clarification va permettre à Vin & Société de s'engager davantage en faveur de l'éducation.

Si cette bonne nouvelle fait la preuve qu'il ne faut jamais se décourager, il s'agira toutefois de demeurer vigilant afin d'éviter le mélange des genres, que l'on soit en France, au Québec ou ailleurs, et de surveiller les réactions des lobbys antivin.

Notes

1. Plouc : mot péjoratif pour parler des paysans (au Québec, on dirait « habitant »), d'origine bretonne.
2. Tous ces textes sont authentiques.
3. Amphigouri : figure de style consistant en un discours ou un écrit burlesque habituellement obscur ou inintelligible.
4. Au sens propre, un salmigondis est un ragoût fait de restes de viandes. Au sens figuré, le mot signifie « mélange incohérent et disparate ».
5. Une grande partie de ce texte est tirée du magazine édité par l'organisme français Vin & Société, dont l'une des missions est d'agir en faveur du vin (www.vinetsociete.fr).
6. Extrait de mon livre *Les vins du Nouveau Monde, tome 3*.
7. Vous excuserez ce petit clin d'œil ironique que je développe un peu plus loin (« Le snobelier »).
8. Extrait de mon livre *Entre les vignes*, p. 20.
9. Texte tiré du site officiel de l'Union des œnologues de France, avec son aimable autorisation (www.oenologuesdefrance.fr).
10. *Mondovino*, documentaire de Jonathan Nossiter, 2004 ; 2h15.
11. *Le nouveau guide des vins de France*.
12. Ces données sont issues du document Panorama de la viticulture bio en France et dans le monde à l'occasion des 7ᵉ Rencontres professionnelles de la viticulture biologique présentées le 27 janvier 2015 – Millésime Bio (Élisabeth Mercier – Agence BIO).
13. Le premier pourcentage est à considérer dans un contexte mondial et le second dans un contexte européen.
14. Rémy Poussart, *Le grand classement des vins de Bordeaux, millésime 2007*. (Les éditions consacrées aux années subséquentes, jusqu'en 2012, existent également.)
15. Extraits d'une présentation proposée par la Fédération française du liège, et dont la source est l'IML (Institut méditerranéen du liège).
16. *Le nouveau guide des vins de France*.
17. Phrase tirée de la page « Femmes et vins » du site de l'association Femmes et vins de Bourgogne. [http://www.fevb.net/fr/lassociation/femmes-et-vins.html]
18. Référence au film *Papy fait de la résistance*, comédie française réalisée par Jean-Marie Poiré et sortie en 1983.
19. *Terre de Vins*, n° 22 – Mars-Avril 2013 ; Jefferson Desport.

20. Certains passages de ce chapitre sont tirés de mon livre *Entre les vignes*, dans la section « Le maître du cristal ».
21. Une partie de ce texte est tirée du site Internet www.racj.gouv.qc.ca.
22. Une partie de ce texte est tirée du site Internet www.aqavbs.com
23. Tous les prix indiqués dans ce paragraphe sont les prix à la SAQ en avril 1978, et dont j'ai gardé les catalogues depuis tout ce temps.
24. Statistiques fournies par la SAQ ; rapport annuel 2014-2015.
25. Textes fournis par Éduc'alcool (Educalcool.qc.ca), avec l'aimable autorisation de son directeur général, M. Hubert Sacy.

Références

LIVRES

ORHON, Jacques. *Le nouveau guide des vins de France*, Montréal, Éditions de l'Homme, 2014.

ORHON, Jacques. *Les vins du Nouveau Monde, tome 3*, Montréal, Éditions de l'Homme, 2012.

ORHON, Jacques. *Entre les vignes*, Montréal, Éditions de l'Homme, 2010.

PASTEUR, Louis. *Études sur le vin* (1866), Marseille, Éditions Jeanne Laffitte, 1999.

POUSSART, Rémy. *Le grand classement des vins de Bordeaux, millésimo 2007*, Rémy Poussart Éditions, 2011.

VAN REETH, Adèle et Raphaël ENTHOVEN. *Le snobisme*, coll. Questions de caractère, Paris, Plon, 2015.

ARTICLES

ASSOULY, Olivier. « Vins naturels, un cépage se tourne », *Libération*, 12 août 2015.

BEAUDOIN, MAURICE. « Un sommelier comme il n'en existe plus », *Le Figaro Magazine*, 11 février 2012, p. 105.

BRAVO-MAZA, Thomas. « Quand la science perce les secrets de la dégustation », *La Revue du vin de France*, n° 591, mai 2015.

CHARLEBOIS, Sylvain. « Le véritable problème de la SAQ », *La Presse*, 10 juillet 2015.

DESPORT, Jefferson. « Docteur Jekyll Mister Wine », *Terre de Vins*, n° 22, mars-avril 2013.

HUMBERT, Florence. « La peste soit des pesticides », *Que Choisir*, n° 518, octobre 2013, p. 46.

Laurin, Frédéric. « Des cavistes à la rescousse », *La Presse*, 11 juillet 2015.

Lessard, Denis. « Le monopole de la SAQ remis en question », *La Presse*, 8 juillet 2015.

Rémond, Alain. « De tout sauf du raisin », *Marianne*, 22 septembre 2012.

Saverot, Denis et Olivier Poels. « Pourquoi boit-on moins de vin au restaurant ? », *La Revue du vin de France*, n° 576, novembre 2013.

Sirot, Bernard. « Interview avec Pascal Chatonnet », *Vino !*, n° 5, décembre 2013.

Tinlot, Robert. « Le rêve ou le cauchemar − du bois dont on fait le vin », *La revue des Œnologues*, n° 87, avril 1998.

ARTICLES EN LIGNE ET BILLETS DE BLOGUE

Ducolombier, Romy. « Michel Chapoutier : J'ai toujours refusé le snobisme viticole » dans *lefigaro. fr* [en ligne], 24 février 2015. [http://avis-vin.lefigaro.fr/magazine-vin/o116552-michel-chapoutier-j-ai-toujours-refuse-le-snobisme-viticole#ixzz3j6DNluPv

Franck-Dumas, Elisabeth. « Le parler cru d'une « master of wine » dans *liberation.fr* [en ligne], 10 septembre 2012. [http://www.liberation.fr/vous/2012/09/10/le-parler-cru-d-une-master-of-wine_844703]

La Revue du vin de France. « Débat : le vin au restaurant est-il trop cher ? » dans *larvf.com* [en ligne], novembre 2013. [http://www.larvf.com/,debat-le-prix-du-vin-au-restaurant,4361076.asp]

Steinberger, Mike. « Masters of Wine, le redoutable examen », dans *slate.fr* [en ligne], traduction de Jean-Clément Nau, 18 juin 2011. [http://www.slate.fr/story/39475/masters-wine-redoutable-examen]

Trévoux, Michèle. «Pesticides dans les vins : l'enquête de
    Que Choisir est critiquable, estime Marc Dubernet» dans
    Vitisphère.com [en ligne], 27 septembre 2013.
    [http://www.vitisphere.com/breve-62078-Pesticides-dans-
    les-vins-Lenquete-de-Que-Choisir-est-critiquable-estime-
    Marc-Dubernet.html]

Vitisphère. «Millésime : les mille et une façons de dire « c'est
    l'année du Languedoc » », dans *vitisphere.com, infolettre n°
    606* [en ligne], 10 janvier 2014.

Vitisphère. «Vins et marketing : deux mondes qui s'ignorent»,
    dans *vitisphere.com* [en ligne] 27 décembre 2000.
    [http://www.vitisphere.com/dossier-24615-Vins-et-
    marketing-deux-mondes-qui-signorent.html]

Vitisphère. «Vin & Société condamne fermement les propos
    de Patrick Elineau, Directeur général de l'ANPAA», dans
    vitisphere.com, infolettre n° 592 [en ligne], 15 octobre 2013.

Remerciements

Pour m'avoir, d'une façon ou d'une autre, encouragé et conseillé dans ce projet d'écriture, je voudrais remercier : Nicole Barrette Ryan, éditrice et rédactrice en chef du magazine *Vins & Vignobles*, de m'avoir permis d'utiliser une partie de mes textes d'humeur qui ont servi de déclencheur à plusieurs chapitres de ce livre, Jean-Pierre Belleteste, Philippe Belleteste, Alain Brunet, Jean Chouzenoux, Béatrice Da Ros, Marc-André Gagnon, Josiane Duval Orhon, Jean-Nicolas Orhon, Julie Orhon, Jacques Pastrie, David Pelletier, Sylvain Pitiot, Alice Rochette, Philippe Rochette, Marie Roussin, Hubert Sacy et Gérard Spitzer.

Mes remerciements également à la dynamique équipe des Éditions de l'Homme, plus particulièrement à Pierre Bourdon et à Émilie Mongrain, de même qu'à Diane Denoncourt, Josée Amyotte, Sylvie Tremblay, Fabienne Boucher, Caroline Hugny, Judith Landry, Jacinthe Lemay et Brigitte Lépine.

Table des matières

Suivez-nous sur le Web

Consultez nos sites Internet et inscrivez-vous à l'infolettre pour rester informé en tout temps de nos publications et de nos concours en ligne. Et croisez aussi vos auteurs préférés et notre équipe sur nos blogues!

EDITIONS-HOMME.COM
EDITIONS-JOUR.COM
EDITIONS-PETITHOMME.COM
EDITIONS-LAGRIFFE.COM

Cet ouvrage a été achevé d'imprimer
sur les presses de Marquis Imprimeur inc.